Y DELYN AUR

Y DELYN AUR

MALACHY OWAIN EDWARDS

bwthyn
GWASG Y BWTHYN

Y DELYN AUR

Malachy Owain Edwards

ⓗ Malachy Owain Edwards, 2023
ⓗ Gwasg y Bwthyn, 2023

ISBN : 978-1-913996-68-0

Dymuna'r cyhoeddwyr gydnabod cymorth ariannol
Cyngor Llyfrau Cymru

bwthyn
GWASG Y BWTHYN

Cyhoeddwyd gan
Gwasg y Bwthyn, 36 Y Maes, Caernarfon, Gwynedd LL55 2NN
post@gwasgybwthyn.cymru
www.gwasgybwthyn.cymru
01558 821275

I Celyn Menai

'They say the family that prays together
stays together,' Moran said.
'I think that families can stay together
even though they're scattered,
if there's a will to do so.
The will is the important thing.'

John McGahern, *Amongst Women*

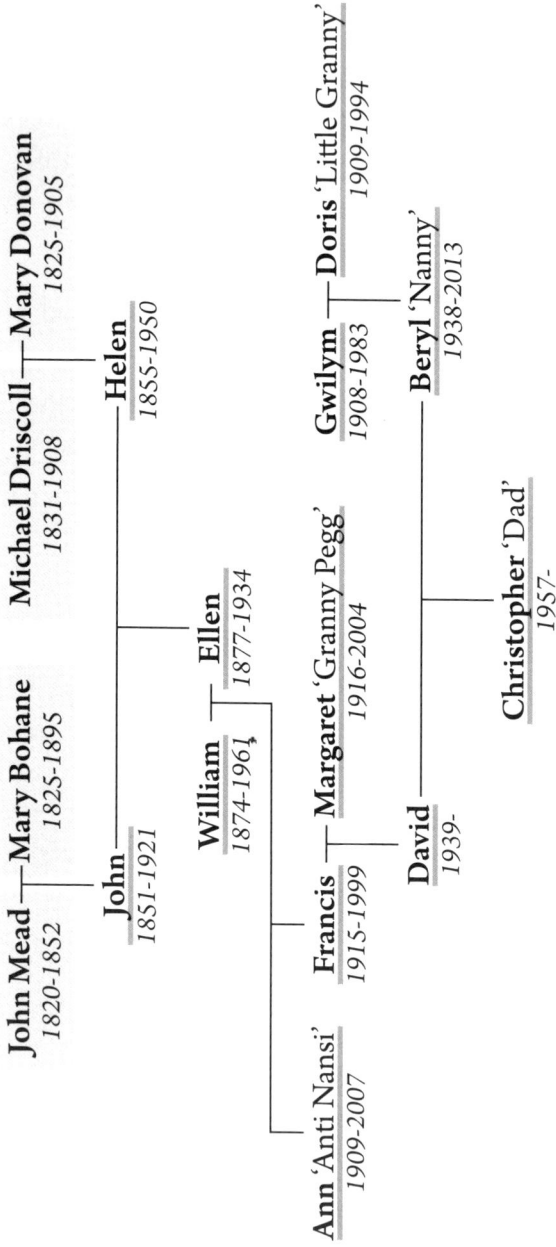

TEULU DAD

John Mead *1820-1852* — Mary Bohane *1825-1895*

Michael Driscoll *1831-1908* — Mary Donovan *1825-1905*

John *1851-1921*

Helen *1855-1950*

William *1874-1961* — Ellen *1877-1934*

Ann 'Anti Nansi' *1909-2007*

Francis *1915-1999* — Margaret 'Granny Pegg' *1916-2004*

Gwilym *1908-1983* — Doris 'Little Granny' *1909-1994*

David *1939-*

Beryl 'Nanny' *1938-2013*

Christopher 'Dad' *1957-*

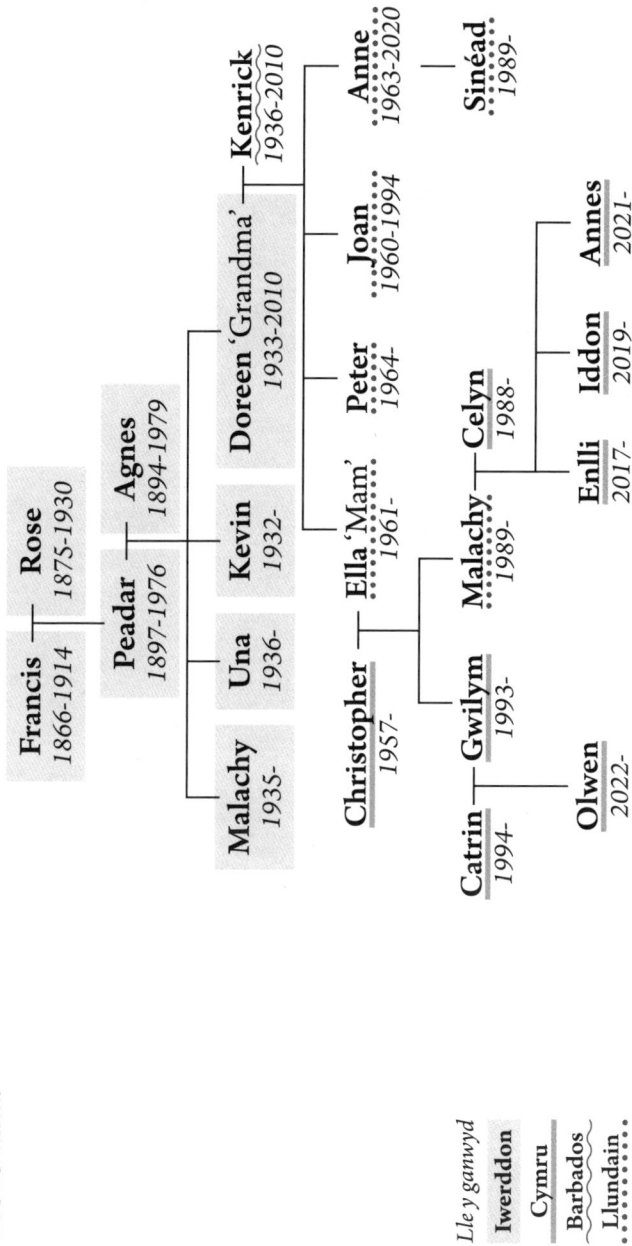

TEULU MAM

Francis *1866-1914* — **Rose** *1875-1930*

Peadar *1897-1976* — **Agnes** *1894-1979*

Malachy *1935-*

Una *1936-*

Kevin *1932-*

Doreen 'Grandma' *1933-2010* — **Kenrick** *1936-2010*

Ella 'Mam' *1961-*

Peter *1964-*

Joan *1960-1994*

Anne *1963-2020*

Christopher *1957-* — **Ella 'Mam'** *1961-*

Malachy *1989-* — **Celyn** *1988-*

Catrin *1994-* — **Gwilym** *1993-*

Sinéad *1989-*

Enlli *2017-*

Iddon *2019-*

Annes *2021-*

Olwen *2022-*

Lle y ganwyd
Iwerddon
Cymru
Barbados
Llundain

CYNNWYS

DIOLCHIADAU

Cyngor Llyfrau Cymru am eu nawdd,
a Llenyddiaeth Cymru hefyd am eu cefnogaeth.

Guto Dafydd a wnaeth, trwy gwrs mentora
Llenyddiaeth Cymru, roi adborth a chyngor gwerthfawr
i mi ar ddrafft cynnar o'r llyfr ac eto ar ddiwedd y broses.

Gareth Evans-Jones am ei holl awgrymiadau ac am
fy nghefnogi i ddatblygu'r llyfr a golygu'r deipysgrif.

Meinir Pierce-Jones a Marred Glynn Jones yng
Ngwasg y Bwthyn am eu holl waith ar y llyfr a'r camau
a gymeron nhw i sicrhau ei fod yn cael ei gyhoeddi.

Osian Rhys Jones am ei englyn coeth ac arbennig.

Sïan Angharad am y llun clawr trawiadol a Bedwyr
ab Iestyn o gwmni Almon am ddylunio'r clawr dengar.

Aled Llion Jones am olygu a chywiro'r Wyddeleg.

The History Press Limited am ganiatâd i gyhoeddi llun
o'r gyfrol *Catholics in Cardiff* (tud. 298).

DIOLCHIADAU

Fy nhad, Christopher Edwards, am nifer o'r lluniau.

Fy nheulu am eu parodrwydd i drafod eu hanes
gyda mi ac i rannu'n gyhoeddus.

Yn olaf dwi'n arbennig o ddyledus i fy ngwraig,
Celyn Menai Edwards. Wnes i ddechrau ysgrifennu
Y Delyn Aur ym mis Chwefror 2019 a hi sydd wedi
byw pob cam o'r daith gyda mi. O drafodaethau am fy
nghynlluniau am y llyfr, i ddarllen y drafftiau cynharaf
a gwneud awgrymiadau – heb ei chefnogaeth, cymorth
ac anogaeth gyson ni fuasai'r llyfr gorffenedig wedi bod
yn bosib.

RHAGAIR

Ym mis Rhagfyr 2021 es i Lundain i ymweld â 'nghyfnither, Sinéad. Dwi wedi meddwl am Sinéad yn fwy fel chwaer na chyfnither erioed. Dim ond rhyw chwe mis o ran oedran sydd rhyngom a hyd nes oeddwn bron yn bump oed treuliem bron pob dydd efo'n gilydd o dan ofalaeth Grandma tra oedd ein rhieni yn y gwaith. Yn ystod y blynyddoedd cynnar hynny datblygodd cwlwm cryf rhyngom sydd wedi para serch pellter a digwyddiadau bywyd.

Roeddem wedi cael cyfnod Cofid-19 caled ac mi oedd hi'n bwysig fy mod yn treulio amser gyda hi. Aethom i arddangosfa o waith yr artist Albert Dürer yn yr Oriel Genedlaethol. Dwi'n meddwl am Dürer fel artist pedwar march yr apocalyps ac awgrymais fynd yno ar sail ei luniau ar y testun Beiblaidd, y Datguddiad. Roedd 'na gyfnod pan oedd ein mam-gu yn credu bod y Farn Olaf ar fin digwydd a byddai'n trafod hyn gyda Sinéad a minnau. Ac felly, cynigiai'r arddangosfa a thestun gwaith Dürer agoriad i ni drafod ein plentyndod a rhannu straeon o'r cyfnod hwnnw. Wedi'r cyfan, dim ond fy nghyfnither a minnau sy'n gwybod am yr hyn digwyddodd.

Tra oeddem yn cerdded o gwmpas y galeri a rhwng astudio brasluniau ac engrafiadau arlunydd y dadeni mi wnes i fanteisio ar y cyfle i sôn wrthi am y llyfr ro'n i wrthi'n ei sgwennu.

'Ond be mae e amdano?' gofynnodd hithau.

'Mae'n fath o gofiant – dwi'n trafod llawer o bynciau gwahanol ynddo.'

'Fel beth?'

'Yn bennaf dwi'n sgwennu am ein teulu ni. Sut dwi o gefndir hil-gymysg ac amlddiwylliannol – am hanes ein teulu.'

'Ti'n siarad am Grandma ynddo?'

'Wrth gwrs.'

'Beth am Mum?'

'Dwi'n deud lot am Anne.'

'Dwi'n falch. Ti'n sôn am hwn hefyd?' chwarddodd wrth bwyntio at engrafiad 1511 OC o'r apocalyps.

'Yndw,' cadarnheais gyda gwên.

'Dwi eisiau gwybod beth ti'n mynd i'w ddweud nawr. Siom dwi methu siarad Cymraeg. Be di'r teitl?'

'Y Delyn Aur.'

'Swnio'n neis, be mae'n olygu?' holodd.

'Ti'n gwybod sut mae'r delyn yn arwydd o'r byd Celtaidd? Wel, fel dyn Cymreig a Gwyddelig mae'r offeryn yn un o'r symbolau hynny sy'n gyffredin rhwng Cymru ac Iwerddon.'

'Ond pam yr aur?'

'Y delyn aur sydd ar basbort Gwyddelig, mae 'na hefyd emyn enwog Cymraeg o'r enw y Delyn Aur.'

Roedd teuluoedd cyn bod gwledydd. Mae fy mherthynas gyda Sinéad yn gwneud i mi gwestiynu pwysigrwydd cenedlaetholdeb. Mae hi'n ystyried ei hun yn Saesnes, myfi yn Gymro – mae gan y ddau ohonom enwau Gwyddelig. Dydi'r genedl yr ydym wedi ei dewis ac yn perthyn iddi ddim yn newid sut yr ydym yn teimlo am ein gilydd. Cyn i ni fynd adref gwnaethom daro i mewn i Eglwys y Carmeliaid, Kensington – y man lle cefais fy medyddio. Heblaw am un neu ddau berson yn gweddïo roedd y lle yn wag.

'Dyma'r fainc roedd Grandma yn arfer eistedd arni,' meddai Sinéad.

'Yr oriau wnaethon ni eu treulio fan hyn,' atebais gan rythu ar gerflun o'r Forwyn Fair a'r baban Iesu.

'Dwi'n gwybod!' chwarddodd hithau.

Eisteddodd y ddau ohonom ar y fainc mewn distawrwydd. Roedd yr Eglwys hon yn cynrychioli cyfnod o fy mywyd nad oes neb ond Sinéad a fi yn ei rannu nawr, a chefais gysur o fod yma gyda hi eto.

'Ro'n i angen hyn heddiw,' sibrydodd.

'A finnau,' atebais yn ddistaw.

A phrofais lanw o atgofion a theimlwn, o'r diwedd, yn abl i gwblhau'r gyfrol.

Fi, Gwilym a Celyn. Paris, Mehefin 2016

BREXIT

Yn ôl fy marbwr mae deng gwaith mwy o ffoliglau gwallt ar fy mhen na'r dyn cyffredin. O ddwy fodfedd a hanner aiff fy ngwallt du yn gyrliog. Yn y Coleg roeddwn yn ei wisgo yn hir ond erbyn hyn dwi'n tueddu i'w gadw yn fyr er cyfleustra.

Mae fy llygaid yn ddu a gallaf ond weld y lliw brown o dan olau llachar. Dwi ddim yn hoffi golau cryf na waliau gwyn gan fod gennyf *floaters* du sy'n arnofio yn fy ngolwg. Mae fy nhrwyn yn drwchus ac mae 'na lwmp bach ar dop yr asgwrn lle wnes i dorri fe pan oeddwn yn dwdlyn ar ôl cerdded mewn i sgaffaldiau yn Llundain. Oherwydd yr anaf, mae un ffroen ar ochr chwith fy wyneb yn fwy na'r ffroen dde. Mae gennyf wefusau llawn ac mae darn bach o groen marw wastad yn eistedd ar y wefus uchaf a'r plant yn tueddu i sylwi arno.

Mae'r deintydd wedi tynnu pedwar dant o'm ceg eisoes sydd ddim wedi effeithio ar fy ngwên lydan. Dwi'n mynd yn grac efo fy hunan o sylweddoli sut mae smygu a choffi wedi melynu fy nannedd oedd yn arfer bod yn ddisglair wyn. Mae creithiau ysgafn ar fy mochau: canlyniad acne gwael yn fy arddegau.

Roedd Grandma yn arfer dweud wrthyf fod gen i esgyrn bochau amlwg, neu *'our Irish cheekbones'*. Er rhwystredigaeth i mi, nid wyf yn medru tyfu barf lawn. Er fy niffygion, dywedwn fod gennyf wyneb dymunol a chroen llyfn a dwi'n ystyried fy hunan yn ffodus o ran fy edrychiad. Er y byddwn wedi hoffi bod yn dalach, dwi erioed wedi dymuno edrych fel rhywun arall.

Ond yr hyn sydd yn gwneud fy ngolwg yn nodweddiadol mewn cymdeithas sy'n fwyafrifol wyn, yw lliw brown fy nghroen. Er ei fod yn amlwg i mi fy mod i'n rhannol o dras du Affricanaidd, o 'ngwefusau i 'nhrwyn i liw fy llygaid a 'nghroen – nid yw'n amlwg i bawb. Y duedd gan leiafrif cegagored yw sylwebu ar fy nodweddion cymysg yn sgil ryw ysfa i fy nghategoreiddio fel pili-pala lliwgar yn yr ardd.

Yn ddu i bobl wyn. Yn wyn i bobl ddu. Gofynnant o ble wyt ti'n dod yn wreiddiol. Dwi'n cael fy nghyhuddo'n aml o fod yn Eidalwr, Sbaenwr neu Bortiwgaliad gan bobl nad ydynt o'r gwledydd hynny. Yn Arab yng nghwmni fy ffrind Arabaidd. Yn Fwslim yn ôl patrol ar y ffin ('*Donald Trump doesn't think you're evil,*' fel y dywedodd heddwas Americanaidd wrthyf wrth siecio fy mhasbort). Yn un o drigolion Ciwba yn Florida. Cael fy nghamgymryd am yr amddiffynnydd mewn llys. Weithiau, dwi'n Indiad oherwydd nad oes gennyf wallt Affro a dwi'n dweud celwyddau ynghylch o ble dwi'n hanu. Mae llawer yn dweud fy mod i'n edrych fel x person enwog. Bruno Mars, Omar Sharif, Piers Linney (*Dragons' Den*), Prince ac, wrth gwrs, ffefryn imperialwyr yr Ymerodraeth Brydeinig ac ambell blentyn ysgol ar yr iard, Mowgli. Ym Mhortiwgal, cefais fy stopio gan grŵp o bobl ifanc lleol oedd yn meddwl fy mod yn ddarllenydd newyddion enwog (gan ddangos llun, a rhaid cyfadde, roedd tebygrwydd). Dechreuodd yr enwau ar ddydd sero. Yn ôl fy nhad, sylw cyntaf fy ewyrth du pan wnaeth e fy nal yn ei freichiau yn yr ysbyty oedd fy mod i'n *doppleganger* Roland Gift o'r Fine Young Cannibals. Doedd fy nhad ddim yn bles. '*[They] drive me crazy!*'

Oherwydd y cwestiynau di-baid am fy nghefndir a thras a sylwadau am fy edrychiad, wnes i ddim meddwl llawer am genedl a dinasyddiaeth hyd nes roeddwn yn hŷn gan fod hil yn ymddangos yn agwedd bwysicach na chrefydd a chenedl i mi'n blentyn. Ond gydag amser, dois yn gadarn yn fy Nghymreictod gan werthfawrogi pwysigrwydd dinasyddiaeth – yn enwedig wrth basio trwy feysydd awyr a derbyn sylwadau hurt a hiliol a theimlo dan amheuaeth gan weithlu'r ffin. Doedd dim ond angen ystyried cyflwr y llocheswyr brown a du hynny oedd yn ceisio dod i Ewrop heb basbort Ewropeaidd i gydnabod fy mod i'n freintiedig i gael dinasyddiaeth Ewropeaidd ac, o'r herwydd, roeddwn yn amharod i golli'r fraint.

* * *

Roedd Brexit yn gatalydd i wynebu fy hunaniaeth hil-gymysg ac amlddiwylliannol ac yn sbardun i adennill fy ninasyddiaeth Ewropeaidd. Pan gynhaliwyd pleidlais y refferendwm ym mis Mehefin 2016, roeddwn yn swyddog undeb llafur chwech ar hugain oed, yn byw efo fy ngwraig, Celyn mewn fflat yn Nhre-Biwt, Caerdydd. Roeddwn yn ystyried fy hunan yn Gymro Ewropeaidd ac felly fe'm siomwyd yn fawr gan y newyddion y byddai'r Deyrnas Unedig yn ymadael â'r Undeb. Wedi'r bleidlais aflwyddiannus, wnes i fyfyrio dros paham yr oeddwn yn teimlo fy mod i'n Gymro Ewropeaidd o gwbl.

Dwi o dras gymysg. Cefais fy ngeni yn Llundain i dad Cymreig a mam ddu Brydeinig. Roedd tad fy nhad yn swyddog yn y Lluoedd Awyr Brenhinol ac oherwydd ei bostiadau, cafodd fy nhad ei fagu mewn gwledydd tramor a cholonïau Prydeinig megis Cyprus, yr Iseldiroedd a Hong Kong. Roedd tad Mam yn hanu o Barbados ac yn 'aelod' o genhedlaeth Windrush; ymfudodd y glaslanc i Lundain yn y pumdegau. Roedd mam fy mam yn Wyddeles Gatholig a ymfudodd o Weriniaeth Iwerddon i Lundain. Cymru, Hong Kong, Barbados, Iwerddon, Llundain – roedd Ymerodraeth Prydain yn bwrw cysgod trwm dros ein teulu a chynigiai fodd syml i esbonio ei gymhlethdod. Wedi'r cyfan, ar un adeg, cyfrifid Hong Kong, Barbados ac Éire yn rhan o Ymerodraeth Prydain a'u pobl yn ddeiliaid Prydain.

Fe'm ganed yn Malachy Owain Edwards yn Hammersmith, Llundain, yn 1989 a threuliais fy mlynyddoedd cynnar yno nes i'r teulu symud i Ffynnon Taf yn ne Cymru pan ddaeth yn amser i mi ddechrau'r ysgol ym mis Medi 1993. Cefais fy enwi'n Malachy ar ôl Sant Gwyddelig a fy hen ewythr ym Muineachán. Yn unol â dyheadau Grandma, cefais fy magu'n Babydd ac yn unol â dyheadau fy nhad (oedd yn ddysgwr Cymraeg) derbyniais fy addysg drwy gyfrwng y Gymraeg. Er bod 'na gryn dipyn o ddylanwad Prydeinig hefyd (Prydeinig du yn enwedig), ar sail cryfder yr elfennau Cymreig a Gwyddelig yn fy magwraeth nid oeddwn yn hawlio hunaniaeth Brydeinig.

Mewn cymhariaeth, roedd dinasyddiaeth Ewropeaidd yn apelio. Roedd yn ddinasyddiaeth eangfrydig oedd yn cydnabod y cyfandir cyfoethog ei amrywiaeth yr oeddwn yn byw ynddo a 'nghysylltiadau teuluol yn Iwerddon a Lloegr, heb ddyrchafu Prydeindod dros elfennau eraill fy nhreftadaeth. Cefais fy magu yn y ffydd Gatholig, roeddwn yn Ewropead o ran diwylliant, ac roedd fy hawliau fel dinesydd Ewropeaidd wedi eu sicrhau gan y gyfraith. Cymro oeddwn yn gyntaf gan mai Cymru yw gwlad fy nhadau, gwlad fy mebyd a chrud y Gymraeg – fy mhrif iaith erbyn hyn.

Ac felly yr oeddwn yn ystyried fy hunan yn Gymro Ewropeaidd; ac roedd Brexit yn fygythiad i'r hunaniaeth honno.

* * *

Roeddwn ar yr M4, ar fy ffordd i Ffrainc, pan wnes i sylweddoli arwyddocâd y Deyrnas Unedig yn ymadael â'r Undeb Ewropeaidd. Roedd fy nhad, fy mrawd, fy ngwraig a finnau yn ein crysau coch wedi'n llwytho mewn i gar Almaenig arian ar drywydd yr Eurotunnel. Am y tro cyntaf erioed, roedd Cymru wedi cyrraedd cystadleuaeth pêl-droed yr Ewros ac roedd llwyddiant y tîm yn cyrraedd rowndiau terfynol y gystadleuaeth tu hwnt i fy ngobeithion. Buom yn serennu ar lwyfan mawr Ewrop ac roedden ni'r Cymry a'r ddraig goch yn weledol i'n cyd-gyfeillion Ewropeaidd ac i gefnogwyr pêl-droed o amgylch y byd.

Roeddwn i wedi cymryd hanner diwrnod o 'ngwaith a daeth Dad i fy nôl o'm swyddfa yng Nghaerdydd yn y prynhawn. Buodd daeargryn gwleidyddol a chyfansoddiadol y bore hwnnw a buom yn gwrando ar Radio 4 am y diweddaraf ar ein siwrne. Clywsom lais y Prif Weinidog, David Cameron, yn dod trwy seinydd y VW. Gallwn glywed y dwyster yng ngeiriau'r Prif Weinidog a'r ing yn ei neges. Yn sydyn roedd gwleidyddiaeth yn ddifrifol. Gallwn ddweud llawer am Brexit ond dywedaf un peth: nid ymgyrch ddifrifol ydoedd. O feddwl am gymeriadau lliwgar fu'n amlwg yn yr ymgyrch, y bysiau coch celwyddog a'r gwleidyddion cellweirus, bu'r cyfan yn ŵyl o rialtwch ond nawr, roedd y ffi yn ddyledus.

Roedd y polau piniwn o'r farn fod y fath ganlyniad yn annhebygol. Gwrandewais gyda chalon drom ar araith ymddiswyddo David Cameron: roedd newidiadau mawr ar droed ac roeddem am golli ein dinasyddiaeth a'r rhyddid i symud yn ddirwystr o fewn saith gwlad ar hugain yr Undeb Ewropeaidd.

Wrth wrando ar y radio, ac er yr holl ddadleuon a'r ymgyrchu, teimlwn fod y canlyniad wedi dod allan o nunlle. Roedd gennyf gwestiynau fel: o ble ddaeth y 'stwff' Ewrosgeptig yma? A phryd y dois yn ymwybodol gyntaf o ddadleuon Ewrosgeptig?

Roeddwn wedi astudio'r Gyfraith ym Mhrifysgol Aberystwyth rhwng 2007 a 2010. Cymerais ddau fodiwl ar gyfraith yr Undeb Ewropeaidd ond dwi ddim yn cofio'r un ddarlith neu drafodaeth lle cafodd dadleuon Ewrosgeptig eu mynegi – yn y dosbarth na'r dafarn. Ymhellach, pan es i astudio am radd Meistr yn y Gyfraith ym Mhrifysgol Bryste, ysgrifennais fy nhraethawd hir ar ffurflenni adnabod yr Undeb Ewropeaidd ar gyfer gwarchod dynodiadau tarddiad gwarchodedig cynnyrch bwyd. Cyflwynais y traethawd hir ym Medi 2011. Roeddwn i wedi treulio blwyddyn yn ymchwilio i drefn a gweithdrefnau'r UE a chyfreithiau masnach y bloc ond wnes i ddim canfod unrhyw ddeunydd Ewrosgeptig. Ac eto, bum mlynedd yn ddiweddarach, byddai'r wladwriaeth yn cynnal refferendwm i ymadael â'r UE gan wneud llawer o'm gwybodaeth yn amherthnasol. Aeth yr holl beth dros fy mhen.

O 2008 ymlaen y testun siarad ymhlith cyfeillion yn y Brifysgol oedd y dirwasgiad, nid yr Undeb Ewropeaidd. Roedd deall beth oedd wedi digwydd ac am beth oedd y cyfryngau yn sôn yn her hyd yn oed i fyfyriwr yn y Gyfraith. Beth ydy *derivative*? *CDO*? *Bond*? *Subprime mortgage*? Be wnaeth y Brodyr Lehman yn anghywir?

Daw'r hen benawdau i'r meddwl o'r cyfnod hwnnw am ei bod yn bosib dychmygu na fuasai'r Deyrnas Unedig wedi pleidleisio i ymadael â'r UE yn 2016 oni bai am y dirwasgiad ariannol yn 2008 a'r holl ddyled breifat a ysgwyddodd y gwladwriaethau i achub y banciau. Ac eto, ar ddechrau'r argyfwng, dwi ddim yn cofio unrhyw ddrwgdeimlad yn erbyn yr UE am yr hyn a ddigwyddodd ym Mhrydain. Mae'r system ariannol yn gymhleth a heb ddealltwriaeth dda o'r hyn a achosodd y cwymp, ymddangosai fwy fel trychineb naturiol megis corwynt annisgwyl na throsedd yr oedd pobl neu sefydliadau penodol yn gyfrifol am ei hachosi.

Erbyn i fi adael y Brifysgol yn 2011, y pryder mawr oedd a fyddai'r dirwasgiad yn cael effaith negyddol ar fy ngyrfa gan fod llawer o sôn nad oedd cwmnïau yn recriwtio cymaint ag o'r blaen. Gadewais fy swydd gyntaf yn y gyfraith yn Abertawe wedi iddynt gyhoeddi eu bwriad i gau'r swyddfa a diswyddo'r staff. Ond, serch y caledi a heriau ym Mhrydain, fe aeth problemau'r UE gyda dyledion, diweithdra a thrafferthion yr Ewro o ddrwg i waeth.

* * *

Priodais yn 2015 ac aeth Celyn a minnau ar ein mis mêl ym mis Mehefin i Bologna, yr Eidal. Yn y gwesty, gwyliais y newyddion estron, a'r brif stori bob dydd oedd argyfwng dyled Groeg a sut roedd llywodraeth Syriza yn ceisio negodi ei thelerau a benthyciad efo'r Troika i atal y wlad rhag methdalu, gyda sylwebwyr yn trafod a dyfalu a fyddai Groeg yn cael ei gwthio allan o'r Ewro a'r UE. Roedd dros saith mlynedd wedi pasio ers dechrau'r dirwasgiad yn America a dyma Ewrop yn dal i geisio ymdopi â'r effeithiau sylweddol a ddaeth yn sgil y cwymp. Roeddwn yn ymwybodol o Ewrosgeptigaeth yn ystod yr argyfwng dyled Ewropeaidd a dois wyneb yn wyneb ag UKIP am y tro cyntaf yn 2014.

Er fy mod wedi byw gyda'i heffeithiau, erbyn i mi

briodi, roedd y rheswm am yr argyfwng ariannol yn eilbeth i broblemau'r UE. Neidiodd y bloc o argyfwng i argyfwng ac yn 2015, cawsom yr argyfwng mudo Ewropeaidd gyda dros filiwn o bobl yn croesi i Ewrop er mwyn ceisio lloches. Roedd y mwyafrif yn ffoaduriaid oedd yn ffoi rhyfeloedd yn Syria, Irac ac Affganistan. Teimlais y newid mewn awyrgylch a'r agwedd ar lawr gwlad wedi misoedd o wylio'r newyddion gyda delweddau o filoedd ar filoedd o bobl frown a du wedi eu pacio'n dynn ar gychod drylliedig. Fe foddodd llawer o'r alltudion ym Môr y Canoldir.

Bûm yn sgwrsio gyda chymydog ar y dydd y golchwyd corff y bachgen bach Aylan Kurdi i'r lan ar draeth yn Nhwrci. Roeddwn yn bruddglwyfus pan welais y lluniau, dywedais wrthi fod rhaid gwneud rhywbeth i helpu. Ymatebodd y ddynes ganol oed y byddai'n well syniad eu saethu wrth iddynt geisio croesi fel y gwnaent yn yr hen ddyddiau, ac fel gwers i atal eraill rhag dod. Roedd agweddau tuag at fewnfudwyr, ffoaduriaid a'r 'arall' yn gyffredinol yn dirywio eisoes pan gawsom gyfres o ymosodiadau terfysg arswydus yn Ffrainc. Wrth edrych yn ôl, gallaf weld fod ar bobl ofn; roedd agweddau tuag at fewnfudo'n newid, ac wrth reswm, yr UE hefyd oherwydd ei fod yn gyfrifol am y ffiniau agored rhyngom ni ac Ewrop. Ac i mi, oddeutu 2015, dyna beth oedd y galwadau am Brexit: ymgyrch wrth-fewnfudo, yn erbyn y rhyddid i symud oedd yn ymateb rhannol i ostyngiad mewn safonau byw yn sgil y dirwasgiad ariannol. A defnyddiai'r Ewrosgeptwyr ddadleuon deallusol am sofraniaeth a chytundebau masnach fel clawr parchus i werthu Brexit i'r cyhoedd.

* * *

Rhwng y cyfnod y daeth UKIP ar fy radar a'r refferendwm yn 2016, dois yn fwyfwy cyfarwydd â'i dadleuon dros Brexit, ond ni ddaeth y dröedigaeth. Ceisiwn osgoi llais Farage bob tro y gallwn. Gwelais UKIP, unwaith, yn ymgynnull yng Nghaerdydd yn eu siacedi melyn yn ymgyrchu ar gyfer etholiad cyffredinol 2015. Roedd hyd yn oed lliwiau'r blaid yn wrthun; y melyn a phorffor cyferbyniol a'u harweinydd mewn siwt frethyn fel meistr y seremonïau mewn syrcas. Roeddent o blaid ysgolion gramadeg ac am gael gwared â Fformiwla Barnett ar y sail fod yr Alban yn derbyn gormod o bres. Er eu bod yn cynnig gwneud Dydd Gŵyl Dewi yn Ŵyl y Banc yng Nghymru, teimlais eu bod yn fudiad cenedlatholgar Seisnig – yn hiraethu am ddyddiau da'r Ymerodraeth pan oedd Britannia yn rheoli'r tonnau. Roedd eu hymgyrchwyr yn hen. Meddyliais na fyddai pobl ifanc fyth yn pleidleisio dros UKIP na'u *raison d'être*, Brexit. Roedd eu syniadau yn amherthnasol i mi ac, yn fy nhyb i, â dim byd da i gynnig i Gymru.

Ond doedd e ddim mor syml ag anwybyddu UKIP. Fe wnaeth ffrind chwerthin pan wnes i rannu fy ngofidiau amdanynt; dywedodd nad plaid adain dde hiliol oedden nhw, jest pobl ystyfnig, pengaled, hen ffash. Ro'n i eisiau credu'r dadansoddiad, ond pan welais raglen ddogfen y BBC, *Meet the Ukippers*, nid oeddwn yn fodlon derbyn mai plaid gwbl ddiniwed oedden nhw yn poeni am reolaeth fiwrocrataidd honedig anetholedig ym Mrwsel. Roedd rhai o'r Ukippers ar y rhaglen ddogfen yn bobl hiliol ac ynfyd a fynegai'n agored gasineb at nodweddion 'Negroaidd' wynebau pobl dduon. Nid oeddwn yn dyheu am fyw mewn gwlad â'r fath weledigaeth. Yn bendant doeddwn i ddim am bleidleisio drostynt.

Hoffwn fod wedi osgoi eu negeseuon yn gyfan gwbl ond roeddent ym mhobman. Ar y ffordd i'r gwaith, byddwn yn cerdded i lawr Rhodfa Lloyd George tuag at y dref a byddai hysbysfwrdd y blaid yn fy wynebu: llun gweithiwr gwyn yn ymestyn ei helmed gwaith, yn cardota am bres; yr ensyniad oedd bod mewnfudwyr wedi dwyn ei swydd. O edrych yn ôl, roedd rhywbeth mawr ar droed, ond pan gyhoeddodd Prif Weinidog Cameron y byddai refferendwm yn cael ei chynnal ar ein haelodaeth o'r Undeb Ewropeaidd, roeddwn yn argyhoeddedig y byddai'r ymgyrch aros yn ennill. Wedi'r cyfan, nid oedd UKIP wedi ennill yr un sedd yn San Steffan yn etholiad cyffredinol Mai 2015.

Yn ôl fy meddylfryd ar y pryd, bach iawn oedd cyswllt uniongyrchol pobl gyffredin â'r UE, ac felly, prin oedd ein cyfleoedd i wylltio gyda'r sefydliad goruwchgenedlaethol. Nid oedd yr UE yn cymryd treth yn uniongyrchol o'n pecyn cyflog. Nid oedd biwrocratiaid Brwsel yn anfon dirwyon atom efo bathodynnau glas melyn mawr ar y clawr ac nid oedd ei baner yn arbennig o weladwy yn gyhoeddus. Ymhellach, dwi'n amau a allai'r lliaws o ladmeryddion pennaf Brexit bwyntio at ddeddf UE a rwystrodd eu bywyd mewn unrhyw fodd ystyrlon, heb sôn am eu gormesu. O ran masnach, pwrpas creiddiol Ewrop yw lleihau rhwystrau a *red tape* rhwng eu haelodau – ac felly, roedd y ddadl y byddai ymadael yn arwain at lai o reoliadau yn annhebygol.

Oherwydd fod gan Brydeinwyr yr hawl i deithio, gweithio a byw ar y cyfandir, nid oedd yn anghyffredin cyfarfod pobl oedd wedi manteisio ar y cyfle i astudio, gweithio neu ymddeol i'r cyfandir. Dois i'r canlyniad yn gynnar fod gormod o Brydeinwyr a Chymry wedi buddsoddi yn yr UE eisoes iddynt ddyheu am adael na gallu fforddio effeithiau hynny.

Prif bwrpas yr Ymgyrch Gadael oedd rhoi terfyn ar egwyddor yr UE o ganiatáu i bobl symud yn rhydd: *Vote leave, take back control.* Yn ôl eu barn hwy, roedd oddeutu dwy filiwn o bobl wedi dod i Brydain o'r UE yn y degawd yn arwain at y refferendwm. Ond pa effaith a gafodd y bobl hyn ar ddiwylliant Prydain? Yn 2016, roedd pobl ifanc ledled Ewrop yn gwylio'r English Premier League, yn gwrando ar Calvin Harris ac yn siarad Saesneg. Yn ôl fy mhrofiad i, roedd y byd Angloffon yn dylanwadu'n drymach ar y cyfandir nag oedd diwylliannau amlieithog y cyfandir yn dylanwadu ar Brydain. Hyd yn oed o bersbectif Ukipper, ni allwn weld beth fyddai gwobr Brexit.

Yn y bôn, roedd y rhai oedd am adael yn credu y byddent hwy a'u gwlad yn elwa o roi terfyn ar symudiad rhydd pobl (yn cynnwys cwtogi symudiad rhydd Prydeinwyr) ac yr oeddwn i, fel rhywun o oedd o blaid aros, o'r farn y byddwn ar fy ngholled pe byddent yn stopio symudiad rhydd pobl rhwng Prydain a'r UE. Nid oedd modd pontio'r fath wahaniaeth o ran barn.

Ro'n i wedi setlo ar un ochr i'r ddadl ac ro'n i'n sicr y byddwn yn pleidleisio i aros. Ond do'n i ddim am gnocio drysau a cheisio efengylu am fuddion aelodaeth yr UE i'm cymdogion oherwydd fy mod i'n rhy brysur yn cael hwyl. Fe wnes i ymweld â Bologna, Milan, Oslo, Reykjavik a Pharis yn ystod y deuddeg mis yn arwain at y bleidlais. Bûm yn troedio dinasoedd a chymdeithasu efo ffrindiau ar y cyfandir. Os unrhyw beth, dois i deimlo'n fwyfwy Ewropeaidd yn ystod y cyfnod dadleuol a thanllyd hwn. Allwn i ddim cefnogi Brexit, nid jest ar sail dadleuon masnach neu sofraniaeth San Steffan ond am resymau diwylliannol a hunaniaethol yn ogystal.

* * *

Roedd fy ngwraig, Celyn, a minnau yn byw mewn fflat chwilboeth yn y Bae yn ystod cyfnod y refferendwm. Roeddem wedi anfon ein pleidlais drwy'r post wythnos ynghynt. Archebais Dominos i geisio gwneud noson o wylio canlyniadau'r refferendwm ond syrthiom i gysgu yn gynnar ar ôl i Sunderland gyhoeddi o blaid gadael. Y bore wedyn, wnes i lansio'r Mac a mynd ar wefan *The Guardian* i gael dysgu ein ffawd. Roeddem wedi pleidleisio i ymadael ac ro'n i'n lloerig pan ddarganfyddais fod Cymru wedi pleidleisio i adael. Nid mor annisgwyl i'r Saeson efallai, ond y Cymry? Roedd yn ddatblygiad siomedig o ystyried fod yr Alban a Gogledd Iwerddon wedi pleidleisio i aros yn yr UE. Roedd holltiadau'r Deyrnas Unedig yn weledol ac roeddent yn felyn a glas; roedd hyd yn oed y gwledydd Celtaidd yn anghytûn. Rhedais i'r ystafell arall i droi'r teledu ymlaen ac roedd Prif Weinidog yr Alban, Nicola Sturgeon, eisoes yn bygwth ail refferendwm ar gyfer annibyniaeth.

Ond synnais at ganlyniadau Cymru. Roeddwn mewn penbleth: sut cawsom fwyafrif i ymadael? Sut oedd Cymru, gwlad sydd wedi bod ym mhoced plaid asgell chwith ers canrif wedi pleidleisio i adael ac ymuno â phrosiect chwyldroadol asgell dde a oedd am ddadreoleiddio? Roedd gennyf gwestiynau heb eu hateb ond, yn bennaf, roeddwn yn siomedig i ddarganfod nad oedd y mwyafrif o Gymry yn rhannu'r un byd-olwg o Gymru Ewropeaidd â fi. Roeddwn yn bendrist wrth i'r newyddion suddo mewn. Ni wyddwn fod Ewrop yn golygu gymaint.

Es i'r gwaith yn y bore gyda fy siwtces, ac roedd un o'n cymdogion swyddfa yn brolio'r canlyniad ac yn dweud pa mor gyffrous oedd hi i fod yn wlad annibynnol eto. Atebais innau y byddem yn colli ein dinasyddiaeth Ewropeaidd ac nad oeddwn yn medru dirnad y gwych yn hyn oll. Gan gydnabod fy siom dywedodd y ddynes, 'Mae rhaid i ni i gyd ddod at ein gilydd nawr fel gwlad a neud iddo fo weithio. C'mon, fydd o'n wych!'

Yn y prynhawn, es efo fy nhad, fy mrawd a Celyn i Ffrainc ar gyfer gêm Gogledd Iwerddon yn erbyn Cymru yn yr Ewros oedd yn cael ei chwarae'r diwrnod wedyn.

Yr un pryd, dywedodd Cameron mewn araith, '*The will of the British people is an instruction that must be delivered.*' Fyddai dim troi'n ôl. At ddiwedd araith y Prif Weinidog, sylwais fod ei lais yn torri mymryn gydag emosiwn, nad polisi neu lywodraeth mo Brexit ond gwiedigaeth. Roedd rhywbeth mawr ac arwyddocaol wedi digwydd a siglwyd seiliau'r byd gwleidyddol a chyfansoddiad anysgrifenedig y Deyrnas Unedig.

'Dwi'n teimlo'n ddigalon ynghylch y peth,' dywedais, ar ôl i Cameron orffen.

'Wel, mae 'di wneud nawr,' wfftiodd fy mrawd, wrth ddiffodd Radio 4 a rhoi cerddoriaeth 'mlaen.

'Dyw e ddim 'di wneud eto. Dim ond y dechrau yw hwn,' cywirais.

'Does dim pwynt meddwl am bethau ti methu newid. Mae pobl wedi pleidleisio a dyna ni,' sylwodd, gan droi sŵn y gerddoriaeth yn uwch.

Teimlwn fy mod wedi colli rhywbeth pwysig iawn. Ac wrth i ni ddod at y tollau ar ochr Ffrainc y twnnel, wnes i ddechrau pendroni sut fyddai ein perthynas gyda'r cyfandir yn newid yn y dyfodol a'r cyfyngiadau newydd ar deithio a ddeuai yn ei sgil.

Ond colli fy ninasyddiaeth Ewropeaidd wnaeth beri'r gofid mwyaf. Yn y bôn, ro'n i'n edifarhau peidio â chymryd mwy o gyfleoedd i astudio fel Erasmws a gweithio ar dir mawr Ewrop cyn hyn. Pam na chymerais y cyfle hwnnw i astudio ym Mhrifysgol Utrecht? Ro'n i o dan yr argraff gyfeiliornus y byddai'r cyfleoedd a'r rhyddid i deithio, gweithio a byw ar y cyfandir yn ddirwystr am byth.

Ystyriwn fy ninasyddiaeth Ewropeaidd yn bwysig a gwerthfawr ac roeddwn i'n ddig fod y llywodraeth am gymryd fy hawliau a breintiau Ewropeaidd oddi arnaf. Ond wrth yfed peint ym Mharis y noson honno, fe ddaeth syniad newydd i mi. Meddyliais: os wyf ar fy ngholled oherwydd Brexit, gallwn hawlio pasbort Gwyddelig trwy Mam a chadw fy ninasyddiaeth Ewropeaidd… Fyddai hynny'n cynnig dim anfantais ym Mhrydain a gallwn gadw hawliau rhyddid i symud rhwng y saith gwlad ar hugain tu hwnt i'r Ynys. Ni wyddwn a fyddwn ei hangen, ond byddai'r ddinasyddiaeth gennyf.

Take back control.

Yr unig fodd i mi adennill dinasyddiaeth Ewropeaidd oedd trwy Iwerddon. Ganed Grandma yng Ngweriniaeth Iwerddon ac felly gallwn hawlio dinasyddiaeth Wyddelig ond a o'n i'n teimlo'n Wyddelig, yn ddigon o Wyddel i wneud cais? Os oeddwn am geisio, ro'n i eisiau 'teimlo' fy mod i'n deilwng. Do'n i ddim eisiau gwneud rhywbeth annilys ac roeddwn yn anghyfforddus efo'r cysyniad o hawlio dinasyddiaeth ar sail tras yn unig. Roeddwn yn rhannol o dras Wyddelig ar ochr Mam a Dad ond pa gysylltiadau ac agweddau Éireannach eraill oedd ynof? Dwi o dras Wyddelig on'd ydw i, dyn du sydd erioed wedi byw yn Iwerddon, yn rhannu ei hunaniaeth ddiwylliannol a threftadaeth yn ogystal? Byddai angen i mi fwyngloddio i fy ngorffennol ac ailgysylltu â fy mherthnasau. Byddai angen eistedd a myfyrio wrth droed bedd Grandma ym Muineachán.

Roeddwn angen datguddiad. Dois o'r dafarn ym Mharis yn dyheu am atebion i'r pos hwn.

Grandma yn Ciorcal an Droma Bhig ar wyliau teulu,
Awst 2000

DINASYDDIAETH

Ym mis Chwefror 2019 cefais gyfarfod gyda chyfreithiwr yng Nghaerdydd: roeddwn ar fin ceisio am ddinasyddiaeth Wyddelig. Ddwy flynedd ynghynt doedd Brexit a materion yn codi o Brexit, fel dinasyddiaeth Ewropeaidd, ddim yn hawlio fy sylw. Erbyn hyn roeddwn yn byw mewn fflat yn Nhre-biwt gyda fy ngwraig, Celyn, yn cerdded i fy ngwaith gydag Undeb Llafur ar Ffordd Tyndall ac yn chwarae i dîm pêl-droed amatur ar y penwythnos. Pam, felly, roeddwn am geisio hawl gyfreithiol i'm gwneud yn 'Wyddelig'?

Yn 2017, y bêl gron a ddenai lawer o'm sylw – mwy nag yr hoffwn. Chwaraewn i dîm pêl-droed y Pontcanna Timbers yng nghynghrair amatur Caerdydd. Craidd y tîm oedd ffrindiau Ysgol Gynradd Gwaelod y Garth ac Ysgol Gyfun Rhydfelen. Cafodd y syniad am y Timbers ei ffurfio ar fy stag-do ym Madrid wrth i'r tri ar ddeg ohonom (rhwng *beer bikes* a chlybio) chwarae pêl-droed ym mharciau prifddinas Sbaen yn ddi-baid am bedwar diwrnod. Yn ein tymhorau cyntaf, casglais bortffolio rhesymol o goliau fel ymosodwr ac roeddwn yn mwynhau'r ymdeimlad o fod ymhlith grŵp o fechgyn yn cydweithio tuag at ddyrchafiad i gynghrair uwch. Ond erbyn i 2017 wawrio dechreuais boeni am yr amser sylweddol y byddwn yn ei dreulio yn ymarfer, chwarae, cymdeithasu a byw mewn poen gorfforol bob dydd Sul wedi gêm. Rhwng gwaith a chwaraeon, prin y cawn benwythnos gyda fy ngwraig neu i mi fy hunan. Yn saith ar hugain oed, a ddylwn fod yn blaenoriaethu pethau eraill?

* * *

Roeddwn i wedi cwrdd â Celyn ar ein diwrnod cyntaf yn fyfyrwyr ym Mhrifysgol Aberystwyth ddegawd ynghynt. Roedd digwyddiad yn y Cŵps ar gyfer glasfyfyrwyr Pantycelyn ac roeddwn yn eistedd wrth fwrdd i fyny'r grisiau pan gerddodd merch gyda gwallt hir melyn, llygaid glas golau, corff main siapus ac wyneb tlws trwy'r drws. Yn ei hwdi, jîns a fflip fflops roedd mymryn o'r rebel amdani. Ai dyma'r fenyw y byddwn yn ei phriodi? Cyfarfu ein llygaid ac, yn benderfynol, cymerodd hi'r sedd wag wrth fy ymyl. Gan asesu ein gilydd, buom yn sgwrsio ychydig – hi mewn Cymraeg rhugl llafar Môn a minnau'n araf a gofalus yn iaith y dosbarth ysgol. Ond wedyn, yn ddirybudd, safodd ar ei thraed a symudodd ymlaen gan wneud imi amau fy mod wedi dweud rhywbeth yn anghywir. Y diwrnod wedyn, cefais gnoc ar ddrws fy ystafell ac roeddwn yn syn i ddarganfod yr hogan benfelen o fy mlaen eto: 'Gymerwch chi sigarét?' Cymerais a cherddom o amgylch safle Pantycelyn yn gwerthuso ein cartref newydd a finnau'n ceisio deall beth oedd y tric. Rydym wedi bod yn anwahanadwy ers hynny, yn gyntaf fel ffrindiau, wedyn cariadon ac yn ddiweddarach fel pâr priod.

Fel finnau, roedd Celyn yn astudio'r Gyfraith ond roedd ein hysgogiad i astudio'r pwnc yn wahanol. Ers ei phlentyndod roedd gan Celyn y weledigaeth a'r uchelgais i gymhwyso'n fargyfreithwraig. Roedd ei diweddar dad,

Freddie Cooper, yn ddyn camera a'i mam, Ceri Evans, yn gweithio yn yr adran sgriptiau a *continuity* ar ffilmiau Hollywood. Mae'n debyg y gallai fod wedi dilyn ei theulu i'r diwydiant ffilm ond roedd yn argyhoeddedig mai'r gyfraith oedd y trywydd addas a chywir iddi hi.

Nid oeddwn mor benderfynol â hi ynghylch astudio'r Gyfraith. Yn ddwy ar bymtheg oed, ac yn ansicr ynghylch dewis gyrfa, es am radd yn y Gyfraith fel y byddai dyn neu ddynes arall wedi codi polisi yswiriant (yn erbyn diweithdra). Ar y diwrnod agored yn Aberystwyth gyda fy rhieni, wedi noson hwyr yn meddwi yng Nghlwb Rygbi Ffynnon Taf, syrthiais i gysgu yn y ddarlith a oedd yn cyflwyno'r Gyfraith fel pwnc. Dywedodd fy nhad, sydd ddim yn ddyn ofergoelus, ei bod yn argoeli'n ddrwg fy mod i wedi methu â chadw ar ddihun yn y ddarlith gyntaf. Awgrymodd y dylwn i o leiaf gymryd golwg ar adrannau a chyrsiau Pensaernïaeth neu Gelf Gain.

Fodd bynnag, wnes i fwrw mlaen gyda'r cynllun gan fy mod i'n ffyddiog fod gen i'r rhinweddau angenrheidiol i gwblhau gradd yn y Gyfraith. Yn fachgen allor ers fy mod yn wyth oed, roeddwn yn gyfforddus ar lwyfan ac yn hyderus wrth siarad yn gyhoeddus. Roeddwn yn hoff o ddadlau syniadau ac yn hen law ar lunio traethodau. Fy nisgwyliad oedd y byddai llawer o werslyfrau trwm i'w darllen a'u gwerthuso, traethodau i'w hysgrifennu ac arholiadau i boeni amdanyn nhw ond, yn y pen draw, y cawn fy nhystysgrif. Y gwahaniaeth pennaf rhwng Celyn a finnau oedd nad oeddwn yn disgwyl mwynhau fy astudiaethau. Rhan o'r apêl i mi oedd y disgwyliad y byddai'n anodd a heriol ar sail ryw gred gyfeiliornus bod unrhyw beth gwerth ei wneud yn boenus. Yn ogystal, ro'n i eisiau cadw fy opsiynau ar gyfer gyrfa yn agored ac yn ôl fy meddwl ar y pryd, roedd gradd yn y Gyfraith yn fodd da i wneud hynny. Doedd dim rhamantiaeth ynghylch y peth: dwi'n ddyn du gydag enw Gwyddelig o ardal ddosbarth gweithiol, ro'n i ofn bod yn dlawd.

* * *

Roedd Celyn yn olygus a chariadus ac roedd ei meddylfryd mentrus ac annibynnol yn sylfaen i'r ddau ohonom arbrofi. Gadawsom Aberystwyth yn un ar hugain oed gyda graddau da a disgwyliadau mawr ac aethom ymlaen i astudiaethau ôl-raddedig a phroffesiynol yn y Gyfraith (dois i fwynhau fy astudiaethau cyfreithiol wedi'r cyfan). Cefais fy annog gan Celyn i ailgydio mewn celf a llenyddiaeth, ac wedi i mi gwblhau fy addysg ym Mryste, es i i weithio i ffyrm gyfreithiol, a chanolbwyntio ar gelf gain a gwerthu ambell beintiad olew yn fy amser hamdden. Yn y pen draw, cymerodd Celyn swydd yn y Senedd a minnau gydag Undeb Llafur a symudodd bywyd ymlaen. Byddem yn eistedd yn gwylio *Game of Thrones* ar y teledu, Celyn efo paned yn astudio ei phapurau ynad a fi'n peintio wrth i mi wylio. Nid oeddem wedi gwireddu pob uchelgais o'n hieuenctid ond roeddem yn gefn i'n gilydd ac yn hapus.

Sy'n dod â mi yn ôl at y bêl-droed. Yn Ionawr 2017, es i i sesiwn ymarfer ar gae awyr agored ar ffordd Jim Driscoll yn Nhrelluest. Roeddwn yn rhedeg ar ôl pêl oedd yn bell o'm blaen pan ddaeth amddiffynnwr draw a thaclo'n galed.

Llithrais pen-yn-gynta ar hyd y llawr gritiog mewn i'r cawell. Yn fy nhymer gwthiais goes yr amddiffynnwr oedd wedi lapio o'm cwmpas ar lawr, oddi arnaf. Des i gartref efo lwmp ar dop fy mhen ac un arall ar fy mhenelin. Roedd chwaer Celyn, Catrin, yn aros gyda ni yn y fflat a chawsom sgwrs am Trump a lleisio'n gofidiau am ei arlywyddiaeth. Wrth orwedd yn fy ngwely, sylwodd Celyn ei bod hi wedi bod yn teimlo'n sâl yn ddiweddar; hwyliau crwydrol, teimlo'n gysglyd a misglwyf dros wythnos yn hwyr. Ymdrechom i gysgu ond roeddem yn rhy awyddus i gael tystiolaeth ar unwaith. Yn ei phyjamas, dychwelodd o'r tŷ bach efo'r teclyn plastig yn ei llaw, a'i roi dan lamp bancwyr ar ein desg i ni gael bod yn dyst i'r canlyniad gyda'n gilydd. Dwy linell: canlyniad positif. Cofleidiom, a syrthio i gysgu yn ddedwydd. Ro'n ni am fod yn rhieni! Y noson honno oedd y tro olaf i mi ymarfer efo'r Pontcanna Timbers.

Dros y misoedd canlynol, daeth fy ngwraig a minnau i arfer â'r realiti newydd a throi ein sylw tua'r dyfodol. Yn yr haf, wedi i Celyn ddychwelyd o sesiwn yn y gampfa, safodd o'm blaen, ei bol crwn yn ymwthio trwy ei chrys a dweud: 'Mae braidd yn siomedig na fydd ein plant yn ddinasyddion Ewropeaidd.' Ro'n i'n gwybod y gallwn i gadw fy ninasyddiaeth fel Ewropead ond fy nealltwriaeth ar y pryd, fel dealltwriaeth Celyn, oedd na fyddai unrhyw blentyn a aned i ni yn gymwys i hawlio dinasyddiaeth Wyddelig (ac Ewropeaidd yn sgil hynny). Ymhellach, ro'n i'n ansicr ar ba delerau y byddai'r DU yn ymadael â'r UE, pe byddai'n gadael o gwbl, ac felly, roedd posibilrwydd o hyd bod ein pryderon yn ddigynsail. Er hynny, fe ysgogodd ac fe adferodd y newyddion am fy nghyntaf-anedig ddiddordeb yn hen wlad fy mam-gu, a'm treftadaeth Wyddelig.

Â'r hedyn wedi ei blannu, cododd y syniad: os oeddwn am gadw fy ninasyddiaeth Ewropeaidd, byddai'n rhaid i mi geisio am ddinasyddiaeth Wyddelig.

Ond beth oedd Iwerddon i mi?

* * *

Dwi'n sentimental am lyfrgelloedd. Mae fy rhieni'n llyfrgellwyr, a byddai Mam yn mynd â fi gyda hi i'w gwaith weithiau pan oeddwn yn blentyn. Tra oedd hi'n gweithio wrth y ddesg, byddwn yn pori drwy'r silffoedd ac yn darllen wrth y bwrdd yn llyfrgell yr Eglwys Newydd neu Tongwynlais. Dwi'n cofio pan ddarganfûm glawr aur *Artemis Foul* gan Eoin Colfer. Dyluniodd yr awdur o Loch Garman fyd ffantasi yn ei gyfres *Artemis Foul* yn cynnwys tylwyth teg, ellyllon, corachod, drygioni a hud a lledrith; cymysgedd o destunau chwedlonol oedd wrth fy nant. Ro'n i wedi arfer efo llyfrau eisoes ond dyna'r tro cyntaf i mi ganfod y llawenydd o ddarllen er mwyn pleser.

Yn y Brifysgol wnes i ddal ati a byddwn yn astudio yn Llyfrgell Hugh Owen a wastad yn mynd â llyfr gyda fi i ddarllen er mwyn pleser; ro'n i'n teimlo fod darllen felly yn egwyl o werslyfrau dwys ffeithiol. Yn ogystal, fe roddai ail-wynt i fwrw ymlaen gyda gwaith academaidd. Dwi'n cofio'r wefr o ddarllen *The Picture of Dorian Gray* gan Oscar Wilde am y tro cyntaf yn Llyfrgell Hugh Owen. Roeddwn wedi symud ymlaen o chwedlau plant i chwedl fodern – chwedl Dorian Gray, o'r portread oedd yn heneiddio a mynd yn hyllach yn ei atig tra oedd y dyn ei hun yn cadw prydferthwch ei ieuenctid am byth.

Cydnabyddaf fod chwedl Wilde yn adlais o chwedl Faust, ond yn wahanol i gymeriad Faust gan y dramodydd Christopher Marlowe (1564–1593) a werthodd ei enaid er mwyn bod yn ddewin mawr, '*A sound magician is a mighty god*', mae Mr Gray yn gwerthu ei enaid er mwyn prydferthwch oesol. Er mwyn taro'r fargen, yr oll wnaeth Dorian oedd lleisio ei barodrwydd i werthu ei enaid a chafodd ei ddymuniad ei dderbyn gan y mud:

> *'If it were I who was to be always young, and the picture that was to grow old! For that – for that – I would give everything! Yes, there is nothing in the whole world I would not give! I would give my soul for that!'*

Heblaw am yr awduron Gwyddelig, beth oedd hyn oll i wneud ag Iwerddon? Yn blentyn bach, clywais straeon Ffawstaidd ar lin Grandma ac ni allaf gofio amser pan nad oeddwn yn ymwybodol ohonynt. Hoff chwedl Grandma oedd honno am y cerddor *blues* Americanaidd, Robert Johnson (1911–1938) a byddai'n dychryn fy nghyfnither, Sinéad, a minnau trwy ddweud sut y bu i Johnson werthu ei enaid yn gyfnewid am lwyddiant cerddorol. Dywedir bod Johnson yn methu chwarae nodyn mewn tiwn ar y gitâr ond, oherwydd ei drachwant am lwyddiant cerddorol, galwodd ar y diafol a'i gyfarfod ar groesffordd. Wedi iddo daro'r fargen, dihunodd yn feistr ar ei grefft a bu'n ddigymar wrth chwarae'r *blues*. Ymhen ychydig amser fe ddaeth y diafol i'w lusgo i uffern wedi i ddynes gynnig gwydriad o wisgi wedi'i wenwyno iddo.

Yn blentyn, roeddwn yn ofni, ac eto yn chwantu am straeon arswyd gan Grandma ond iddi hi, fel finnau ar y pryd, nid chwedlau oeddent – ond y gwirionedd. Achosodd y straeon yma i mi bendroni am beth fuaswn i'n fodlon gwerthu fy enaid pe bawn yn cyfarfod Mephistopheles ar y groesffordd. Roeddwn yn ofni ymateb i fy nghwestiwn rhag ofn y gallai'r diafol ddarllen fy meddyliau. Mi oedd 'na berygl y gallwn alw allan mewn moment o wendid fel y gwnaeth Dorian Gray a chael fy nymuniad a chyda hynny cael fy nghondemnio i gosbedigaeth dragwyddol. I wneud pethau'n waeth, byddai Grandma yn fy rhybuddio i beidio byth â tharo bargen gyda'r diafol am ei fod yn dwyllodrus ac mai'r enaid yw'r peth mwyaf gwerthfawr sydd gennym ac na chaem fynediad i baradwys hebddo. Trwy'r holl gyfnewid straeon a thrafod materion yr enaid gyda Grandma, sylwais ar gyfeiriadau Ffawstaidd yn fy niwylliant, fel y tro cefais fy arswydo gan gân Snoop Dogg, 'Murder was the case':

> *A voice spoke to me and it slowly started sayin*
> [Y Diafol]: *Bring your lifestyle to me I'll make it better*
> [Snoop Dogg]: *How long will I live?*
> [Y Diafol]: *Eternal life and forever*
> [Snoop Dogg]: *And will I be, the G that I was?*
> [Y Diafol]: *I'll make your life better than you can imagine or even dreamed of*
> *So relax your soul, let me take control*

Close your eyes my son

[Snoop Dogg]: *My eyes are closed.*

O ystyried proffil a llwyddiant bydol Snoop Dogg yn blentyn, cymerais ei eiriau am eu gwerth arwynebol, hynny yw, yn llythrennol. Cafodd fy mhryderon am farchnad hygyrch i werthu eneidiau eu cadarnhau pan fûm yn dyst i fachgen yn cyfnewid ei enaid am arian parod yn yr ysgol. Rhuthrais adref pan oeddwn ym Mlwyddyn 7 er mwyn adrodd yr hanes wrth Grandma oedd yn byw efo ni ar y pryd.

'Fe wnaeth Pwyll werthu ei enaid i fachgen arall!' ebychais yn fyr fy ngwynt.

'*Ei enaid*?!' atebodd Grandma yn syn.

'Do, wnaeth e dalu dwy bunt a wnaethon nhw ysgwyd llaw.'

'*He'll be damned*,' griddfanodd.

'Ie. Ro'n i yna. Dwy bunt i brynu enaid.'

'*Oh, poor old thing. May the Lord have mercy on him*,' cwynfanodd Grandma wrth wneud arwydd y groes.

Wrth wylio fy nghyd-ddisgyblion yn negodi pris enaid, aeth ias oer drwof fi – onid oeddent yn teimlo'r un anghyfforddusrwydd a gwrthwynebiad ag oeddwn i am fargeinio enaid? Duw a ŵyr yr anfadrwydd a oedd yn aros amdanynt wrth ymyrryd mewn materion sanctaidd. Ai fi yn unig oedd yn becso?!

Â'r holl sôn am eneidiau, tynghedais y byddwn yn astudio *Doctor Faustus* gan Christopher Marlowe ar gyfer lefel-A Llenyddiaeth Saesneg; *Doctor Faustus* hefyd fyddai'r ddrama gyntaf i mi ei gweld yn fyw yn y theatr. Ond cyn inni ddadansoddi a gwerthuso gwaith Marlowe mewn modd sych ac academaidd, bu ond y dim imi gredu fod y chwedl yn wir. Roedd yr ymdriniaeth o'r ddrama gan fy nosbarth seciwlar yn ysgytwol. Cymerwyd yn ganiataol mai cymeriad ffuglennol oedd John Faustus o Wittenberg gan nad oes diafol go iawn ar gael i dderbyn enaid nad yw'n bodoli. Fel yr atebodd Faustus Mephistopheles pan geisiodd y diafol ei rybuddio am boenedigaethau'r uffern:

> *'Think'st thou that Faustus is so fond*
> *To imagine that after this life there is any pain?*
> *Tush, these are trifles and mere old wives' tales.'*

Yn groes i ddoethineb Grandma, cefais yr argraff y buasent wedi canmol Pwyll am ei fenter a chystuddio fy ffrind am ei hyfdra. Roedd dau fyd, dau ddiwylliant a dau fyd-olwg tu mewn i mi ac yn fy nosbarth Saesneg, teimlais y bydoedd hyn yn cyfarfod a gwrthdaro. Dyna paham y teimlais wefr o ddarllen geiriau'r llenor Gwyddelig wrth droi tudalennau nofel Faustaidd *The Picture of Dorian Gray* yn Llyfrgell Hugh Owen yn y coleg oherwydd gallwn weld themâu a phrif straeon fy magwraeth yn y testun. Dyma'r pwynt lle'r oedd fy angerdd am lenyddiaeth a phrofiad o grefydd yn cwrdd, crefydd a byd-olwg roeddwn i wedi eu dysgu a'u derbyn ar lin fy mam-gu Wyddelig.

* * *

Yn fy arddegau doeddwn i ddim bellach yn dyheu am straeon arswyd Grandma ac roeddwn wedi ymbellhau oddi wrth Babyddiaeth, a thestunau crefyddol hefyd. Er hynny yn fy ugeiniau, es yn ôl at ffynhonnell chwedloniaeth Wyddelig, llyfrau megis *Táin Bó Cúailnge* ac *Agallamh na Seanórach*. Ac wrth dorheulo ar ein mis mêl yn Bologna, yn nhywydd crasboeth yr Eidal, chwedl o Gylch Wlster megis *Meddwdod yr Wlsteriaid* roeddwn yn ei darllen wrth y pwll. Nid oeddwn yn siarad Gwyddeleg ac nid oedd gen i Grandma na ffydd gadarn erbyn hynny chwaith i gynnal ac adnewyddu fy hunaniaeth Wyddelig. Er hynny, roedd gen i fy atgofion, llenyddiaeth a chwedloniaeth ac yn hynny, gallwn dalu teyrnged i fy nhreftadaeth – trwy gymryd a chadw diddordeb yn hanes, llenyddiaeth a chwedloniaeth hen wlad fy mamau.

Mae fy hynafiaid o ran menywod yn hanu o Wlster ac o ran y perthnasau hynny na adawodd Iwerddon, maent i'w darganfod yn preswylio ar naill ochr i'r ffin igam-ogam sy'n rhannu'r dalaith. Dwi'n rhannu fy enw Malachy gyda fy hen ewythr (brawd Grandma) sy'n gyn-ffermwr ym Muineachán; sir gyffiniol yng Ngweriniaeth Iwerddon ond sy'n ffurfio rhan o hen dalaith Wlster. Mae gennym berthynas deuluol glos gyda thref Archesgobaeth Iwerddon sydd yng Ngogledd Iwerddon oherwydd o Ard Mhacha roedd hen dad-cu (tad Grandma) yn hanu ac mae fy enw yn atgoffâd parhaol o'r cysylltiad yma. Yn ei dro, cafodd fy ewythr a finnau ein henwi ar ôl Malachy Sant (1094–1148), sant a aned yn Ard Mhacha sydd yn un o seintiau mawr Iwerddon.

Nid wyf yn rhannu holl gredoau fy niweddar Grandma. Dwi ddim wedi byw yn Wlster erioed, ond trwy gydnabod tarddiad fy enw, dwi'n ystyried fy ngwreiddiau a pherthnasau teuluol, ac wrth ddarllen chwedl ganoloesol *Meddwdod yr Wlsteriaid* wrth y pwll yn yr Eidal, teimlwn fod rhan ohonof i yn hanu o Wlster a lle bynnag yr awn yn fy mywyd – boed â dinasyddiaeth Wyddelig ai peidio – bydd Éire gyda fi.

* * *

Yn ystod yr haf y gwnes i droi'n ddeuddeg ar hugain oed, roeddwn yn gwylio'r teledu yn fflat fy ffrind yn hwyr y nos pan ddywedodd gyda hanner gwên, 'Ti'n cofio'r tro yna 'nes i brynu enaid Pwyll yn y dosbarth Cerddoriaeth?'

'Iesu, dwi'n cofio hynny,' chwarddais.

Tywyllodd ei wyneb, 'Sbia ar hwn.'

Pasiodd ei ffôn ac roedd neges arni gan Pwyll, bachgen nad oeddem wedi cadw cyswllt ag ef ar ôl gadael ysgol. Roedd y neges wedi ei hysgrifennu â thôn difrifol a Pwyll yn erfyn ar fy ffrind i ddychwelyd ei enaid… gan ddweud sut roedd y tro y gwerthodd ei enaid iddo wedi chwarae ar ei feddwl ac nad oedd ef eisiau 'ffrae' ynghylch y peth ond bod ganddo heriau i'w hwynebu yn ei fywyd a'i fod 'angen' ei enaid yn ôl. Byddai'n well iddo ei ddychwelyd 'neu byddai rhywun yn marw'.

Ro'n i eisiau chwerthin am ben hurtrwydd y peth ond gan gydnabod geiriau llawn drwgargoel Pwyll a difrifoldeb y sefyllfa, heb sôn am y pryder yn wyneb fy nghyfaill, arhosais yn fud. Gorweddais yn ôl a chefais fy atgoffa o'r teimladau anghysurus a gefais i adeg y gwerthiant. 'Ti 'di gwneud, do?' gofynnais.

'Do, wnes i ysgrifennu llythyr yn llaw fy hunan. Wir.'

Dangosodd gopi o'r cytundeb roedd e wedi ysgrifennu mewn arddull ffurfiol a chyfreithiol gyda'i lofnod crand mewn inc ffownten-pen ar waelod y ddogfen: 'Yr wyf yn ildio meddiant eich enaid chwi. Yr wyf yn ad-dalu hyn yn ôl i'ch perchnogaeth ddwyfol.'

Wrth ddarllen y llythyr teimlwn fel petawn mewn chwedl Ffaustaidd, yn gymeriad yn nrama Marlowe neu Wilde, yn dyst i'r un enaid yn cyfnewid dwylo unwaith yn rhagor.

'Ond digwyddodd hynna ugain mlynedd yn ôl?!'

Roeddwn dan yr argraff mai fi oedd yr unig berson oedd yn cofio'r digwyddiad hyd yn oed, ac yn pallu credu fod Pwyll wedi dal mlaen at hyn ers mor hir. 'Dywedodd Grandma y byddai'n difaru,' synfyfyriais.

'Paid. Dwi'n amau ei fod e wedi bod yn meddwl am gysylltu â mi ers sbel. Fel petai'n disgwyl i mi ddweud na,' crynodd.

'Dwi'n dechrau poeni am fy enaid i nawr.'

'Pam?' gofynnodd yn ddiniwed.

'Dwi'n ffrindiau gyda Mephistopheles! Iesu, maddau i mi fy nghamweddau!' ebychais gan wneud arwydd y groes.

'Callia wnei di,' cilwenodd wrth siglo ei ben ac agor y can ffres oer o Brew Dog wrth ei ymyl.

'Dyma'r diwedd ar dy yrfa casglu eneidiau nawr, Beelsebwb,' gorchmynnais wrth edrych i fyw ei lygaid.

'Dwi'n cytuno. Mae'r pwysau gwaith yn ormod,' meddai gan gecian chwerthin.

* * *

Roedd fy ngwraig a finnau'n dal i fyw ym Mae Caerdydd yn ystod 2017, ond bûm yn gwneud llawer o deithio'n ôl ac ymlaen i Ynys Môn wedi iddi ddychwelyd i'w chartref teuluol i eni'n babi yng ngogledd Cymru.

Roedd yn ysgytwol teimlo presenoldeb Iwerddon wrth imi deithio ar hyd arfordir gorllewinol Cymru. Byddai'r radio yn cipio allan wrth imi basio trwy wyrddni Dolgellau a newidiai i raglen RTÉ. Fe ddaeth RTÉ ymlaen yn annisgwyl un tro tra oedd cân werin Wyddeleg dlos a dwys yn chwarae. Roedd llais y gantores yn atgofus a hiraethus, a daeth â deigryn i'm llygad wrth i Grandma ddod i'm meddwl – hi'n dysgu Gwyddeleg imi wrth y bwrdd bwyd. Bu farw yn 2010 ond byddai wedi dwli cael gwybod fy mod yn dad.

Mae rhywbeth dirgel am y ffyrdd y mae Grandma yn parhau i ddylanwadu arnaf. Daeth i'm meddwl eto tra bu fy ngwraig a minnau'n trafod enwau i'r babi dros fisoedd lawer. Roeddem yn gytûn ar enw pe caem fachgen ond yn methu â chytuno ar enw i ferch (dwi'n siŵr bod 'na fwy o ddewis o enwau Cymraeg i fechgyn na merched!). Dyma eistedd yn y siop goffi drws nesaf i Ganolfan y Mileniwm gyda dau lyfr ar enwau Cymraeg i fabanod ar y bwrdd derw ac espressos. Aethom ati i greu rhestr o'r enwau roeddem yn eu hoffi a chyplysiadau posib o enw cyntaf ac enw canol ar ddarn o bapur. Un o'n hoff enwau ar gyfer merch oedd Enlli ond roeddwn yn poeni a fyddai fy nheulu di-Gymraeg yn medru ynganu'r enw oherwydd y llythyren 'll'. Doedd Celyn ddim yn poeni am yr ynganiad ar y sail nad yw lleiafrifoedd ieithyddol eraill yn pryderu a ydy Angloffon yn medru ynganu eu henwau ai peidio.

Er hynny, roeddwn i'n ofidus. Roedd gennyf deimladau cymhleth am fy enw anghyffredin fy hunan pan oeddwn yn blentyn ac ro'n i eisiau sicrwydd y byddai'r enw'n addas. Hynny yw, nes i mi dderbyn galwad gan Mam yn dweud ei bod hi wedi archebu llety ar *'Bardsey Island'* at ddiwedd yr haf. Dyma fi'n datgelu hynny wrth Celyn a hithau'n dweud wrthyf mai Ynys Enlli yw *Bardsey Island* yn Gymraeg. A ninnau heb rannu'r enwau roeddem yn eu hystyried â'm rhieni cyn hynny, ffoniais Mam yn ôl a gofyn pam roeddent yn mynd ar wyliau yno.

'Fi 'di bod yn meddwl am Grandma yn ddiweddar ac roedd arni hi awydd ymweld â Bardsey.'

'Ond pam?' gofynnais yn awchus.

'Oherwydd dywedai fod tair pererindod i'r ynys yn gyfystyr ag un bererindod i Rufain, a byddai hynny'n ein helpu ni i esgyn i'r nefoedd yn gynt. Mae'n lle sanctaidd iawn yn ôl Grandma, a dwi eisiau gwneud y bererindod er cof amdani hi.'

Rhoddais y ffôn i lawr. Roedd yr enw 'Enlli' eisoes ar ein gwefusau a dyma Mam yn dweud ei bod hi am ymweld ag Ynys Enlli am y tro cyntaf a hynny oherwydd bod Grandma wedi sôn am yr ynys fechan sanctaidd. Roedd yn arwydd pendant, a thawelwyd fy mhryderon di-sail am yr enw. Fe aeth fy rhieni i Ynys Enlli yn Awst 2017 a ganed ein merch, Enlli Awen, ym mis Hydref.

* * *

Hyd at fis Hydref 2017 roedd fy sylw wedi'i hoelio'n bennaf ar baratoadau ar gyfer y babi ac, wedi i Enlli gyrraedd, ar fod yn dad – doeddwn i ddim yn meddwl am ymgeisio am ddinasyddiaeth Ewropeaidd. Y cynllun gwreiddiol oedd i'r baban gael ei eni yng ngogledd Cymru, lle byddai gan Celyn gefnogaeth ei theulu, ac ar ôl ei chyfnod mamolaeth, y byddem yn dychwelyd i'n bywydau yng Nghaerdydd, lle roeddem wedi byw ers chwe blynedd. Ond ar ôl yr enedigaeth, roedd Celyn yn amharod i ddychwelyd i'r de, a datganodd ei bod hi am aros yn y gogledd yn barhaol. Bu llawer o ddadleuon dros amser ynghylch ble bydden ni'n byw. Beth am ein gyrfaoedd?! Ro'n i'n swyddog undeb llafur, a hithau'n swyddog Seneddol. Roedd ein swyddi, ein ffrindiau, ein bywydau yng Nghaerdydd – ac onid oedd ein dyfodol yno hefyd? O safbwynt gyrfa a chyfoeth, o ran rhwydweithiau a difyrrwch, y dewis synhwyrol oedd aros lle roeddem – mewn prifddinas ar ei phrifiant.

Roedd y syniad o fudo i'r 'wlad' ar ôl saith mlynedd heriol a chostus o addysg gyfreithiol yn wrthun i'm teulu. Beth am dy gylch o ffrindiau, gofynnent. Dy deulu? Byddi di'n mynd o dy go' yn y wlad! Fel dyn o liw byddi di'n amlwg ofnadwy! Bydd eich plant mor bell i ffwrdd oddi wrthyn ni. Gan nad oedd swydd i mi fynd iddi ychwaith, roeddwn yn wynebu ymddiswyddo ar ben popeth. Roeddem yn deulu o allfudwyr a mewnfudwyr ond symudodd neb erioed i'r wlad; ffoi o'r wlad i'r ddinas roeddech chi i fod i'w wneud. Roedd penderfyniad gennym i'w wneud, ac wrth i mi fyfyrio ar opsiynau, dois yn ôl at y daith yna yn y car, a'r radio yn cipio i RTÉ. Ar Ynys Môn, byddwn yn y fro Gymraeg ac yn agos i Iwerddon; ar ôl Brexit, byddai Mona'n bont rhwng yr Undeb Ewropeaidd a Phrydain Fawr – byddwn yn nes at fedd Grandma a 'mherthnasau Gwyddelig.

Yn y pen draw, nid oeddwn i'n teimlo mor gryf ynghylch aros yn y ddinas ag yr oedd Celyn yn teimlo am adael, ac fel y mae mewn bywyd, yr un mwyaf angerddol sydd bob amser yn ennill.

Yn 2018 felly bûm yn byw rhwng dau le, Caerdydd ac Ynys Môn, ac yn clocio milltiroedd difrifol ar lôn droellog ac araf yr A470. Prynom dŷ yn Hydref 2018 a chyda cefnogaeth fy nghyflogwr, adleoliais fy swydd yn Ionawr 2019. Oherwydd prysurdeb y flwyddyn honno, ni wyddwn beth oedd yn digwydd mewn gwleidyddiaeth na gyda Brexit; roeddwn yn ymadael â Chaerdydd, yn prynu tŷ, yn magu babi, yn cadw swydd ac yn cadw'r heddwch.

Fodd bynnag, erbyn yr haf, roedd dyddiad ymadael â'r UE yn agosáu ac roedd fy meddyliau'n troi at be ddigwyddai i'n dinasyddiaeth wedi i ni groesi'r Rubicon. Roedd cwestiwn dinasyddiaeth yn yr awyr ac yn destun mân drafod yn y cyfryngau – clywais am sawl person enwog yn hawlio dinasyddiaeth Ewropeaidd o wledydd amgen o fewn yr UE. I mi, doedd dim brys. Nid oeddwn yn byw nac yn gweithio ar gyfandir Ewrop a gallwn hawlio dinasyddiaeth Ewropeaidd rywbryd eto pe bai angen arnaf. Ond yn chwilfrydig, ar y trydydd ar ddeg o Fehefin 2018, mi wnes i ymchwilio i'r broses o hawlio dinasyddiaeth Wyddelig – jest rhag ofn.

Darllenais am y pwnc ar wefan llywodraeth Iwerddon a chanfod nad oedd y broses o wneud cais mor syml ag yr oeddwn yn ei dychmygu. Yn gyntaf oll ni allwn ymgeisio am basbort Gwyddelig yn syth. Gan fy mod yn ŵyr i ddynes a aned yn Iwerddon – ac nid yn fab i un – byddai'n rhaid imi gofnodi genedigaeth estron yn gyntaf. Byddai'n costio €278 i gofnodi fy ngenedigaeth a gofynnent am bapurau swyddogol di-ri gan Grandma, Mam a finnau er mwyn cefnogi'r cais. Gwelwn y byddai'n cymryd gwaith i gasglu'r holl bapurau yma gan y teulu, ac roedd gen i fy amheuon a oedd papurau Grandma ar gael. Wedi hynny, dim ond ar ôl i mi dderbyn tystysgrif o 'ngenedigaeth estron o Iwerddon y gallwn hawlio pasbort Gwyddelig.

Roeddwn yn siomedig i ddarganfod, yn ôl y rheolau, nad yw dinasyddiaeth Wyddelig (ac felly Ewropeaidd) ond yn trosglwyddo i'ch plant os ydych chi'n llwyddo i gofnodi eich genedigaeth estron cyn iddynt gael eu geni. Roedd yn rhy hwyr i Enlli. Wnes i wylltio â fi fy hunan am beidio ag ymchwilio i'r mater yn syth ar ôl y bleidlais ddwy flynedd ynghynt. Dychwelais adref i dŷ fy rhieni yn Ffynnon Taf a dweud fy mod i'n pryderu am geisio am ddinasyddiaeth o gwbl gan na fyddai Enlli'n gymwys. Oni fyddai'n lletchwith pe bawn i a'm plant yn ddinasyddion Ewrop, ac eithrio fy merch hynaf? Oni fyddai'n annheg â hi? Wfftiodd Mam y syniad. Byddai gwrthod gwneud cais er tegwch â fy nghyntaf-anedig yn annheg â'm plant oedd heb gael eu geni eto. Wedi'r cyfan, mae Mam yn ddinesydd

Barbados a dwi ddim, ond nid yw hynny wedi peri gofid i mi erioed.

Sylweddolais fod angen i'r cais fod yn rhywbeth ro'n i eisiau ei wneud – er mwyn fy hun yn bennaf. Fi gafodd y syniad o wneud y cais, fi wnaeth ymchwilio i'r broses a chasglu'r papurau, fi wnaeth y trefniadau ac a dalodd y costau sylweddol i'w cwblhau. Fy mhenderfyniad i oedd o a dois i'r canlyniad nad oeddwn yn barod i roi'r gorau i'r freuddwyd o gymuned Ewropeaidd heddychlon ac unedig, nac i'm haelodaeth ohoni.

* * *

Roeddem am gael ail blentyn oddeutu gaeaf 2019 ac felly rhoddais flwyddyn i fy hunan gofrestru fy ngenedigaeth efo Iwerddon. Dechreuais ar y gwaith o gasglu papurau yng Ngorffennaf 2018 ac er bod dogfennau Mam a finnau gennym, roedd hi'n her canfod copïau o dystysgrifau Grandma. Yn ffodus, roedd tystysgrif geni Grandma o'r 1930au yn ein meddiant ond nid ei thystysgrif priodas na marwolaeth. Cysylltais efo chwaer a brawd Mam yn Llundain i chwilio am y dogfennau ond ni ddaethpwyd o hyd iddynt. Yn hwyrach, aeth fy modryb Anne (chwaer Mam) at y Cyngor yn Hammersmith a Fulham ac archebodd gopi o'r dystysgrif marwolaeth ar fy rhan, ond ni chefais y ddogfen tan 20 Hydref 2018.

Ym mis Tachwedd, darganfyddais fersiwn ddigidol o dystysgrif priodas Grandma a Thad-cu ar wefan y General Register Office. Roeddent wedi priodi yn 1961 yng ngorllewin Llundain. Roedd Doreen yn 26 oed a Kenrick yn 24. Sinclair, brawd Ken, oedd y tyst i'r briodas rhwng y Wyddeles a'r Barbadwr, rhwng y Pabydd a'r Protestant. Uniad dynes wen â dyn du pan oedd priodasau hil-gymysg yn anghyffredin.

Derbyniais gopi o'r dystysgrif priodas o swyddfa gofrestru gyffredinol y DU trwy'r post. Erbyn diwedd y flwyddyn, ro'n i'n agos at gyflawni'r gorchwyl, a jest angen casglu gweddill fy mhapurau gan Mam yn Ffynnon Taf ac ymweld â notari a thyst yn y dref. Ond wedyn, a finnau newydd brynu tŷ ac yn prysur wneud gwelliannau, collais olwg ar y cais. Roedd hi'n fis Chwefror 2019 arnaf yn dychwelyd i'r ddinas i'w gwblhau ar frys.

* * *

Roeddwn wedi bod yn edrych ymlaen at gael gafael ar dystysgrif genedigaeth Grandma. Ro'n i'n ceisio cadarnhau trwy ddogfennau amrywiol fy mod i'n ddisgynnydd uniongyrchol i Wyddeles; papurau sy'n profi fy mherthynas i â Mam yn ôl i Grandma. Ond roedd tystysgrif geni Grandma yn gonglfaen fy nghais – hebddi fuasai gen i ddim modd o hawlio dinasyddiaeth Wyddelig. Y bore hwnnw daeth Mam i lawr y grisiau yn dal poced blastig gyda dogfen wedi ei phlygu sawl gwaith yn bownsio'n rhydd yn ei gwaelod. Cymerais y dystysgrif mas o'r amlen yn ofalus.

'*Watchiad!*' ebychodd Mam yn flin.

Roeddwn wedi dychmygu y byddai'n ddogfen fawr ddwyieithog gyda llofnodion crand arni yn yr hen arddull Fictoraidd. Yn ôl ei chyfansoddiad, Gwyddeleg yw prif iaith Éire ac roedd yn rhesymegol imi feddwl mai yn ei hiaith frodorol y byddai Gwladwriaeth Iwerddon Rydd wedi cadw ei chofnodion cyhoeddus – ond nid felly oedd hi.

Roedd y dystysgrif mewn cyflwr gwarthus gyda rhwyg yn rhedeg lawr y canol ac roedd bron â thorri'n ddwy ran. Agorais y dystysgrif mas i'w heithaf ar y bwrdd. Roedd y papur yn fregus a chyda gwedd lwydwyrdd iddo. Tystysgrif Saesneg oedd hi. Yr unig Wyddeleg ar y ddogfen oedd stamp bach yn y gornel dde isaf, yn dangos llun o diriogaeth Iwerddon gydag 'Éire' wedi ysgrifennu uwch ei ben a '*Pinsin*' oddi tano. Oni bai am y stamp, yr unig gyfeiriad at Iwerddon o gwbl oedd arwydd yn y canol ar ben y ddogfen o delyn – fel mae'n ymddangos ar wydraid o Guinness neu ar lun clawr pasbort. Arwydd o offeren yw'r Weriniaeth, nid gair.

Cafodd Grandma, sef Doreen, ei geni ar 30 Medi 1933 yn Caisleán an tSiáin, Muineachán. Ystyr 'Caisleán an tSiáin' yw 'castell twmpath y tylwyth teg'. Peadar oedd y tad ac Agnes oedd y fam. Rheng neu Broffesiwn y tad: ffarmwr.

Myfyriais ar ddefnyddioldeb newydd y ddogfen ddinod bron deg a thrigain mlwydd oed hon. Tan heddiw, bu'r dystysgrif yn casglu llwch mewn poced blastig yng nghefn drâr yn nhŷ fy rhieni, ond nawr roedd ganddi bwrpas newydd. Mae'n berthnasol i mi fod Grandma wedi cael ei geni yn nhwmpath y tylwyth teg yng nghefn gwlad Iwerddon yn 1933, oherwydd rwyf yn dibynnu ar yr hen ddarn bregus yma o bapur i hawlio nid jest fy nhreftadaeth Wyddelig, ond dinasyddiaeth Ewropeaidd. Roeddwn yn barod i ymweld â'r notari. Roedd de Cymru wedi ei lapio mewn eira ac roeddwn yn bryderus a allwn gyrraedd y swyddfa mewn da bryd o Ffynnon Taf. Gyrrodd Mam yn araf deg ar hyd y prif heolydd halenaidd yn ei Kia Picanto a chyrhaeddom ein cyrchfan heb anffawd. Roedd eira ar y palmantau o hyd ac roeddem yn cadw golwg am rew gyda Mam yn brasgamu mewn bŵts mynydda, cot drwchus, het a menig tew fel plentyn bach du wedi'i wisgo gan riant carcus.

Dyma ni'n cyrraedd adeilad coch. Cerddom o gwmpas y safle yn chwilio am y brif fynedfa cyn dod o hyd i ddrws gyda 'notari' ar y ffenestr. Agorais y ffeil flodeuog binc a chyflwyno tystysgrifau amrywiol Grandma, Mam a finnau, neu dair cenhedlaeth o bapurau swyddogol gwerthfawr fy nheulu, i'r ddynes ganol oed fain a thrwsiadus.

'Pa ddogfennau y'ch chi eisiau i mi eu notereiddio?'

'Pasbortau, tystysgrifau geni, priodas a marwolaeth.'

'A pham y'ch chi angen notereiddio'r dogfennau hyn?' meddai a'i llygaid gwyrddlas wedi'u hoelio arnaf.

'Dwi'n gwneud cais am ddinasyddiaeth Wyddelig a dwi angen dangos sut ydw i'n ddisgynnydd i Mam-gu.'

'Y'ch chi'n poeni am Brexit?' gofynnodd wrth shyfflo'r papurau.

'Na – jest cadw f'opsiynau ar agor,' dywedais, fymryn yn amddiffynnol.

'Ydych chi wedi cael pobl eraill yn ceisio am ddinasyddiaeth yn sgil Brexit?' holodd Mam.

'Do. Pobl yn ceisio am ddinasyddiaeth mewn gwledydd ar draws yr UE. Busnesau hefyd sydd wedi gwneud ceisiadau i gael eu hadleoli yn Ewrop – i'r Iseldiroedd yn enwedig,' meddai hi.

Llungopïodd fy mhapurau. Stampiodd focs du ar ben y ddogfen a llenwodd y manylion yn dwt mewn inc du cyfoethog. Llofnodais, ac wedyn rhoddodd ei sêl bendith ar waelod y ddogfen – wedi ei stampio mewn cwyr coch twym. Roedd y ddogfen orffenedig fel llythyr brenhinol o'r Canol Oesoedd. Byddai hon yn cael ei hanfon i lywodraeth Iwerddon.

'Ges i eich manylion gan ffrind,' meddwn.

'Wel, does dim llawer o notarïaid o gwmpas – llai na mil ohonom dros Gymru a Lloegr.'

Gorffennodd osod ei sêl bendith ar y ddogfen olaf.

'Pwy fyddech chi'n eu cefnogi yn y rygbi felly, Iwerddon neu Gymru?' gofynnodd â thôn difrifol.

'Cymru,' meddwn.

Wrth i ni godi i adael, sylwodd, 'Fuaswn i ddim yn poeni'n ormodol am Brexit.'

'Cadw opsiynau'n agored,' atebais.

Â'm papurau wedi eu notereiddio, fe aeth Mam a finnau ymlaen i siop goffi. Cymerodd Mam sedd yng nghornel y siop ac es i at y bar er mwyn archebu bwyd. Gofynnais am frecwast llawn ond gan fod yr eira wedi bod mor drwm, nid oedd staff y gegin wedi dod i'r gwaith. Roeddwn yn siomedig, ac archebais ddau *latte* yn unig am nad oedd gen i'r amynedd i chwilio am fwyty arall yn yr oerfel. 'Dwi eisiau i'r *latte* fod yn boeth,' galwodd Mam arnaf. Wnes i ddim trafferthu cyfleu'r neges – wedi'r cyfan, onid yw pob *latte* yn boeth? Pocedais yr anfoneb ac eistedd wrth y bwrdd.

'Ai fi 'di o neu ydy pobl yn reit amddiffynnol am Brexit?' gofynnais.

'Yndi, fedri di ddim dweud gair drwg amdano heb gael dy gyhuddo o fod yn hysterig.'

'Dwi'm yn dallt yr apêl.'

'Maen nhw isio fe. Gawn ni weld a fydd yn gwella eu bywydau ai peidio.'

'Be bynnag sy'n digwydd, bydd gen i basbort Ewrop – mi alla i symud o gwmpas, cael swydd mewn gwlad arall, parhau fel oeddwn i.'

'Gen ti deulu i feddwl amdano, cariad. Yn enwedig nawr bod ti yn y gogs, naid fach sydd i Iwerddon o fanna.'

Fe ddaeth y gweinydd at ein bwrdd gyda dau *latte* ar hambwrdd.

'Arhoswch funud,' gorchmynnodd Mam yn awdurdodol â'i bys.

Cuchiodd ei hwyneb bach wrth lymeitian y coffi cyn ei gosod yn ôl ar yr hambwrdd, 'Mae'n rhewllyd.'

'Chi eisiau fi twymo fo lan, madam?' gofynnodd y gweinydd yn bryderus.

'Os gwelwch yn dda, dwi isio fo'n *piping hot*, plis.'

Ar ôl i'r gweinydd ddiflannu, grwgnachodd Mam, 'Pam mae'r llefydd 'ma'n methu gwneud panad gall?'

'Y biwrocratiaid ym Mrwsel. Gorfodi nhw i droi'r gwres lawr ar y peiriant. Gei di dy banad boeth cyn bo hir,' medde fi'n sobor.

'Paid â rwdlan,' chwarddodd.

Fe ddaeth y dyn 'nôl gyda *latte* Mam, cymerodd sipiad

bach arall a goleuodd ei hwyneb ar ôl iddi ei flasu. ''Na ni welliant.'

Arhosodd iddo adael a throi'n ôl ataf fi. 'Byddai Grandma wedi caru hyn,' gyda gwên lydan a'i llygaid duon yn fflachio.

'Hawlio dinasyddiaeth?'

'Roedd Grandma wastad yn annog ni i gael pasbortau Iwerddon.'

'Pam wnaeth Anne gael un ond nid chdi?' gofynnais yn chwilfrydig.

'Dwn i ddim. Ella oherwydd bod fy chwaer o gwmpas Grandma llawer fwy na fi. Ro'n i yng Nghymru. A beth bynnag, doedd 'na fyth reswm ymarferol i'w hawlio.'

'Prydain neu Iwerddon, doedd fawr o wahaniaeth pan oedd y ddwy wlad yn yr Undeb Ewropeaidd.'

'Ond mae hynna i gyd yn newid nawr yn tydi?' meddai'n hiraethus.

Ar y dydd Llun dilynol, ardystiwyd fy mhapurau gan gyfreithiwr. Yn y prynhawn, anfonais y cais llawn am ddinasyddiaeth i Iwerddon. Er mwyn derbyn blaenoriaeth rhoddais nodyn yn yr amlen i ddweud bod fy ngwraig eisoes yn feichiog. Derbyniais gadarnhad dwyieithog gan y llywodraeth ar 11 Chwefror 2019, yn nodi y gallai gymryd oddeutu chwe mis iddynt wneud y gwiriadau angenrheidiol. Wedyn roedd gen i rywbeth newydd i boeni amdano: a fyddwn i'n derbyn y dystysgrif cyn i'r baban gyrraedd ym mis Medi neu beidio.

Cymun Sanctaidd Mam,
Eglwys St Thomas of Canterbury, Fulham.
Peter, Joan, Ella, Anne, Doreen, Gorffennaf 1969

LLUNDAIN

Es i Lundain ar y diwrnod cyn y cynhaliwyd Etholiad Senedd Ewrop 2019. Roeddwn yn y brifddinas ar gyfer gwaith ond gadewais ddigon o amser yn fy amserlen i ymweld â fy modryb, Anne yn Hammersmith. Es â llyfr *Y Pla* gan Wiliam Owen Roberts gyda fi ar y trên. Rhois gynnig da arno ac roeddwn oddeutu hanner ffordd trwodd erbyn i mi gyrraedd gorsaf Euston. Prynais y nofel o Balas Print gan ei dewis ar sail y teitl, gan fy mod i'n ymddiddori yng nghyfnod cythryblus hanesyddol y Pla Du ac unrhyw waith apocalyptaidd fel y cyfryw.

Nid oedd y llyfr be ro'n i'n ei ddisgwyl, gyda stori a phlot confensiynol am ddyfodiad y Pla Du yng Nghymru. Roedd y stori yn cynnwys dwy naratif, un am gymdeithas maerdref Dolbenmaen ar wawr dyfodiad y Pla Du yn Ewrop, a'r llall yn dilyn hynt a helynt Mwslim o Gairo sydd wedi teithio i'r cyfandir er mwyn llofruddio brenin Ffrainc i ddial am weithredoedd ei gyndadau yn ystod y croesgadau.

Y prif gymeriad, Ibn al Khatib, sy'n gweld byd Cristnogol pedwaredd ganrif ar ddeg y gorllewin trwy lygaid estron. A thrwy ei bersbectif, mae'r gyfundrefn ffiwdal a chredoau Catholig y gymdeithas yn gallu ymddangos yn ormesol, yn ofergoelus – yn absŵrd hyd yn oed. Cymdeithas Gristnogol a fyddai yn ei thro yn dod i hawlio mai'r Gŵr Tywyll, Ibn, yw'r Anghrist a'i bresenoldeb yng Nghymru yn arwydd cadarn bod diwedd y byd gerllaw.

> 'Roedd y broffwydoliaeth wedi'i gwireddu…
> Yr Eglwys oedd yn iawn er inni ryw hanner ama…
> Roedd dyddiau'r Anghrist ac alanast erchyll ar
> ddod cyn dyfodiad Teyrnasiad yr Oen a hedd y mil
> blynyddoedd… Fedrwch chi ddallt?!… Roedd pobl
> wedi'i weld o o'r diwedd! Â'u llygaid 'u hunain! Wedi
> gweld y Gŵr Tywyll!'

Gosodir y stori mewn amser pan nad oedd trwch blewyn o wahaniaeth rhwng pŵer seciwlar a phŵer eglwysig ac roedd yr Eglwys Gatholig Rufeinig yn dominyddu bron pob agwedd ar fywyd – o'r crud i'r bedd. Ond wrth i mi ddarllen ymlaen roedd cymeriadau canoloesol a chrefyddol y llyfr yn fy atgoffa o ddefodau ac arferion fy mam-gu. Ar y llong, rhestrodd morwr Eidaleg y nawddseintiau amrywiol i Ibn ac esbonio ar bwy y dylai weddïo, 'Sant Martin ydi nawddsant mynachod a lleianod yr urddau sy'n gofalu am y tlodion.'

Roedd Martin o Tours (316–397) yn un o 'hoff' seintiau Grandma a'i mam, ac arno fe y byddent yn gweddïo nes i'r sant Padre Pio ei ddisodli yn hwyrach ymlaen. Mae'r awdur wedyn yn halogi creiriau gyda'i ddisgrifiadau cyfoglyd o gapten sydd 'ar ei liniau a'r ewin budr rhwng ei ddannedd wedi'i wasgu'n dynn' a rhyw sôn maes o law ei fod ef wedi llyncu'r ewin a ddaeth o 'un o'r brodyr gydgerddodd efo Ffransis o Assisi i Gaersalem' yn ystod storom arw ar y môr.

Roedd Grandma yn credu ym mhŵer creiriau a'u gallu i iacháu gymaint â chymeriadau'r llyfr, a cheisiodd ddefnyddio crair honedig o Sant Martin i wella ei phen-glin. Yn ogystal, gorfododd Grandma Mam, pan oedd yn feichiog efo fi, i sefyll o dan gerflun o Sant Martin yn Eglwys y Carmeliad a gweddïo ar Sant Martin i'm hiacháu ar ôl i brofion ysbyty ddweud bod gennyf broblemau efo fy arennau. (Ni chefais drafferthion wedi hynny!)

Mae *Y Pla* yn dychanu crefydd ac ofergoelion y ffyddiog ond wnes i oedi wrth feddwl efallai nad oedd gwahaniaeth mawr rhwng yr hyn roedd fy niweddar fam-gu yn ei gredu a chredoau crefyddol Ewropeaid y Canol Oesoedd a bortreadir yn y nofel. Dwi'n amau y byddai Grandma wedi teimlo'n gartrefol a chyfforddus yn trafod seintiau gyda'r morwyr Genoaidd, ac ar un adeg, byddwn innau hefyd.

* * *

Ar ôl cyrraedd gorsaf Gorllewin Kensington, prynais frechdan o'r siop. Teimlwn yn anesmwyth wrth i'r gweithiwr siop gadw golwg arnaf ar hyd yr eiliau ac roedd yr aelod staff yn ymddangos yn llawer rhy awyddus hefyd i mi dalu wrth ei dil yn lle'r peiriant hunanwasanaeth. Es wedyn i rif 22 a chnociais ddeng gwaith ar y drws brown. Roedd Anti Anne yn byw ar ei phen ei hunan mewn tŷ teras tri llawr, pedair ystafell, ac weithiau ni fyddai'n clywed y gnoc os oedd yn ochr arall y tŷ. Cyfarthodd y ci ond nid ymatebodd Anti nes imi ffonio.

'*Hello, love, come on in.*' Roedd yn ei gŵn nos borffor a chefais goflaid dwymgalon ganddi yng nghysgod llun o ddelwedd las y Forwyn Fair.

Neidiodd ei chi, Maloney, arnaf yn gyffrous, sef cocer sbaniel oren a gwyn oedd â llygaid wylofus. Bu'n rhan o'r teulu ers wyth mlynedd ond ni allwn ei gyffwrdd heb disian. Cerddais drwy'r stafell fyw gan geisio osgoi cyffwrdd Maloney ac eisteddais wrth y bwrdd bwyd yn y gegin. Edrychais o gwmpas yr ystafell gadduglyd; roedd y Cyngor wedi ceisio ei hel hi o'r tŷ clyd yma ers marwolaeth Grandma, ond yn aflwyddiannus. Codais ar fy nhraed a throis olau'r gegin ymlaen.

Blîp, blîp, blîp.

'Be 'di hwnna?' gofynnais. Roedd bocs plastig bach pinc yn goleuo a dirgrynu ar y bwrdd.

'Peiriant sy'n monitro'r lefelau inswlin yn fy ngwaed,' atebodd â'i llygaid du cymylog yn fy osgoi.

'Pam fod o'n blîpio?'

'Oherwydd mae inswlin fi'n isel – dwi ar fin cael hypo,' atebodd mewn modd mecanyddol, difater.

Eisteddodd yn llonydd â'i dwylo wedi'u plethu a'r ci yn swatio wrth ei thraed fel petai'n synhwyro salwch ei feistres. Roedd ei chroen brown mor salw â lludw.

'Be ti angen?'

'Bwyta,' meddai'n araf â golwg ryfedd arni fel petai'n feddw.

'Mae gen i frechdanau.' Cynigiais y frechdan cyw iâr iddi.

Cymerodd frathiad bach o'r frechdan fel petai heb y nerth i gnoi drwy'r bara meddal.

'Hen niwsans diabetes yma,' dywedodd wrth bwyntio'n araf at y peiriant bach ar y bwrdd. Dangosai 3.3 efo arwydd i lawr a goleuadau coch yn fflachio ar ei sgrin.

'Drycha pa mor isel ydy e, a dwi ddim 'di gwneud dim byd heddiw,' tuchanodd. Sylwais mor flêr oedd ei gwallt du cyrliog tyn.

'Ti'n *okay*?'

'Dwi'n cael hyn rownd y rîl. Gen i Lucozade yn yr oergell.'

Estynnais am y ddiod befriog a gorweddais yn ôl ar fy nghadair a'i gwylio hi'n yfed ac wedyn yn rhoi ail gynnig ar y frechdan mewn distawrwydd. Cododd fy hwyliau pan welais fwy o liw yn dychwelyd i'w hwyneb ac egni i'w symudiadau. Gorffennom ein brechdanau a gwnes i botiaid o de inni. Gofynnodd Anne am gael gweld lluniau o Enlli.

Cymerodd ei chwyddwydr yn ei llaw chwith a'i ddal dros sgrin fy ffôn yn ei llaw dde. Unwaith iddi gael y ffocws yn iawn, clywais, 'Mae hi mor ciwt – dwi jest eisiau rhoi cwtsh mawr iddi!'

'Ac i feddwl fod gen i un arall ar y ffordd.'

'Dwi angen dod lan i'ch gweld chi – dyw e ddim mor bell. Ray yn cwyno bod dim byd i wneud yn y wlad,' dywedodd, wrth gymryd cip arnaf i cyn troi'n ôl i rythu ar fy lluniau ar y ffôn trwy ei chwyddwydr.

'Mae rhaid i chi ddod. Mae Enlli'n rhy aflonydd i fynd ar y trên i Lundain,' dywedais yn llawen.

'Mae'n amser hir i dwdlyn gadw'n llonydd.'

Roedd Anne wedi dod ati ei hun a pharatôdd bryd inni. Roeddem wedi ymgolli gymaint yn y sgwrs nes inni golli trac ar y coginio. Roedd y cig a gyrhaeddodd fy mhlât wedi'i or-gwcio a gan fy mod wedi bwyta brechdanau awran ynghynt, ni allwn orffen fy swper. Ges i wydriad o win coch gyda fy mhryd cyn symud ymlaen at y prosecco. Aeth yr hylif yn syth i'm pen ac roeddwn yn awchu am sigarét.

Chwaraeodd Anne gerddoriaeth Ladinaidd ar ei seinydd Bose.

'Be wyt ti eisiau gwneud ar dy ben-blwydd?' gofynnodd yn gyffrous.

'Bron yn ddeg ar hugain...' synfyfyriais.

'Amser yn hedfan – yn enwedig pan ti'n brysur efo gwaith a magu.'

'Dwi wedi bod yn byw o ddydd i ddydd ers cael y babi.'

'Be ti'n mynd i'w neud, 'te? Rhaid i ti wneud rhywbeth,' mynnodd.

'Hoffwn fynd i Iwerddon,' dywedais.

Gwelais ei hwyneb yn tywyllu fel petai'n ystyried rhoi ffrae i mi. 'O, na, pam Iwerddon?' griddfanodd.

'Hoffwn i weld Malachy. Mae'n reit hen nawr a baswn i'n teimlo'n euog os byddai unrhyw beth yn digwydd iddo – heb i mi weld e, 'sdi.' Roeddwn yn ceisio cyfiawnhau fy nghynlluniau.

'Dwi'm eisiau'u gweld nhw,' datganodd yn oeraidd.

'Mae'n un o'r pethau 'na dwi'n teimlo dylwn i wneud,' atebais yn amddiffynnol.

Cuchiodd Anne. 'Dwi methu'u dioddef nhw. Roedd Granny wedi ceisio cael Mam i gael gwared â ni, y plant, a gadael ni ar stepen drws Barnado's. Mi oedd Mam yn ddynes ddewr i'n magu ni,' eglurodd.

'Mae'r amseroedd wedi newid, on'd y'n nhw. Mae'r un sydd â'r un enw â fi ymhell dros ei bedwar ugain,' dywedais, gan geisio cadw'r pwnc ar hen yncl Malachy am nad oedd e'n gyfrifol am yr hyn a ddywedodd ei ddiweddar fam hanner canrif ynghynt.

'Efallai ei bod hi'n wahanol i dy genhedlaeth di. Roedd plant du yn beth reit anghyffredin yn y chwedegau – yn enwedig yng nghefn gwlad Iwerddon. Jest cael gwared â nhw a dere adre i Muineachán. Dyna be ddywedon nhw wrth Grandma. Ond dwi'n siŵr gei *di* groeso mawr,' meddai Anne gyda rhyw hanner gwên.

'Anodd credu iddi ddweud hynna,' atebais fel petai'r wybodaeth yn fy nharo fi am y tro cyntaf.

O sylwi ar fy syndod, dyma Anne yn ymhelaethu. '"Edrych ar stad y plant yma. *You can't cope*, Doreen." Do'n nhw'm isio ni, Malachy,' meddai Anne yn benderfynol gan ysgwyd ei phen a syllu i'm llygaid du fel petai'n pwyso arnaf i gydnabod y gwirionedd a rhoi'r gorau i'm cynlluniau o geisio magu perthynas gyda'n perthnasau Gwyddelig.

Ond ro'n i am eu hamddiffyn. Mae'n siŵr y byddai esboniad am ymddygiad fy hen fam-gu? Rhywsut, mi oedd hi'n haws derbyn ei bod yn greulon a dideimlad yn hytrach nag yn hiliol. 'Dwi ddim yn meddwl bod e jest yn beth hil. Ro'n nhw 'di gwneud e o'r blaen, yn doedden, ac roedd *e'n* wyn.'

'Pwyson nhw ar Grandma i roi'r bachgen yna i fyny o gywilydd. Gwallgofrwydd.' Taranodd Anne. 'Mi gafodd Mam, yr hen greadures, ei thrin yn arw iawn. *Poor her.*'

Yr oedd yn baradocs sut oedd teulu a diwylliant oedd yn dyrchafu teulu a'r llwyth i'r fath raddau yr un mor barod i amddifadu aelodau o'r teulu hwnnw. Cafodd tad Grandma, Peadar, ei amddifadu yn blentyn gan ei rieni a'i drosglwyddo i'w ewythr a modryb oherwydd ei fod yn rhy sâl i fynd ar y llong i ymfudo gyda hwy i America. Maes o law, pan feichiogwyd Grandma yn ei harddegau gan fachgen lleol, gyrrodd ei rhieni hi i gartref mamau a babanod lle cymerodd yr Eglwys y baban oddi arni. Yn y cyd-destun hwnnw, nid oedd yn ormod o naid i ddychmygu y byddai fy hen fam-gu wedi ystyried tlodi yn rheswm dilys i Grandma amddifadu ei phlant Llundeinig. Ond a oedd hiliaeth hefyd yn ffactor yn agwedd fy hen fam-gu tuag at ei hŵyr a'i hwyresau du?

'Ti 'di gweld fod y cartrefi mamau a babanod 'na 'di bod yn y newyddion?' meddwn ymhen sbel.

'Naddo,' atebodd yn syfrdan.

'Wel, mae'n ddrwg gan fy nghalon i ddweud y gwnaethon nhw ddarganfod cannoedd o olion babanod ar safle un ohonyn nhw. Mae'r llywodraeth yn cynnal ymchwiliad,' eglurais.

'Paid deud hynna. Wnaethon nhw ddweud wrth Grandma iddo gael ei fabwysiadu i deulu yn America. Ti'n meddwl?' gofynnodd yn bryderus.

'Ond a oedd hi'n *gwybod* ei fod e wedi goroesi?'

'Roedd 'na ymgais i ddod o hyd iddo fe cyn i Grandma farw, ond ro'n ni methu cael gafael ar y cofnodion.'

'Dim byd dwi'n cymryd?'

'Na, dim byd,' ebe Anne yn bruddglwyfus.

'Anodd credu y bydden nhw'n gwneud y ffasiwn beth a'r lle ganddynt i'w fagu.' Gallwn deimlo'r bwlch rhwng eu hoes nhw a fy un i yn agor. Ni amddifadwyd baban cyntaf-anedig Grandma yn Iwerddon oherwydd tlodi neu hyd yn oed oherwydd bod ei fam eisiau ei adael e, ond oherwydd iddo gael ei eni i rieni dibriod ifanc (gwyn) mewn gwlad eithriadol geidwadol yn gymdeithasol. Hynny yw, o gywilydd.

'I feddwl, ella bod gen i hanner brawd rhywle? Babi Niall. Buasai'n hen ddyn erbyn hyn… Doedd Grandma ddim yn briod, *so what*?!' rhefrodd Anti gan godi ei dwylo i'r awyr.

Ro'n i am newid cyfeiriad y sgwrs a dywedais, 'Wel, dwi'n dal am fynd i Iwerddon oherwydd mae'n rhywbeth dwi eisiau ei wneud, i fi. Dwi'm wedi bod 'na ers yr angladd.'

'Gwnaeth ymddygiad Malachy danseilio'r cynhebrwng i mi. Deud ei fod yn rhy sâl i fynd i angladd ei chwaer.'

'Roedd e *yn* sâl. Wnaeth e drefnu'r pryd o fwyd ar ôl yr angladd. Mae'n reit addfwyn,' atebais yn ôl gan ei amddiffyn.

'Ble'r oedd ei brawd a'i chwaer hi, 'te? C'mon? Doedden nhw ddim yn haeddu Mam. Roedden nhw'n edrych i lawr arni hi. Arnon ni. Bechod arni, roedd hi'n santes a chafodd ei thrin yn ofnadwy ganddyn nhw a'r Eglwys.'

Roedd sylwad fy hen fam-gu am adael y plant efo Barnado's wedi hau'r gwynt ac nid oeddwn am fedi'r corwynt. Ro'n i wedi anghofio gymaint o bwnc llosg ydoedd a wnes i ddifaru codi'r pwnc. Roeddwn i wedi clywed Anti yn bod yn feirniadol cyn hyn ond ddim mewn geiriau mor gyndyn a phendant. Nid oeddwn yn cytuno efo pob dim roedd Anne yn ei ddweud ac roedd ganddi hawl i'w phersbectif boed am resymau hil ai peidio. Gwraidd y peth ydy nad oedd fy modryb yn teimlo bod ochr Wyddelig ei theulu wedi ei derbyn hi a dyna paham, yn y pen draw, iddi hi droi cefn arnyn nhw.

* * *

Roeddwn yn mwynhau'r prosecco a chodais y botel gan geisio arllwys un arall i fi fy hun ond ni tharodd yr un diferyn waelod fy ngwydr. Edrychais yn yr oergell ond doedd dim stwff da ar ôl, a da o beth oedd hynny hefyd – roedd y cloc wedi taro un ar ddeg y nos. Wnes i amau fy mod yn fwy meddw nag ro'n i'n sylweddoli am imi fod yn eistedd yn y gegin a'r hylif euraidd ysgafn yn suddo i lawr fy ngwddw'n llyfn wrth i ni wrando ar R&B.

'Gen i Jamesons lan staer os ti isio hwnna?' cynigiodd Anne.

'Rhaid i mi ddeffro i fynd i'r gwaith mewn saith awr.'

'Iawn.'

'Ga i banad yn lle wisgi?'

'Ie, beth am i ni gael panad.'

Codais a llanw'r tegell gyda photel o ddŵr oer am fod fy modryb yn pryderu am lefelau uchel o lygredd yn y dŵr. Gosodais y cwpanau stemllyd o de ar y bwrdd yn y mwrllwch, a gallwn weld fod pethau dwys ar ei meddwl.

'Mae gan yr Eglwys lot i ateb amdano,' meddai Anne yn sobor wrth gwrdd â'm llygaid lluddedig.

'Yr Eglwys?' meddwn wrth eistedd wrth ei hymyl.

'Ti'n gwybod y ffordd wnaethon nhw drin Grandma. Deud wrthi ei bod hi'n bechadures. Ein bod ni gyd yn bechaduriaid. Bod rhyw yn wael a'n dychryn gydag uffern. Yr holl gywilyddio… Nhw wnaeth fwrw ei hyder hi a'n cadw ni'n dlawd. Roedden nhw yn erbyn byw.'

'Dwi'n meddwl bod gyda hi galon sensitif,' atebais.

'Ble oedd Mam pan oedden ni'n mynd i'r parc? I fynd â ni am dro? Dylai hi fod wedi bod efo ni. Nid ar ei phengliniau yn gweddïo yn yr Eglwys efo nhw.' Protestiodd fel petawn i'n bresennol yn ystod ei phlentyndod.

'Ond roedd crefydd yn gysur iddi hefyd… Wnaeth e roi pwrpas iddi hi, yn do?' atebais yn bwyllog.

'Ond yr holl arian 'na roddodd hi yn y blwch casglu dros y blynyddoedd… Mae'n peri gofid i feddwl. Roeddwn i'n teimlo'n ddig bob tro y byddai Mam yn claddu ei llaw yn ei phwrs. Ddylen nhw fod wedi gwrthod ein harian ni. Offrymodd swper ei phlant ei hunan i'r Carmeliaid! Roedd nosweithiau lle'r oedden ni heb bryd o fwyd. Doedden nhw ddim yn gallu gweld pa mor dlawd oedden ni?' Gwelwn yr atgasedd yn ailgodi wrth iddi fyfyrio ar ei phlentyndod a rhyw olwg bell yn ei llygaid.

'Doedd hi ddim yn ennill digon i'ch cynnal chi, Anne. Roeddech chi angen help,' cysurais hi.

'Ti'n iawn. Heblaw i ni gael y tŷ cyngor yma, buasen ni

'di bod ar y stryd. Neu yn Barnado's. Ella byddai wedi bod er gwell,' ychwanegodd yn brudd.

'Paid deud hynna. Yr Eglwys o'dd cymuned Grandma. Mae pobl angen cymuned. Yn enwedig pan maen nhw mewn gwlad estron heb deulu'n byw gerllaw. Efallai y gwnaeth y grefydd roi cryfder iddi hi – y gwytnwch a'r nerth i barhau ac ymdopi efo'r sefyllfa,' anogais.

Cymerodd Anne anadl ddofn. 'Gath hi fywyd anodd. Yn fam sengl yn bell o adref yn cael ei dirmygu ar y stryd am fagu pedwar o blant du. Pobl yn sgrechian a rhegi arnon ni o'r balconïa. Doedd 'da hi mo'r sgilia i ymdopi yn y byd dinesig hwn. Doedd cymdeithas ddim yn trafferthu addysgu genod yn yr hen ddyddia.'

'Wnaeth hi ddim colli lawer o ysgol?' gofynnais.

Ochneidiodd Anne. 'Do. Syrthiodd ar hen hoelen rydlyd yn y beudy yn blentyn. Cafodd sepsis yn ei throed – roedd pryder mawr y byddai'n marw. Erbyn iddi fynd yn ôl i'r ysgol, roedd hi'n bell ar ôl.'

'Yr oll dwi'n cofio hi'n dweud am ysgol oedd ei hatgof o'i diwrnod olaf, yn rhedeg trwy'r caeau adref yn bloeddio "Dwi'n rhydd am byth!" cyn ychwanegu'n felancolaidd, "ond doedd bywyd ddim fel 'na o gwbl! *Not at all!*"' Gwenais.

Arllwysais wydr o ddŵr Llundeinig cymylog ac es i ystafell ar yr ail lawr. Brwsiais fy nannedd o flaen llygaid cochlyd y diafol yn y drych a gosodais fy larwm i ddeffro ymhen chwe awr. Gorweddais lawr ar fy ngwely a dechreuais feddwl. Roedd rhai o sylwadau Anne wedi fy aflonyddu. Ro'n i'n teimlo ei bod hi'n fy ngwahodd i gytuno y byddai ei phlentyndod hi wedi bod yn fwy cyfforddus mewn un ystyr pe byddai Grandma ddim mor grefyddol. Ac eto roeddwn i'n hoffi ei bod yn grefyddol. Roedd hi'n ddifrifol ei ffydd a heb y ffydd honno byddai wedi bod yn berson gwahanol.

Mae'n gysur i mi fedru agor tudalennau'r Beibl a'i chanfod yng nghymeriadau'r Testament Newydd, fel y weddw dlawd y soniodd yr Arglwydd amdani yn yr Efengyl: 'Yn wir, dwi'n dweud wrthych fod y weddw dlawd hon wedi rhoi mwy na phawb arall sy'n rhoi i'r drysorfa. Oherwydd rhoi a wnaethent hwy i gyd o'r mwy na digon sydd ganddynt, ond rhoddodd hon o'i phrinder y cwbl oedd ganddi i fyw arno.' (Marc 12:43–44)

Rhoddodd Grandma y cwbl o'i phrinder nid jest i'r Eglwys ond i'w theulu. Gwrthododd bwysau ei mam i amddifadu ei phlant. Brwydrodd ymlaen er eu lles a wynebodd hiliaeth trwy gysylltiad ei gŵr o Barbados a'u hepil. Roedd ei chrefydd fel dŵr wedi'i arllwys i mewn i win ac nid oedd yn bosib gwahanu'r Wyddeles oddi wrth ei Phabyddiaeth wedi'r cymysgu. Ganed hi yn Wyddeles Gatholig addfwyn a diymhongar fel y bu farw heb yr un geiniog, ond cyfoeth yn y nefoedd. Cam Grandma oedd ei bod hi ar lawer cyfrif o flaen ei hoes. Cymdeithas oedd angen datblygu, yn ei hagweddau tuag at dlodi, at hil a phriodasau a phlant hil-gymysg, at ryw a beichiogi tu allan i briodas. Agweddau pobl a sefydliadau at y pethau hyn a wnaeth ei bywyd yn anodd. Roedd Grandma yn hen galon ddidwyll iawn – y gymdeithas o'i chwmpas oedd angen diwygio a chanfod eu calon, nid hi.

FFYNNON TAF

Derbyniais e-bost ar 25 Ebrill 2019 gan Adran Materion Tramor a Masnach Iwerddon yn gofyn am gadarnhad swyddogol o feichiogrwydd fy ngwraig er mwyn cyflymu fy nghais. Roedd y babi i fod i gyrraedd ar 21 Medi (dim ond pedwar mis a dau ddeg saith diwrnod i fynd) ac, felly, nid oedd llawer o amser yn weddill i gadarnhau fy ninasyddiaeth cyn dyfodiad fy mhlentyn.

Roedd gennyf gyfarfodydd gwaith yng Nghaerdydd ac felly ar ôl anfon y ffurflen i Iwerddon, wnes i achub ar y cyfle i ymweld â'm rhieni. Mae cartref fy mhlentyndod yn Nhy-Rhiw, Ffynnon Taf. Fel mae'r enw yn dynodi, gosodwyd y stad unig ar ben allt serth. O ffenestr ein llofft orllewinol, gwelwn Fynydd y Garth sydd ar ochr arall afon Taf; o'n drws ffrynt gogleddol, Graig-yr-Allt, ac i'r deheudir, mae Castell Coch, sydd siwrne fer ar hyd Llwybr Taf.

Yn y nos, byddwn yn clywed adlais ceir yn mynd a dod ar hyd gwythïen Cymru sy'n cysylltu'r de a'r gogledd, a synau curiadau a churo Forgemasters de Cymru oedd yn arfer bod gyferbyn â'r orsaf drên. Yn swatio rhwng amddiffynfeydd dynol a naturiol, mae'r tirlun o Dy-Rhiw yn gysurlon. Yn ystod fy mhlentyndod, roedd y stad hon o dai yn cynnwys cartref fy mam-gu, fy ewythrod, modrybedd, naw cefnder, fy rhieni, brawd, brawd maeth yn ogystal â llu o berthnasau pell, yma ac acw o'n hamgylch.

Mewn undod mae nerth, ac roeddem fel un llwyth mawr. Nanny Edwards oedd matriarch y cwmwd a'i thŷ

Cyngor hi – a leolir yng nghanol y stad – oedd lle byddem yn cyfarfod i gymdeithasu a hel straeon ffraeth a difyr. Os oedd anghytundeb yn y cartref, i dŷ Nanny byddai fy nghefndryd a finnau yn ffoi ac os oedd y ci yn dianc, i dŷ Nanny y byddai hi'n mynd hefyd. Nid oedd yn bosib cadw cyfrinach ac roedd yn fro braf i gael fy magu ynddi a hynny oherwydd cwmni da a siriol.

* * *

Roedd y pryder ynghylch y dyfodol – am dderbyn fy ninasyddiaeth Ewropeaidd a'r paratoi at enedigaeth fy ail blentyn – yn baradocsaidd wedi achosi i mi fyfyrio ar y gorffennol. Ers ymgartrefu yn y gogledd, teimlwn fel petawn yn symud ymhellach oddi wrth fy magwraeth ac oddi wrth fy ngwreiddiau yn Ffynnon Taf a de Cymru yn gyffredinol – yn ddaearyddol, yn ddiwylliannol ac yn ieithyddol.

Dychwelais allweddi ein fflat yn Nhre-Biwt i'r landlord ar y cyntaf o Ragfyr 2018 ac wedyn treuliais gyfnod efo fy rhieni cyn ymuno â Celyn ac Enlli yn Ynys Môn yn barhaol yn Ionawr 2019. Syllais ar y tirlun dinesig o falconi fy fflat ar y noson olaf honno, ac wrth sylweddoli fy mod ar fin mudo i ochr arall y wlad a gadael bron pawb a phopeth roeddwn yn eu nabod, ni theimlwn unrhyw awch i aros. Roedd y diffyg teimlad hwn yn ddirgelwch i mi.

Yn Ebrill 2019 roeddwn yn dod adref i'm cartref teuluol ar y trên a gwyliwn Gastell Coch yn nesáu. Wrth lusgo fy siwtces tu ôl imi, cerddais fyny'r allt serth yng nghysgod y coed, a rhythais ar y mynyddoedd cysurlon yr oeddwn wedi swatio rhyngddynt ers erioed. A chefais y teimlad fod bywyd yn mynd ei flaen yma yn Nhy-Rhiw a bod fy rhieni yn heneiddio yma – hebddo i.

Sylweddolais nad oeddwn wedi hiraethu am Ffynnon Taf cyn hyn oherwydd nad oeddwn i wedi gadael y lle o'r blaen. Nid mewn gwirionedd – am gyfnod roeddwn i wedi bod ym Mhrifysgol Aberystwyth a Bryste, ac yn gweithio yn Abertawe dros dro, ac roedd ein fflat yng Nghaerdydd yn teimlo'n agos. Nid oeddwn wedi sylwi ar Ffynnon Taf. Ond roeddwn yn sylwi nawr ac roedd yn tynnu ar fy nghalon am nad oeddwn eisiau colli'r cysylltiad oedd gennyf gyda phentref, pobl a pherthnasau annwyl a thwymgalon fy magwraeth.

* * *

Penderfynais fy mod am fynd â darn o Ffynnon Taf adref gyda fi i'r gogledd. Gofynnais i Dad a gawn weld yr archifau ac fe ddaeth y llyfrgellydd lawr stâr gyda bocsys brown rhydlyd yn llawn dop o luniau melynfrown.

Mae fy nhad, Christopher, dros ei drigain blwydd gyda llond pen o wallt llwydwyn, llygaid brown a chroen gwyn wedi ei heulo'n barhaol gan blentyndod mewn gwledydd poeth megis Cyprus a Hong Kong. Yn weddol dal a chadarn ei gorff ac yn iach, pan mae'n gwisgo ei sbectol, mae golwg y sefydliad arno fe. Yn llysieuwr a llwyrymwrthodwr bron, mae'r math o ddyn y mae pobl yn gofyn iddo ardystio eu pasbort, yn aelod cyfrifol o'r gymuned sy'n gwirfoddoli yn lleol ac yn ynad heddwch – rhywun dibynadwy, sydd wedi gwneud credo o egwyddorion Nolan ac o ddyletswydd a gwasanaethu'r cyhoedd.

Estynnodd fy nhad lun o'i deulu wedi ymgynnull o gwmpas y bwrdd yng Nghyprus allan o'r bocs; edrychai fel llun o'r chwedegau. Trodd y pictiwr du a gwyn drosodd ac roedd neges wedi'i hysgrifennu ar y cefn: *Chris took this one*. Prynodd ei gamera cyntaf yn ddeuddeg mlwydd oed ac mae wedi bod wrthi yn ddiwyd ers hynny gan gynnwys tynnu lluniau ar gyfer Clwb Rygbi Ffynnon Taf.

Roedd y ffotograffau hynaf yn y bocs yn dyddio o'r 1920au. Rhoddais y lluniau yr hoffwn gopïau ohonynt o'r neilltu i'w cadw. Rhai o'm hen deidiau yn yr Ail Ryfel Byd a aeth â 'mryd – lle'r oedd hanes teuluol yn plethu gyda hanes mawr y byd. Wrth fyseddu lluniau'r milwyr, sylweddolais fod fy nghysylltiadau teuluol efo'r lluoedd arfog Prydeinig yn mynd yn ôl ymhell.

Treuliodd teidiau fy nhad, Francis Edwards a Gwilym Jones, yr Ail Ryfel Byd yn India a Gogledd Affrica yn bennaf. Yn y bocs, roedd llun o Frank yn ifengach na fi nawr, yn ei lifrai milwrol yn gyrru beic modur, â golwg arwrol arno gyda sigarét yn ymwthio o gornel ei geg. Treuliodd ei ryfel fel gynnwr yn y Magnelau Brenhinol. Hwn oedd y Grampy Edwards ro'n i'n ei gofio dros ei bedwar ugain yn drwm ei glyw a chlefyd Alzheimer arno (a'r tueddiad i fynd ar goll), felly, mi oedd yn braf gweld llun ohono fe'n ifanc a sionc. Yn ogystal, roedd yna lun swyddogol gan y fyddin o Gwilym Jones yn ei swyddwisg ym mlodau ei ieuenctid yn gwenu'n ddireidus.

Milwr cyffredin oedd Gwilym yng nghatrawd Sir Gaer a buodd ar ymgyrchoedd y Fyddin Brydeinig yng Ngogledd Affrica, Persia ac Irac (*PAI Force*) ac enillodd fedal Seren Affrica a medal Seren yr Eidal. Treuliodd ddeuddeg mlynedd yn y lluoedd arfog gan iddo gael cyfnod yn y fyddin cyn yr Ail Ryfel Byd gan ailymuno yn 1939 ar ddechrau'r Rhyfel. Ymunodd â'r fyddin yn y lle cyntaf fel modd i ddianc o'r pwll glo wedi i'w frawd mawr, Gwyn, gael ei barlysu yn namwain glofa Lady Windsor, Ynys-y-bŵl. Ni chafodd ei ryddhau o'r fyddin yn swyddogol nes 1952. Pan ddychwelodd adref ar ddiwedd y rhyfel roedd ei ferch wyth mlwydd oed yn meddwl mai dieithryn ydoedd a chuddiodd tu ôl i'w mam. Ymhlith canlyniadau eraill ei absenoldeb hir, collodd y Cymro Cymraeg o Ynys-y-bŵl y cyfle i drosglwyddo'r iaith Gymraeg i'w ferch, Beryl (sef Nanny). Roedd lot o hanes yn y lluniau hyn, llawer o straeon.

Hoffwn fframio rhywfaint o ysbryd y genhedlaeth arwrol hon.

* * *

Synfyfyriais wrth bori trwy'r ffotograffau du, gwyn a sepia yn y bocs, sut rydym yn cofio ac yn anrhydeddu ein hynafiaid milwrol uwchlaw'r gweddill. Rydym yn cofio'r dosbarth yma o'r cadwedig, nid jest yn gyhoeddus ar gofadeiliau, ond yn breifat hefyd. Ond mae'r pwyslais ar ryfel a thrais fel petai wedi arwain at anghydbwysedd rhwng y rhywiau. Y gwrywod yw'r enwau adnabyddus yn bennaf. Edrychais ar fy nghasgliad a rhoddais rai o'r lluniau milwrol o ddynion yn ôl yn y bocs.

Meddai'r Ymerawdwr Rhufeinig, Marcus Aurelius (121–180 OC), 'Mae'r amser yn agos pan fyddoch yn anghofio pawb a phob peth, ac agos hefyd yw'r amser pan fydd pawb a phob peth yn eich anghofio chwi.'

Ac yn wir, sylweddolom wrth bori fod canran sylweddol o'r perthnasau yn y lluniau yn rhai na allem eu henwi. Roedd eu henwau eisoes ar goll mewn amser. Hyd yn oed pe gallem enwi'r meirw, beth fyddai'n newid? Nid yw llun ac enw ar ei ben ei hun yn datgelu fawr ddim sy'n hynod neu'n neilltuol am berson; am eu personoliaeth, cymeriad neu hanes personol.

Dwi'n fodlon cymryd jest argraff o'r gorffennol. A'r argraff a gefais wrth bori drwy'r lluniau oedd mai rhyfel, caib a rhaw oedd 'cyfran' Cymry dosbarth gweithiol de Cymru'r ugeinfed ganrif. Cyfunais wybodaeth y lluniau gyda'r hanesion, ac nid yn gymaint y datblygiad aruthrol mewn technoleg a chynnydd mewn hawliau sifil, ond y caledi a'r baich trwm ar bobl gyffredin dosbarth gweithiol o frwydro mewn dwy ryfel byd o fewn deugain mlynedd. A'r heriau preifat: yr aflonyddwch a'r galar – y dioddefaint –

i deuluoedd a gafodd eu dal yng nghorwynt rhyfel a drodd eu bywydau wyneb i waered.

* * *

Bûm yn sgwrsio efo Dad wedyn am ei deidiau yn y fyddin. Byddem yn trafod hanes teuluol a lleol fel y byddai rhai tadau a meibion yn trafod eu hoff dîm pêl-droed. Meddyliais am fy mherthynas gyda Dad. Ro'n i wedi sylweddoli o oedran ifanc nad oedd fy nhad yn rhannu'r un ffaeleddau neu ddiddordebau â llawer o ddynion eraill yn lleol. Yn fewnblyg a thawel, roedd ei ymddygiad yn gyson a chadarn. Ni chlywais ef erioed yn cwyno, neu'n dweud ei fod e dan bwysau neu'n dihuno mewn hwyliau drwg ac yn gweiddi arnom neu'n dangos dicter a dod adref yn feddw a swnllyd. Doedd e byth yn sâl neu heb siafio. Dihunai ar doriad y wawr i ddarllen a gwylio'r newyddion ac âi i'r gwely'r un amser bob nos. Roedd e'n hoff o jôc, ei ardd ac anifeiliaid. Ei syniad o drît oedd bwyta oren neu ddatys ar y soffa wrth wylio clasur o ffilm ddu a gwyn ar y teledu. Yn ddisgybledig a dibynadwy, gwneud fydd e nid dweud.

Serch y siwt drwsiadus, y *briefcase* ac anian optimistaidd a chymedrol, roedd yna ochr arall iddo. O ran chwaeth artistig, byddai'n peintio lluniau ar y cerrig yn yr ardd ac yn casglu celf a cherrig amrywiol a ddarganfyddai ar y traeth. Yn ei gwpwrdd dillad, cuddiai'r ochr arall hon. Dyma lle cedwid ei ddarluniau olew a wnaeth yn yr ysgol, darluniau seicedelig lliwgar yn arddull y saithdegau a ffigyrau estron oedd yn cyfleu ei ddiddordeb yn yr amgen a'r egsotig. Uwchben y lle tân yn nhŷ ei fam crogai darlun o ddyn du

Arabaidd a beintiodd e. Ei fwriad oedd mynd i Goleg Celf, ond cafodd ei berswadio i beidio gan ei dad-cu milwrol a'i gwawdiodd ac a bwysodd arno rhag gwneud hynny oherwydd nad oedd Celf yn radd gall. Ac felly, gwnaeth radd yn y dyniaethau yn lle hynny. Er hynny, breuddwydiai am fod yn grochennydd ac roedd enghreifftiau o'i botiau crochenwaith o amgylch y tŷ, yn dal pens a phensiliau, blodau a gemwaith.

Tra oedd tadau eraill yn mynd â'u meibion i chwarae pêl-droed ar y penwythnos ac yn breuddwydio amdanynt yn chwarae i'r Bluebirds, roedd fy nhad yn mynd â fi i wersi crochenwaith yn y Ganolfan Gelf, Neuadd Llanofer ac yn fy annog i gadw dyddiadur. Dwi'n meddwl am y cyfnod hir pan oedd yn meddwl y byddwn i'n mynd i faes y celfyddydau – yn artist gweledol neu'n bensaer – a chefais yr argraff ei fod wedi'i siomi pan wnes i ddewis y gyfraith. Ond byddai wedi bod yn groes i'w gymeriad iddo rannu ei ofidiau gyda fi am nad oedd e am bwyso arnaf i fel y gwnaeth ei dad-cu arno fe.

Byddai Dad yn eistedd yn ei fyfyrgell yn chwarae cerddoriaeth glasurol Indiaidd, neu, Erykah Badu ac ar adegau eraill byddwn yn ei ddal yn blastio cerddoriaeth *trance*. Roedd ei wleidyddiaeth yn wahanol hefyd ac mewn ardal weddol Lafur yn ystod cyfnod etholiad, ni oedd yr unig dŷ lle gwelwn faneri Plaid Cymru yn y ffenestr. Ymgeisiodd am y Cyngor sawl gwaith yn aflwyddiannus, ond ni fyddai'n cymryd ei siomi. Roedd e ar wahân ac er ei fod wedi'i amgylchynu gan deulu, gallai ymddangos yn unig ar brydiau.

Ond beth sy'n esbonio agwedd, meddylfryd a ffordd o fyw Dad? Ganed e ym Mhentre'r Eglwys ond ni chafodd ei fagu yn Ffynnon Taf, na hyd yn oed yng Nghymru ond dramor, mewn ambell drefedigaeth Brydeinig. Y mab hynaf o bedwar plentyn, treuliodd ei blentyndod o dair oed ymlaen yng Nghyprus – yn ystod cyfnod o ryfel cartref – a'i arddegau yn yr Iseldiroedd a Hong Kong. Er yn mynd a dod i ymweld â'i fam-gu a'i dad-cu, ni ddaeth i fyw i Ffynnon Taf nes ei fod yn oedolyn. Gweithiodd fel llyfrgellydd yn Llundain yn gyntaf ac wedyn yn Llyfrgell Coleg Cymunedol Palomar yng Nghalifformia cyn dychwelyd adref i brynu hen dŷ ei dad-cu, Gwilym, yn Nhy-Rhiw.

Pam y diddordeb mewn hanes teuluol a lleol? Ar ryw lefel mae'n ffordd o'n hatgoffa ein hunain sut yr ydym yn perthyn i'r gymuned. Mae'n fodd o ailgyfeirio a deall lle'r ydych yn sefyll a'ch rhan yng nghyd-destun stori deuluol lawer mwy. Am yr hen hen dad-cu hwnnw a gerddodd efo'i wraig ar y draphont pan oedd yn cael ei hadeiladu, yr hen hen fam-gu a fagodd ei phlant ym Moy Road a'r brawd sy'n chwarae rygbi i Glwb Rygbi Ffynnon Taf. Cofnodion a straeon sy'n cadarnhau eich bod yn perthyn i gymuned na chawsoch eich magu ynddi ac yn fy achos i nawr, i ardal lle nad wyf bellach yn byw.

* * *

Wrth fyfyrio ar y lluniau o'm hynafiaid mewn gwledydd pellennig, teimlwn yn ansicr. Dwi erioed wedi treulio mwy na phythefnos tu hwnt i ffiniau Ynys Prydain; ydw i wedi bod yn chwarae yn rhy saff? Ydw i'n greadur diantur?

'Dyw'r holl deithio ddim cystal ag mae'n ymddangos. Mewn sawl ffordd, mae dy fywyd di wedi bod yn fwy difyr na f'un i,' meddai Dad. Ond nid oeddwn yn argyhoeddedig.

Dwi wedi teithio cryn dipyn ond dwi ddim wedi anturio cystal â fy nhad. Yr agosaf dwi wedi dod i 'filwrio' oedd yn Las Vegas lle wnes i drin drylliau. Saethais amryw ohonynt; gwn llaw, gwn pelets, reiffl ymosod a sniper. Yr hyn oedd mor frawychus am y gynnau oedd eu bod mor rhwydd i'w defnyddio, ac enillais grys-t mewn cystadleuaeth sniper rhwng grŵp o fechgyn. Dywedodd yr hyfforddwr fy mod yn 'natural'. Y dryll yn gadarn yn fy nwylo, pwyso fy mys ar y glicied a gwrthlam y reiffl yn fy ysgwydd. Efallai fy mod i'n ddiniwed. Edrychais ar yr M4 Carbine yn fy llaw ac roedd yn rhaid atgoffa fy hunan mai pwrpas y peiriant hwn yw lladd *homo sapiens* – y bod mwyaf cymhleth, deallus a hynod yn y bydysawd hysbys. Dwi'n gwybod sut beth yw saethu dryll, ond nid at berson ac ni allwn amgyffred y teimlad na'r wefr o rywun yn saethu bwled i'm cyfeiriad i! Ond dyma oedd profiadau fy hynafiaid. Dywedodd fy nhad-cu (tad fy nhad) a fu'n swyddog yn yr awyrlu brenhinol yng Nghyprus yn ystod y cyfnod o wrthryfel rhwng y Cypriots Groegaidd a Thwrcaidd ei fod e'n gyrru lawr y lôn yn ei lifrai milwrol un diwrnod poeth gyda'i ffenestri yn agored pan saethodd dyn ato o'r bryn. Ceisiodd Prydain aros yn niwtral yn ystod y gwrthdaro ond nid oedd pawb yn fodlon efo'u presenoldeb. Chwibanodd bwled heibio ei drwyn ac yn syth trwy ffenestri agored ei Mini. Yn blentyn câi Dad ei hebrwng i'r ysgol gan giard arfog oedd yn cadw gwyliadwriaeth ar y bws a chafodd ei ddysgu i blygu i lawr ar unwaith os oedd Tad-cu yn tapio dangosfwrdd y car. Sylweddolais fod bwlch mawr rhyngddo i a'm teidiau a aeth i ryfel neu wnaeth fyw trwy gyfnod o ryfel a gwrthdaro oherwydd bod gwahaniaeth arwyddocaol ym mhrofiadau cenedlaethau rhyfel a heddwch. Profiadau gwahanol iawn i'r hyn ges i yn Nhy-Rhiw – profiadau nad wyf yn dyheu amdanyn nhw.

Na. Dwi wedi ei chael hi'n dda ac os caf i gyfle i fyw a gweithio ar dir mawr Ewrop yn y dyfodol, bydd gennyf fy ninasyddiaeth Ewropeaidd i wneud hynny yn ddirwystr.

* * *

Gyrrais adref i Ynys Môn fore Sadwrn. Treuliais weddill y penwythnos gyda Celyn ac Enlli a chymerais yr awyren o'r Fali fore Llun; wnes i ddal ati i ddarllen *Y Pla* ar y daith fer yn ôl i Gaerdydd. Yn ôl yn Ffynnon Taf, parheais i fynd trwy'r bocsys o hen luniau fy nhad.

Roedd degau o luniau o Nanny a'r plant gyda Tad-cu wedi ei rwygo allan – cynddaredd deugain mlwydd oed yn ffres yn fy llaw. Rhwyg yn y llun, yn y teulu a'r holl wahanu sydd wedi digwydd yn sgil diwedd cythryblus eu priodas wedi i Tad-cu adael. Gallai fy nhad weld yr arswyd yn fy wyneb wrth ddarganfod yr holl luniau roedd Nanny wedi eu rhwygo.

'Cyrhaeddais mewn pryd i achub rhai ohonynt,' meddai'n brudd.

'Mae lluniau geni, priodasau – hyd yn oed lluniau ohonoch chi fel plant bach wedi eu rhwygo yn rhacs,' meddwn yn anghrediniol.

'Dinistriodd domen o luniau a'u gwasgaru o gwmpas y tŷ; lluniau ohonom ni yng Nghyprus, Hong Kong, yr Iseldiroedd, Abertawe. Siomedig braidd,' cynigiodd yn bwyllog.

Byseddais ffotograff – un o'r ychydig rai oedd mewn cyflwr da. Llun o swyddogion y lluoedd awyr yn eu siwtiau gorau a'u gwragedd yn mynd am bryd o fwyd. Pawb yn gwenu a chwerthin. Tad-cu a Nanny y naill ochr i'r bwrdd yn syllu ar ei gilydd yn serchus – sigarennau yn mygu rhwng bysedd un llaw, gwydr o siampên yn y llall. Y dynion i gyd mewn teis bo du a siwtiau gwyn bonheddig. Roedd gan Tad-cu fwstash a gwallt du wedi ei gribo'n ôl. Gwisgai Nanny ffrog flodeuog, liwgar. Buont yn Hong Kong, ac edrychai'r golygfeydd mor nodweddiadol o'r saithdegau, mor foethus, mor hwylus. Sut aeth pob dim o'i le? Roedd y ddelwedd ohoni bellter byd i ffwrdd o'r Nanny ro'n i'n ei chofio – pensiynwraig a wisgai gardigan felen a sbectol fawr yn smygu Richmond Superkings yn y stafell fyw ac yn hel straeon yn llon a pharatoi corn bîff hash i ni, y plant, i swper. Anfynych y byddwn i'n gweld Tad-cu ac yntau bellach yn byw yn Sir Gaerhirfryn.

Wrth weld apêl y ddelwedd o fywyd swyddog yn y lluoedd arfog, gofynnais i fy nhad, 'Wnaethost ti erioed ystyried dilyn dy dad i'r lluoedd awyr?'

'Do, wrth gwrs,' meddai'r llyfrgellydd.

'Mae e i gyd i'w weld mor foethus pan edrychaf ar y lluniau, yn antur fawr.'

'Oedd. Roedd fy rhieni yn cymdeithasu bob nos. Roedd gennym lanhawyr a *nannies*. Ond roedd hyn yn ystod y dyddiau trefedigaethol, wrth gwrs. Er ein bod yn byw yn Mei Foo, y datblygiad tai mwyaf yn y byd ar y pryd, dim ond â Phrydeinwyr eraill y bydden ni'n cymdeithasu. Roeddem wedi ein hynysu oddi wrth y brodorion. Ond oedd, mi oedd gennym safon byw uchel – roedd y lluoedd arfog yn edrych ar ôl eu pobl. Roedd yn sioc dychwelyd a phob dim mor wyrdd.'

Ro'n i'n ymwybodol i fy nhad dreulio ei arddegau mewn coloni yn yr Ymerodraeth Brydeinig ond nid oeddwn wedi gweld y lluniau cyn hyn; roedd y lluniau yn adrodd stori o gyfforddusrwydd a statws annisgwyl.

O sylwi sut roeddwn yn treulio'r wybodaeth, ychwanegodd fy nhad, fymryn yn amddiffynnol, 'Roedd hwyl i'w gael ond roedd caledi hefyd. Byddem yn cael ein hanfon i ble bynnag y dymunai'r lluoedd awyr inni fynd. Ni châi fy nhad, na ninnau, fawr o ddweud ynghylch lle aethen ni. Doedd dim rhyddid i'w gael ac roeddem yn ddi-wraidd. Ni welais fy mam-gu na thad-cu am flynyddoedd maith a bu'n rhaid ceisio cynnal perthynas gyda hwy drwy lythyr.'

Wnes i droi'r llun o Tad-cu a Nanny yn y pryd bwyd drosodd ac roedd 'Taff' wedi'i sgwennu ar y cefn.

'Taff?' dangosais y llawysgrif i fy nhad.

'Taff oedd llysenw fy nhad yn y lluoedd awyr. Dyna be oedd pawb yn ei alw.'

'Oherwydd ei fod e'n Gymro?'

'Ie.'

'Oedd e'n hoffi'r enw?'

'Wn i ddim.'

'Hmm, Taff,' mwmiais, wrth i'r hwiangerdd gylchredeg yn fy meddwl.

Ni ddewisodd Tad-cu'r enw Taff iddo'i hunan. Fe'm hatgoffwyd y gallwn newid cyfeiriad ond nid cyd-destun ein geni. Nid y lleoliad neu'r cyfnod. Gallwn newid enw ond ni allwn newid hunaniaeth ein rhieni na'r gymuned y cawsom ein magu ynddi. Mae 'na elfen o'n hunaniaeth y gallwn ei lunio a'i dewis – ond mae'r gyfran fwyaf o'n hunaniaeth wedi'i hetifeddu. A theimlais, yr wyf o Ffynnon Taf – yn Taff – a ble bynnag yr af wnaiff hynna byth newid. A dwi'n falch o hynny.

Dydd priodas Agnes a Peadar
Eglwys Gatholig St Patrick's Corr an Chrainn.
Hydref 1930

ANRHYDEDD

Arhosais yn Llundain gydag Anne y noson cyn i mi ddal awyren o Heathrow i fynd ar ymweliad i Hong Kong gyda fy nhad a'm brawd. Gan fy mod yn yr ardal trefnais gwrdd â fy ewyrth hefyd. Cwrddais â Peter mewn tafarn yn Hammersmith gyda'r nos, lle cawsom beint o Estrella a sgwrsio am wleidyddiaeth. Mae fy ewyrth (brawd Mam) dros chwe throedfedd gyda gwallt affro ysgafn, croen brown, barf lwyd a llygaid duon. Fel fy modryb, mae'n hoff o ddillad ac ni fyddai'n gadael siop heb ddilledyn newydd nac yn gadael y tŷ mewn gwisg nad yw'n cyd-fynd â'i gilydd. Yn ei bumdegau cynnar, roedd yn ddibriod ac er ei fod yn andros o gymdeithasol a siaradus, yn gyndyn o adael ffiniau'r brifddinas. Ymddiddorai mewn hanes milwrol a phan oeddwn yn blentyn byddai'n fy nhywys i'r Amgueddfa Ryfel Ymerodrol ac yn trafod hanes milwrol gyda fi fel petawn yn oedolyn nid yn fachgen wyth mlwydd oed. Gyda'i acen *cockney*, anian heriol a gorffennol fel cynrychiolydd undeb llafur ag angerdd am hawliau gweithwyr a gwleidyddiaeth adain chwith, mae'n ymgorffori math o Lundeiniwr dosbarth gweithiol goleuedig. O gofio fy mod innau'n swyddog undeb llafur ers blynyddoedd bellach gyda diddordeb mewn hanes, a dillad hefyd i raddau, gallaf gydnabod y dylanwad distaw ond sylweddol a gafodd ar drywydd fy mywyd.

Mi oeddem yn araf deg yn yfed a sgwrsio yn y tafarn gan inni golli golwg o'r amser. Ffoniodd Anne i ddweud ei bod hi wedi paratoi pryd cyri i ni a dylem frysio adref cyn iddo oeri. Yn ôl yn nhŷ Anne rownd y gornel o'r tafarn, roeddem yn trafod ein hynafiaid Gwyddelig dros bryd Madras pan ddywedodd Peter fod ei dad-cu yn yr IRA ac yn gyn-filwr Rhyfel Annibyniaeth Iwerddon (1919– 1921). Roedd yn syndod nad oedd y wybodaeth hon yn hysbys i mi. Do'n i erioed wedi gofyn a doedd neb wedi dweud.

'Sut wyt ti'n gwybod?' gofynnais, yn dyheu am dystiolaeth.

'Cafodd fedal gan y llywodraeth – *a* phensiwn IRA.'

Wnes i ddechrau amau fy hunan wedyn – a oedd rhywun wedi dweud wrthyf o'r blaen ond fy mod i wedi anghofio? Mae'n rhaid fod Dad yn gwybod. Hoff lyfr Dad yw *Amongst Women* gan yr awdur Gwyddelig John McGahern. Pan wnes i bwyso arno i esbonio pam – yn ogystal â'r ysgrifennu coeth a'r stori bwerus – dywedodd fod tebygrwydd rhwng teulu ffuglennol Moran (y prif gymeriad) yn y llyfr a theulu go iawn Grandma yn Iwerddon.

Roedd Moran yn perthyn i genhedlaeth fy hen dad-cu, Peadar, a'i blant i genhedlaeth Grandma. Fel aelwyd Grandma, roedd teulu ffuglennol *Amongst Women* yn byw ar ffarm yng nghefn gwlad Iwerddon ac mae'n dilyn eu hynt a helynt wrth i'w pum plentyn adael y cartref a rheolaeth lem eu tad fesul un. Ymfudodd tri ohonynt i Lundain a dwy i Ddulyn. Cymerodd y ferch hynaf, Maggie, swydd fel nyrs yn Lloegr ar ôl gweld hysbyseb mewn papur lleol fel y gwnaeth Grandma (bu'n gweithio ar ward cancr). Roedd tad a phennaeth y teulu, Moran, yn gyn-filwr Rhyfel Annibyniaeth Iwerddon ac roedd yn grwgnach am gyflwr y wladwriaeth a helpodd i ddod â hi i fodolaeth. Darllenais y llyfr yn anymwybodol bod fy hen dad-cu innau yn gyn-filwr fel Moran.

'Fyddai dy dad-cu yn siarad am y rhyfel?' holais.

'Na, doedd e ddim yn siarad am y peth. Dwi 'di clywed un neu ddwy stori ond dim byd lawer,' atebodd Peter.

'Ydi'r fedal gen ti?' gofynnais.

'Mae yn y bocs fyny grisiau yn hen stafell Grandma,' cadarnhaodd.

Dywedodd fod llun o ddyn yn gwisgo cilt a rhuban aur a gwyrdd ar glawr y bocs ond doeddwn i ddim am chwilio am fedal yn oriau mân y bore. Roedd Peter yn ei gwrcwd yn erbyn wal y gegin. Cysgodai ei het ffarmwr ei lygaid a chwyrlïai'r rhew yn ei ddiod rỳm a Coke yn ddiamynedd wrth iddo siarad.

'Yn yr ysgol Gatholig, oedd llawer o'r plant o dras Wyddelig. A gallet ti adnabod pa deuluoedd oedd yn *well off* achos fydden nhw'n treulio gwyliau ysgol yn yr hen wlad. Ac roedd 'na wastad rhyw deimlad ymysg plant y teuluoedd oedd methu fforddio gwneud hynny, fel ni, ein bod ni'n methu allan ar rywbeth pwysig,' sylwodd yn chwerw.

'Roedd Mam yn rhy dlawd i fynd â ni'n ôl i Iwerddon pob haf fel y plant eraill – er byddai wedi hoffi gwneud,' eglurodd Anne.

'Wel, roedd y boi 'ma, Dempsey. Roedd e newydd ddod 'nôl i'r ysgol ar ôl treulio'r haf yn Iwerddon ac roedd e'n deud hyn a llall am ei wyliau, a'r hwyl roedd e 'di gael efo'i gefndryd draw 'na a ballu. Roedd e ymhlith plant oedd erioed wedi gadael Hammersmith ac roedd e'n mwynhau dangos bant – dangos ei fod e'n well na ni oedd ddim yn cael neu'n methu fforddio mynd unman.'

'Lot o blant fel 'na yn yr ysgol o hyd,' meddai Anne.

'Felly dwi'n gofyn iddo fe, o ble yn Iwerddon ti'n dod? Ac mae'n deud "Wexford" efo'i drwyn i fyny fel petai yn well na fi neu'n cymryd yn ganiataol na fuaswn i'n gwybod. A fi'n dweud bod pobl fi o Monaghan. Ac mae'n mynd "*Okay*" a dyna ni 'de – ddim am siarad 'da fi. Amser cinio wedyn mae Dempsey, pan mae o yng nghwmni ei ffrindiau, yn galw arna i ar yr iard i bawb gael clywed. Fe bwyntiodd draw ataf a bloeddiodd, "*Hey, see Peter over there. Do you know he thinks he's Irish! Don't he know he's BLACK?! He's a liar that's what he is!*" A fynte a'i ffrindiau i gyd o'i gwmpas yn rholio chwerthin.'

'O, Peter,' griddfanodd Anne yn gydymdeimladol, 'Oedd e jest yn genfigennus ohonot ti.'

Crechwenodd Peter wrth lymeitian ei rỳm a Coke. Torchodd ei lewys dros ei grys gwyn a pharhaodd efo'r stori. 'Ro'n i'n gwybod bod rhaid ymateb. Es i adre ac yn fy ngwylltineb, cymerais y fedal IRA allan o gwpwrdd Mam ac es i'n ôl i mewn i'r ysgol gyda fe. Yn y dosbarth a chyn i'r wers ddechrau, es i fyny at Dempsey a slamiais y fedal ar y ddesg, reit o dan ei drwyn. "*What's that*?" gofynnodd. Roedd bechgyn yn ymgynnull o'i amgylch yn disgwyl ffeit. A phan welsant y fedal gan yr *Irish Republican Army*... roedd y Gwyddelod yn dallt. Ro'n i'n sefyll dros y dihiryn ac roedd e'n sownd yn ei gadair a wnes i floeddio, "*Call me a liar, you bastard. My grandfather's IRA!*" Roedd Dempsey efo'i ddwylo fyny yn mynd, "*Okay, Okay, only messing Pete.*" A'r holl amser buom yn yr ysgol wedyn, wnaethon nhw erioed daeru nad oeddem yn Wyddelod eto,' dywedodd yn ddifrifol.

* * *

Dihunais yn gynnar y bore wedyn ac es drwy stwff Grandma ar y trydydd llawr yn chwilio am y fedal. Yn y gornel, roedd yna hen siwtces gwyn yn llawn dop o'i phethau. Lluniau o deuluoedd ei brodyr a chwiorydd a anfonwyd o Ganada ac America. Medalau arian Ail Ryfel Byd Prydeinig. Wnes i edrych arnynt yn fanwl, wyneb Siôr VI ar un ochr, a British Legion ar y llall – ond serch be ddywedodd Peter, doedd dim medal IRA. Ond yna sylwais ar fag plastig M&S. Agorais e a chanfod cannoedd o lythyrau wedi eu hysgrifennu mewn llawysgrifen fain ynddo. Ro'n i wedi taro'r jacpot. Rhedais lawr y grisiau gyda'r bag plastig yn fy llaw – yn fuddugoliaethus.

'Doedd dim medal IRA yno,' cyhoeddais wrth Anne.

'Nag oedd?'

'Na, jest medalau Ail Ryfel Byd Prydeinig. Medalau pwy ydyn nhw?'

'Dim syniad gen i – do'n i ddim yn gwybod fod neb yn teulu ni wedi bod yn yr Ail Ryfel Byd.'

'Na finne, mae'n rhyfedd iawn. Ond roedden nhw'n Wyddelod?!'

'Wyddwn i ddim. Coelia fi, roedd medal IRA yno.

95

Wna i fyth anghofio sut un oedd hi. Nid medal Brydeinig oedd hi. 'Rhen Peter wedi'i cholli hi yn yr ysgol mae rhaid.'

'Efallai 'i bod hi gan Peter o hyd.'

'Efallai.'

'Be 'di hwnna yn dy law?' gofynnodd Anne, gan bwyntio at y bag plastig gwyrdd.

'O'ddet ti'n gwybod am y rhain? Mae llythyrau fan hyn gan Agnes,' meddwn yn gyffrous.

'Dwi ddim am ddarllen y rheina,' meddai Anne yn ddrwgdybus.

'Ti isio i mi ddarllen nhw i ti?' anogais yn gyffrous, yn ffyddiog y byddent yn addas i'w darllen ar goedd.

'Ti'n siŵr?' gofynnodd Anne yn ansicr, yn amlwg yn pryderu am beth yn union roedd y llythyrau yn ei ddweud neu, yn bennaf, yn ofni y byddwn yn canfod rhagfarn yn erbyn pobl dduon ynddynt.

Cymerais y llythyr cyntaf ar dop y pentwr, wedi'i ddyddio 18fed Ionawr 1968. Llythyr gan fy hen fam-gu, Agnes, ym Muineachán i Grandma yn Llundain oedd e. Darllenais yn uchel:

Dear Doreen Ken & Family,

I was expecting a letter from you. I posted a parcel to you and registered it on January the 5th. It was a shirt for Ken as I promised to send him something for being kind to Kevin & myself. We had to pay £3.10 for a car at the airport to leave us at your house and we gave Ken nothing. However I hope you got the shirt and I hope none of you are sick. We heard on the radio that a lot of people in London were in hospital. We are all well here T.G ['Thank God']. The weather was wild and some snow at times. I am well used to all sort of times now and I do my best to keep going all the time. I hope you are well in your new flat. It will be hard to pay the rent but while God spares you all your health you will pull through. Please God. There was not many home for Christmas the F & M kept them from coming. I hope the children are well and doing well at school. I am pleased you all go to Mass on Sundays. Ask Ken to come in and sit with yous. Perhaps he thinks you don't want him in. Ask him next Sunday. Write soon.

Mother

Edrychais at Anne i weld ei hymateb. Nid dyma'r Agnes ro'n i wedi dysgu amdani yn ceisio hel y plant i Barnado's ac yn hiliol yn erbyn gŵr du Grandma, Ken, dyn nad oedd croeso iddo yn Iwerddon fel roedd Anne yn ei gredu. Roedd y llythyr yn gyfeillgar ac yn dangos awydd hyd yn oed i integreiddio'r Protestant du, Ken, i mewn i ddiwylliant a chrefydd y teulu, '*Ask Ken to come in and sit with yous [in Church]*.' Gwelwn yn wyneb Anne olwg helbulus, fel petai wedi drysu gan yr hyn roedd hi wedi ei glywed.

Pwyntiodd yn llipa gyda'i bys at y bag. 'Dal ati, darllen un arall.'

Cymerais lythyr arall allan ar hap gan Agnes at

Grandma, yr un yma wedi ei ddyddio Mawrth 1971 a pherfformiais i Anne.

> *Hello Doreen & Family,*
>
> *Glad you are all well. I sent you shamrocks you never got them. You spoke about the ash tree. Well Doreen it is out years ago you know it had died. We got men with a chain saw to cut. It was badly decayed. They cut it up in blocks for the fire. The old stump of it is covered with ivy. Could Ken & yourself & family not come home for a fortnight in the summer? It would take a lot of money to bring the car along but Ken could save up for a few months. But don't worry God is good and keep praying. I am glad the girls are smart at school and keep them at it so as they will be able to earn a nice living. God bless you all you will all be happy yet. I have no more news drop a line when you have time and lots of love from all here.*
>
> *Mother*

'Wahoddodd Granny Dad i Iwerddon?' gofynnodd Anti yn sensitif.

'Roedd croeso yno, yn doedd? Yn awyddus i'ch gweld chi ac yn awyddus i chi barhau efo'ch addysg,' dywedais.

'Beth am un bach arall cyn i ti fynd?'

Roedd 'na lythyr o 1973 lle'r oedd Agnes yn ymateb i'r newyddion fod Tad-cu wedi gadael ei berthynas gyda Grandma, ysgrifennodd:

'I was surprised to see in the Sunday press how many deserted wives were in Ireland. Thousands. So [Ken] is not worse than plenty of our Irish husbands. God bless you write soon as I am worried to death. I did not tell Dad or Mal, one is enough to suffer so bye bye. Mother.'*

Os oedd yna gyfle i fynegi sylw hiliol, tor eu priodas fyddai hynny, ond sylwodd Agnes fod Ken, gŵr du Grandma, yn ddim gwaeth ei ymddygiad na gwŷr Gwyddelig. Hynny yw, nid ei hil oedd yn gyfrifol am ei ymddygiad ond ei fod yn ddyn!

Cymerodd saib wrth iddi fyfyrio ar y wybodaeth newydd hon. Tuchanodd Anne. 'Aww, roedd hi *yn* ein caru ni,' gyda deigryn yn ei llygaid.

Darllenais ragor ohonynt i fy hunan tra oedd Anne yn gwneud paned. Mae'r llythyrau yn gynnes, cysurol a chydymdeimladol ac nid oeddent yn cyd-fynd â'r fytholeg o fam-gu greulon a bwysodd ar Grandma i adael ei phlant oherwydd eu bod yn ddu. Mae'n bosib fod Agnes wedi dweud y dylai Grandma fod wedi gadael y plant efo Barnado's, nid ar sail hiliaeth, ond oherwydd eu bod mor dlawd nes nad oedd Agnes yn meddwl fod Grandma yn ddigon da i gadw gofal ohonynt. Beth bynnag fo'r gwirionedd, roedd y llythyrau wedi cyffwrdd Anne mewn modd trawiadol.

Ceisiodd ddarllen yr ohebiaeth gyda chwyddwydr ar fwrdd y gegin; roedd y llawysgrifen yn rhy fain iddi, hyd yn oed efo'i chyfarpar. Cefais y syniad y dylwn i fynd â'r llythyrau, eu digido, eu hargraffu a'u darparu i'r teulu; byddai hynny hefyd yn galluogi Anne i'w clywed nhw drwy *speech to text* ar y cyfrifiadur. Gofynnais a allwn i daro draw a mynd â'r llythyrau i wneud copïau ar ôl i mi ddychwelyd o Hong Kong? Cytunodd.

Gadewais Hammersmith a gwnes fy hunan yn gyfforddus ar y tiwb. Meddyliais am y llythyrau ar y ffordd i'r maes awyr. Yn wahanol i mi, nid oedd Anne yn adnabod ei neiniau a'i theidiau mewn unrhyw fodd ystyrlon. Yr anfantais o gael ei magu gan rieni oedd wedi ymfudo oedd nad oedd ei pherthnasau o fewn cyrraedd. Ni chyfarfu â rhieni ei thad Barbadaidd ac ni allai eu henwi. Roedd Anne yn dair ar ddeg oed pan fu farw Peadar a phymtheg pan aeth Agnes i'w bedd ond gan fod ymweliadau ag Iwerddon yn anfynych, nid oedd ganddynt berthynas agos. Wedi eu gwahanu mewn bywyd gan Fôr Iwerddon, un ffordd neu'i gilydd roedd delwedd anffafriol wedi datblygu o gwmpas y fam-gu Agnes. Ond roedd y llythyrau yn cynnig cyfle i ddysgu am fy niweddar hen fam-gu Wyddelig a'i hoes yn ei geiriau ei hunan. Ac o gydnabod geiriau caredig ei mam-gu ddiweddar a gweld yr emosiwn yn wyneb fy modryb wrth glywed y geiriau, teimlwn fy mod wedi gwneud gorchwyl da wrth eu canfod a'u darllen iddi.

Roedd y llythyrau wedi eistedd yn y siwtces gwyn llychlyd ers deugain mlynedd, yn yr un ystafell ar y llawr uchaf y byddwn yn cysgu ynddi pan oeddwn yn blentyn. Teimlai'r darganfyddiad fel gweithred ffawd. Doedd neb eisiau credu bod ein hynafiaid yn hiliol. Roedd yr ohebiaeth yn iachaol – i Anne gael clywed llais Agnes, ond hefyd i mi; oherwydd yr oeddwn bellach yn teimlo'n fwy positif am fy nhreftadaeth Wyddelig a thros fy nghais i hawlio dinasyddiaeth Wyddelig. Ac felly, mewn hwyliau da, daliais yr awyren o Heathrow i Hong Kong.

Fi yn Hong Kong, Gorffennaf 2019

HONG KONG

Ym mis Gorffennaf 2019, roeddwn yn cerdded trwy farchnad yn Hong Kong gyda fy nhad a 'mrawd yn chwilio am fwyty addas. Roedd hi'n un ar ddeg o'r gloch y nos ar ddydd Mawrth ond roedd y siopau'n brysur, y bwytai yn llawn, golau'r ddinas yn gwibio, a theuluoedd ar noson allan gyda'u plant yn gwneud Duw a ŵyr beth. Gyda hyn, daethom o hyd i fwyty agored a oedd yn gweini platiau o fwydydd pysgod amrywiol. Roedd y décor yn annymunol ac felly, o farnu wrth olwg y cadeiriau a'r byrddau plastig, rhagdybiwn y byddai'r prisiau'n rhesymol. Agorom y fwydlen – oddeutu £40 am bryd o granc, £25 am lobsgóws oen. Peint yn costio HK$100 ar gyfartaledd, oddeutu deg punt. Cawsom botel o Tsingtao (y rhataf) a nwdls, tofu ac ystifflog wedi'i ffrio i rannu. Cedwid y pysgod mewn tanciau yn y bwyty, a chaent eu lladd, eu tafellu a'u coginio ar y safle. Defnyddiais *chopsticks* i fwyta'r pysgodyn stifflog druan a gyrhaeddodd fy mhlât, a serch pob amheuaeth, roedd yn flasus iawn.

Dwn i ddim be ro'n i – swyddog undeb llafur – yn ei ddisgwyl o iwtopia gyfalafol Hong Kong. Gan fod fy nhad i wedi byw yn Hong Kong yn ystod y saithdegau, wnes i adael y trefniadau iddo fe gan y byddai'n gyfarwydd â'r ddinas. O 1841 tan 1997, roedd Hong Kong yn drefedigaeth Brydeinig ac felly roeddwn dan y camsyniad y byddai'r rhanbarth gweinyddol arbennig hwn wedi'i boblogi gan lawer o bobl wyn orllewinol (fel fy nhad) ac y byddai'n ddinas amlddiwylliannol ac aml-hil fel dinasoedd Ewrop. At hynny, fel rhan o dreftadaeth yr Ymerodraeth, ro'n i'n disgwyl y byddai'r Saesneg ar dafod pawb. Nid felly. Fy nghamgymeriad oedd meddwl am Hong Kong fel cyn-drefedigaeth yn yr un ffordd ag oedd Barbados – cyn-drefedigaeth oedd yn gweithredu ac yn ddibynnol ar lafur caethweision Affricanaidd i weithio planhigfeydd yr ynys – yn drefedigaeth Brydeinig. Ond sylweddolais nad yw'r gymhariaeth yn gweithio nac yn helpu i esbonio Hong Kong heddiw.

Roedd y Tsieinïaid yn fwyafrif o fewn y diriogaeth erioed; poblogaeth a fyddai'n tyfu'n aruthrol wrth i bobl ffoi trafferthion a rhyfeloedd ar dir mawr Tsieina. Ffrwydrodd poblogaeth y coloni wedi i'r Comiwnyddion ddod i bŵer yn 1949 ac wrth i Tsieinïaid gwrth-gomiwnyddol ddianc dros y ffin i chwilio am loches. Ni ddaeth niferoedd sylweddol o Brydeinwyr i setlo yn y rhanbarth ychwaith fel mewn trefedigaethau eraill megis Seland Newydd ac Awstralia. Roedd Hong Kong yn unigryw yn ei phrofiad o imperialaeth a disgrifir ei system mewn llu o wahanol ffyrdd. Er enghraifft, dywedodd un sylwebydd fod HK wedi bod yn Barth Rhydd Gweriniaeth Pobl Tsieina o dan reolaeth Brydeinig. Ysgrifennodd Jan Morris yn ei llyfr, *Hong Kong*:

'Whatever the public attitudes of the British during their days of supremacy, privately even they were always aware that the colony could never be detached from its origins – this was the one British

possession where the mother country was not
England. In effect Hong Kong was hardly more than
the greatest of the treaty ports, happening to fly the
British flag.'

Roedd barn Jan Morris yn cyd-fynd â'r hyn a welais oherwydd nad yw'n edrych neu'n teimlo fel dinas Brydeinig neu ôl-goloni Prydeinig yn yr un ffordd ag y mae cyn-drefedigaethau eraill dwi wedi ymweld â nhw. Nid oedd fel unman ro'n i wedi bod ynddo erioed o'r blaen. Y cyfoeth a'r dechnoleg, y cyffro, yr egni byrbwyll ac entrepreneuraidd, ond gyda threfn a rheolaeth gymdeithasol. Mae ffigyrau a ffeithiau'r ddinas yn amhosib. Er enghraifft, dwi'n byw ar Ynys Môn, sydd yn oddeutu 276 milltir sgwâr gyda phoblogaeth o oddeutu 70,000; mae Ynys Hong Kong yn oddeutu 30 milltir sgwâr (neu 10.87% o dir Ynys Môn) gyda phoblogaeth o oddeutu 1.2 miliwn o bobl! Sylweddolais ddau beth wrth ddod i Hong Kong: dyw fy nheulu ddim yn siarad llawer am ein profiadau a does dim i'w gymharu ag ymweld â dinas drosoch eich hun a phrofi'r ardal gyda'r holl synhwyrau.

* * *

Fe ddaeth y platiau o fwyd fesul un a chyrhaeddodd y tofu ein bwrdd yn gyntaf. Wnes i ymatal rhag bwyta gormod oherwydd ro'n i eisiau cymysgu'r ffa soia claerwyn gyda'r nwdls pan gyrhaedden nhw. Roeddwn wedi dod i Hong Kong oherwydd y cysylltiad teuluol. Roedd fy nhad yn Hong Kong o un ar ddeg oed nes ei fod yn ddwy ar bymtheg a gan mai blynyddoedd eich arddegau yw'r mwyaf amlwg yn y cof ac yn gadael yr ôl hiraf o ran ymddygiad, roeddwn yn chwilfrydig ynghylch yr argraff a adawodd y ddinas-wladwriaeth arno. Gwnaeth uniongyrchedd fy nghwestiwn achosi iddo sythu yn ei gadair. 'Yn fawr iawn am wn i,' atebodd.

'Mae jest mor estron yma. Dwi methu dychmygu bod yn llanc ymhlith hyn i gyd,' dywedais, wrth gymryd panorama sydyn o'r holl hysbysebion llachar a phrysurdeb y stryd, a dwyn i gof fy ieuenctid amgen fy hunan yn rholio o gwmpas pentrefi a threfi gwlypaidd llwyd ôl-ddiwydiannol de Cymru gyda sglefrfwrdd o dan fy nhraed, sigarét rhwng fy mysedd – yn breuddwydio am draethau Califfornia.

'Ro'n i'n dwli byw yma,' meddai Dad. 'Byddwn i'n crwydro'r strydoedd am oriau ar ôl ysgol. Doedd neb yn holi ble ro'n i,' meddai'n falch wrth i'r tofu meddal lithro trwy ei *chopsticks* o'i afael.

'Gawn ni botel arall o Tsingtao, plîs,' gofynnodd Gwilym, wrth ddal y gwydr i'r gweinydd.

Bûm yn ceisio llunio'r cwestiwn a fyddai'n ennyn ymateb boddhaol,

'Sut wyt ti'n meddwl y byddet ti'n wahanol, taset ti erioed wedi dod yma?'

Cymerodd Dad swig o'i gwrw wrth fyfyrio ar ymateb. 'Mae'n anodd dweud yn tydi?' atebodd wrth gymryd ei sbectol stemllyd bant a'i glanhau gyda'i grys brith.

'Ond os byddai'n rhaid i ti ddyfalu? I fachgen o Ffynnon Taf fod yng nghanol hyn i gyd, yn ystod ei arddegau, dwi'n amau y byddai wedi newid unrhyw un o dan yr amgylchiadau.'

Cyrhaeddodd y nwdls – roeddent yn frown a llithrig. Wnes i binsio cwlwm trwchus ohonynt gyda fy ffyn a'u llusgo nhw'n ddiamynedd draw ar fy mhlât cyn eu pasio ymlaen i Gwilym. Shifftiodd fy nhad yn gyffrous yn ei gadair a gwenu wrth i'r syniad ei daro. 'Yn Hong Kong wnes i ddechrau meddwl am imperialaeth.'

'Imperialaeth?' atebais yn syn.

'Beth ro'n ni'n ei wneud yma? Pa hawl oedd gennym i lywodraethu? Y math yna o gwestiynau,' eglurodd.

'Y Prydeinwyr?'

'Roedd e'n fy wynebu bob dydd. Roeddem yn lleiafrif bach yn teyrnasu. Pobl yn anghofio nad oedd gan yr Hong Kongwyr fawr o ddweud sut câi eu tiriogaeth ei llywodraethu. Ni chafodd ddemocratiaeth tan reit at y diwedd, jest cyn i ni adael. Wnaeth neb ofyn i'r brodorion be ro'n nhw isio. Gallai Prydeinwyr fod yn haerllug wrthynt hefyd. Roedd awyrgylch anghyfforddus ar brydiau. Roedd 'na lawer o alw enwau a dirmyg. Byddai criw o fechgyn yn yr ysgol yn mynd allan amser cinio yn chwilio am Tsieinïaid anffortunus, a rhoi *bashing* iddyn nhw. Do'n i byth yn rhan o hynna ac yn teimlo'n flin iawn yma amdanyn nhw.'

'Yr anghyfiawnder o gael eu rheoli gan bobl estron yn eu gwlad eu hunain?'

'Dyw e ddim i ddeud bod e i gyd yn ddrwg. Drycha ar lwyddiant Hong Kong heddiw. Ond pa hawl oedd gennym ni i reoli pobl sydd ag iaith, diwylliant a gwareiddiad gwahanol ben draw ochr arall y byd? Bod wyneb yn wyneb ag imperialaeth a choloneiddio wnaeth ennyn fy chwilfrydedd i amdano: pam roedd pethau wedi eu trefnu felly? Pam roeddem ni yn dweud wrthyn nhw be i'w wneud yn lle'r ffordd arall rownd? Mae'r ateb yn hir a chymhleth. Ond wnes i ddechrau darllen hanes yr Ymerodraeth a f'addysgu fy hunan am imperialaeth a choloneiddio yn gyffredinol yn Hong Kong.'

'Oedd byw yma wedi gwneud i ti feddwl am Brydain mewn ffordd wahanol?'

'Oedd. Bu'n rhaid i mi weld trefedigaeth mewn cyd-destun estron i'w gydnabod e adref – dyw hi ddim yn amlwg a fyddwn i wedi dod i'r un casgliad neu wedi cymryd fawr o ddiddordeb yn sofraniaeth, iaith a diwylliant Cymru pe bawn i 'di aros yn Ffynnon Taf ar hyd f'oes,' meddai yn ddiffwdan wrth gymryd y darn olaf o'r ystifflog a'i ddipio yn y saws brown anhysbys.

Ceisiais roi fy hunan yn ei safle a chydnabod y bwlch yn ein profiadau bywyd – derbyniodd ef ei addysg mewn ysgolion milwrol Prydeinig a rhyngwladol yng Nghyprus, yr Iseldiroedd ac Asia, a finnau mewn ysgolion cyfrwng Cymraeg yn ne Cymru. Mae fy nhad yn genedlaetholwr Cymreig. Er bod ei rieni yn wladgarwyr Cymreig, roeddent yn Brydeinwyr i'r carn gyda lluniau o'r teulu brenhinol o amgylch y tŷ. Ond wrth i mi fyfyrio ar yr agweddau yma sylweddolais nad yw mynychu ysgolion milwrol Prydeinig mewn colonïau amrywiol ar draws yr Ymerodraeth ar yr wyneb yn ddechreuad amlwg i ddarpar genedlaetholwr.

'Oeddet ti'n meddwl amdanat dy hunan fel Cymro pryd 'ny, yn yr ysgol, 'lly?'

'Nac oeddwn, wnes i gogio peidio bod yn Gymro o gwbl – Prydeiniwr oeddwn i. Roedd Cymreictod a rygbi, Shirley Bassey a Max Boyce yn rhyw fath o grefydd i'm rhieni. I fi, roedd yr holl beth yn chwithig. Yn bwrpasol, wnes i geisio ymbellhau oddi wrth bopeth Cymreig.'

'Mae'n anodd dychmygu hynna.'

'Bachgen ifanc yn rebelio – eisiau gwneud a meddwl yn groes i'w rieni am wn i.'

'Pryd wnest ti newid dy feddwl?'

Roedd ei wyneb yn goch a chwyslyd â gwres fel finnau. Wnaeth e bwyso yn ôl ar ei gadair a chymerodd swig arall o'i gwrw. Ymatebodd gyda min anghyfarwydd yn ei lais.

'Roedd gen i athro newydd. Ac ar ei ddiwrnod cyntaf yn ysgol Sant George, wnaeth e sefyll o flaen y dosbarth a gofyn i'r disgyblion os oedd unrhyw un yn Gymro. Gan fy mod i'n gwadu fy Nghymreictod pryd 'ny, wnes i gadw fy llaw i lawr. Pan welodd yr athro bod neb wedi codi ei law, dywedodd yn gwbl ddifrifol "*Good. I hate the Welsh,*" cyn parhau â'r wers.'

'Digwyddodd hynne yn yr ysgol fan hyn?'

'Ro'n i'n byw dramor, ro'n i i ffwrdd o Gymru, ond wnaeth clywed Sais yn ymosod ar y Cymry fel 'na, wnaeth o ennyn rhywbeth dwfn ynof. O'r pwynt yna, dechreuodd pethau newid i mi,' synfyfyriodd.

Treuliodd y sgwrs bant. Llyncom bob diferyn o'r tofu, ystifflog a nwdls yn ogystal â drachtio dwy botel fawr o gwrw Tsingtao. Ro'n i'n hanner disgwyl archebu rhagor o fwyd ond roedd Dad a Gwilym yn fodlon gyda'r hyn a gawsom. Gofynnom am y bil. Yn llwglyd o hyd, gwyliais yn eiddigus wrth i'r grwpiau o'n cwmpas fwyta tomenni o fwydydd y môr. Rhennid pob pryd ac archebid prydau newydd wedyn. Gwnaethom osgoi'r cranc oherwydd y pris ond wnes i ddifaru ein penderfyniad wedyn pan welais y bwrdd gyferbyn yn bwyta'r creadur cramennog orengoch. Nid cranc bach ydoedd, ond cranc digon mawr i fwydo teulu o bump. Bai fi am fod yn grimpyn! Talom y bil a chamu'n ôl i'r stryd grasboeth. Darganfuom dafarn fach a distaw rhyw ganllath o le roeddem yn bwyta. Ro'n i wedi blino'n lân erbyn i'r peint o San Miguel gyrraedd – allwn i ddim byw yn barhaol ar dempo uchel yn y gwres. Fodd bynnag, wrth i'r lager oer gyffwrdd fy ngwefus, cydiodd syniad arall. 'Pryd ddaeth y Gymraeg i'r golwg?'

'Yn Hong Kong hefyd,' atebodd Dad.

'Ond sut?' gofynnodd Gwilym yn amheus.

'Roedd un o ffrindiau Dad yn y lluoedd awyr yn hanu o orllewin Cymru. Ceredigion dwi'n meddwl. Priododd â merch leol a phan gawsant blentyn, wnaethon nhw ei magu hi yn ddwyieithog, Cantoneg a Chymraeg. Bydden nhw'n dod draw i'r fflat am swper a byddwn yn rhyfeddu wrth glywed y rhieni'n cyfathrebu'n gwbl naturiol â'r ferch yn y ddwy iaith. Do'n i erioed wedi gweld hynna o'r blaen. Wnaeth e hala i mi feddwl wedyn, dwi am fagu plant dwyieithog.'

'Tynged, ynde – oni bai am yr athro atgas a'r ferch amlieithog,' cynigiais.

'Ac mi wnaeth e i gyd ddechrau yma,' rhyfeddodd Gwilym wrth edrych o gwmpas.

'Do, ac ro'n i'n pori yn llyfrgell NAAFI wedyn ar

Ffordd Waterloo gyda ffrind ar ôl ysgol a des i o hyd i lyfr ar ddysgu'r Gymraeg. Hyd heddiw, dwi'n synnu fod ganddyn nhw lyfr dysgu'r Gymraeg yn Hong Kong, ond dyna be ddigwyddodd. Wnes i gymryd o mas a dechrau'r gwaith o ddysgu ar unwaith.'

'Beth oedd oedran ti yn y cyfnod yma?'

'Yn 1972 neu '73, felly ro'n i oddeutu pedair ar ddeg, pymtheg efallai.'

Wrth wrando arno meddyliais sut mae'r stori yn gweu gyda fy stori bersonol fi, oherwydd pe bai Dad heb gael ei dröedigaeth i'r ffordd Gymraeg yn Hong Kong, ni fuaswn i wedi derbyn addysg Gymraeg ychwaith. Fodd bynnag, roedd agwedd ar stori Dad a oedd yn peri pryder. Pam bod rhaid gadael Cymru i ddarganfod ei Gymreictod ac i werthfawrogi'r Gymraeg? Ond wedi dweud hynny, mae'r cymhelliad a'r rheswm dros ddysgu'r iaith yn unigryw a neilltuol i bob siaradwr newydd. Mae pethau felly'n ddirgelwch.

* * *

Yn ein gwesty yn Kowloon, gyferbyn â golygfa ddyrys o entrychoedd Ynys Hong Kong, roedd y tri ohonom ni'n rhannu ystafell. Dihunai Dad o leiaf dair awr o'n blaenau ni bob bore, a fi'n gyson oedd yr olaf i ddeffro a'r hiraf yn y gawod er diflastod i bawb. Rhoesom y teledu ymlaen un bore – Gwasanaeth Byd y BBC. Adroddwyd y byddai protest enfawr yn Hong Kong yn nes ymlaen y diwrnod hwnnw. Teimlais ias o fod yn rhan o'r byd ar drothwy newid mawr. Prif stori'r ddaear gron oedd protestiadau Hong

Kong ac roeddem yng nghanol y storom! Nid i ymuno â'r orymdaith chwaith. Gofynnais i'r ddau arall a hoffent fynd draw i gael busnesu a gweld tyrfa o gannoedd o filoedd o bobl?! Edrychai Gwilym yn ansicr. Roeddent yn ymgyrchu i amddiffyn eu system ddatganoledig a'u democratiaeth. Gallai'r Cymry gyd-weld â hynna – i raddau. Nid protestio dros eu hannibyniaeth yn union, ond dros eu rhyddid – yr hawl i barhau'n system awtonomaidd ddemocrataidd gyfalafol gyda rheol y gyfraith mewn gwlad gomiwnyddol unbennaidd. Yr hyn a oedd yn achosi'r gwrthdaro'r tro hwn ac yn gyrru'r protestiadau anferthol oedd y Bil Estraddodi. Bil, pe byddai'n cael ei basio'n ddeddf, fyddai'n golygu y gallai pobl dan amheuaeth yn Hong Kong gael eu hanfon neu eu hestraddodi i dir mawr Tsieina lle'r oedd barnwyr yn gwasanaethu dan arweinyddiaeth (fympwyol) y Blaid Gomiwnyddol. Roedd yna bryder y byddai'r Bil yn cael ei ddefnyddio i estraddodi gelynion a gwrthwynebwyr y Blaid Gomiwnyddol yn Hong Kong i'r tir mawr, lle caent driniaeth hallt a dim sicrwydd o wrandawiad teg gan y llysoedd. Fe ddaeth adroddiad newyddion ar y teledu tra oeddem yn llymeitian ein te bod yr heddlu wedi darganfod bomiau. Oedd y sefyllfa yma ar fin troi'n dreisgar? Dywedodd fy nhad nad oeddem am gynllunio ein dydd o gwmpas y protestiadau ond y gallem daro draw i weld a welem ni rywbeth ar ein ffordd yn ôl o Ynys Hong Kong.

Ro'n i eisiau bod yn dyst i'r protestiadau. Baswn i wedi cwffio fy nghornel yn galetach o ran mynnu mynd i weld heblaw fy mod i wedi aros mas tan bedwar o'r gloch y bore echnos yn clybio yn Wan Cheung, ac felly aethom ymlaen gyda chynllun Dad i ymweld â Stanley ac Aberdeen gan obeithio dal cynffon y protestiadau ar ein ffordd adref.

Cymerom y bws o'r porthladd draw i Stanley. Eisteddom ar y dec top i gael golwg dda ar y golygfeydd wrth i ni wau trwy'r mynyddoedd. Roedd yr aer-gyflyrydd yn chwyrlïo'n swnllyd a defnyddiais y sedd rydd i gadw fy mhotel sudd oren yn oer. Pwysais ymlaen yn aflonydd – teimlwn yn fregus yn y bws a'r peth olaf ro'n i eisiau oedd 'digwyddiad' a dirwy sylweddol i ddifetha diwrnod pawb. Doedd dim llawer y gallwn i ei wneud ond eistedd yn llonydd ac aros i ni gyrraedd ein cyrchfan. Cychwyn, stopio, troi a gyrru mor agos at ffin y clogwyn fel y gallwn edrych mas o'm ffenestr a sbio syth lawr ar y cwymp. Doedd dim ffensys na dim byd rhyngom ni a marwolaeth ond synnwyr da'r gyrrwr. Gwelais entrychoedd archlyfn a blociau tai crand yn dominyddu'r tirlun gwyrddlas fel aliwns yn *War of the Worlds*. Roedd mwy o dyrrau unionsyth ar ochr un mynydd nag sy 'na yng Nghaerdydd gyfan. Pam nad ydan ni'n gallu bod yn gyfoethog fel hyn? Edrychai pob dim yn newydd, yn fodern ac yn arallfydol. Roedd yr amhosib yn gyffredin yn Hong Kong. Mae llefydd yn y byd lle mae'r dyfodol eisoes wedi cyrraedd.

Roedd yn braf cael gweld ychydig (bach) o wyrddni a dianc rhag y ddinas goncrit lachar. Wrth gamu bant o'r bws, tarodd y gwres ni fel bricsen mewn darbi pêl-droed. Roedd hi'n boeth ond lleithder oedd ein prif broblem; erbyn i ni gyrraedd y fynwent, roedd fy nghroen yn halenaidd a'm dillad gwlyb yn rhwbio'n anghyfforddus. Cerddom lan y grisiau a gorffwys dan gysgod cofadail – colofn wen fawr sydd â chroes Gristnogol wedi ei gwneud o gleddyf hir efydd. Fe aeth Gwilym a Dad ymlaen i edrych ar y cerrig beddi ac arhosais innau yn ôl i ddarllen y plac arian ar waelod y golofn ryfel; Ynys Hong Kong oedd 'gwobr' y Llynges Frenhinol am drechu'r Tsieinïaid yn y Rhyfel Opiwm Cyntaf a dywedir bod y fynwent yn dyddio o ddyfodiad y Prydeinwyr ym mhedwardegau'r bedwaredd ganrif ar bymtheg. Gwely angau ar gyfer trefedigaethwyr a'u teuluoedd oedd ar y dechrau, ond ar derfyn yr Ail Ryfel Byd fe'i sefydlwyd yn gladdfa filwrol swyddogol ar gyfer meirw'r Ymerodraeth.

Adroddai'r plac dwyieithog stori'r frwydr am Hong Kong a phrofiad milwyr a gadwyd dan glo yng ngwersyll carcharorion rhyfel Stanley. Dyma'r tro cyntaf i mi ddarllen yr hanes. Ni wyddwn fod Prydain wedi colli'r drefedigaeth i Siapan. Roedd yn gyffrous dysgu am yr hanes ond wnaeth e fy synnu i braidd, cyn lleied dwi'n ei wybod am ran yma'r byd – ac am yr Ymerodraeth Brydeinig hyd yn oed. Dwi ddim yn cofio trafodaethau ystyrlon am yr Ymerodraeth na ffawd ei threfedigaethau yn yr ysgol nac ar yr aelwyd. Wrth siarad â'r teulu am Ranbarth Gweinyddol Arbennig Tsieina, byddai'r pwyslais wastad ar eu profiad dydd i ddydd ac nid ar ystyriaethau ehangach fel rhesymau'r lluoedd arfog dros fod yno. Pan fyddwn yn holi Nanny am ei phrofiad hi o Hong Kong byddai'n hel atgofion am sut roedd y Tsieinïaid yn rhyfeddu at ei gwallt coch a dod ati a cheisio'i chyffwrdd a sut byddai'r ddinas-wladwriaeth yn ratlo gyda'r nos wrth i'r brodorion gamblo wrth chwarae'r gêm fwrdd, maj-john, yn eu cartrefi.

Ar ben-blwydd pedwar ugain fy nhad-cu wnes i fanteisio ar y cyfle i'w holi fe am Hong Kong. Datgelodd fy nhad-cu iddo wneud gwaith cudd-wybodaeth er mwyn cadw 'llygad ar y Tsieinïaid', ond roedd yn llawer mwy parod i sôn wrthyf sut y buodd yn safle rhif 10 ac yn asgellwr i'w dîm rygbi RAF, Kai Tak, a'r tro y chwaraeodd yn erbyn tîm cenedlaethol Hong Kong yn 1975 – uchafbwynt ei yrfa rygbi. Collwyd y gêm 60-10 ond pan chwaraeodd Hong Kong yn erbyn Cymru ar eu taith o Asia ddeuddydd yn ddiweddarach, ar 10 Medi, cafodd y sgôr ei gwyrdroi, yn 3-57. Dywedodd fy nhad-cu y cafodd chwaraewyr yr RAF eu gwadd i barti Cymru ar ôl y gêm ac fe gafodd noson fawr, hir, a hwyliog yn yfed yng nghwmni'r *famous Pontypool front row*. Doedd 'na erioed fawr o awydd i drafod paham y bu'r Prydeinwyr yn Hong Kong, er y dywedodd Tad-cu, 'Ro'n ni'n gwybod pryd 'ny [1970au] y byddai'n rhaid i ni ddychwelyd e i gyd oherwydd heb y New Territories [roedd y New Territories ar brydles 99 mlynedd o Tsieina o dan ail Gonfensiwn Peking a ddaeth i ben yn 1997] byddai cadw Ynys Hong Kong [a ildiwyd gan Tsieina o dan Gonfensiwn Nanking yn 1842] ar ei phen ei hunan yn anymarferol.'

Wn i ddim, efallai bod yr hen fyd imperialaidd wedi dod i ben ac nad yw'n gwrtais ei drafod mewn cwmni gwâr bellach. Ond mae'n beth hynod nad yw'r manylion am yr Ymerodraeth yn amlwg yng nghof 'y Prydeiniwr'. Mae fel petai niwl angof wedi disgyn dros gyfnod yr Ymerodraeth fel y gwnaeth dros Ynys Prydain ôl-Arthuraidd a ddarluniwyd yn nofel Kazuo Ishiguro, *The Buried Giant*, a bod 'na awydd i beidio cofio. Cymerais sipiad o'm sudd oren, sychais fy nhalcen ac anadlu'r aer twym a llaith. Roeddwn am ddysgu mwy – ond nid heddiw.

Camais yn ôl i'r haul a cherddais o gwmpas y cerrig gwynias gan astudio'r enwau wrth i mi fynd. Digwyddodd rhywfaint o'r brwydro rhwng Prydain a Siapan yn ystod yr Ail Ryfel Byd yn Stanley ei hunan, gan gynnwys y fynwent. Mae'r beddau yn cynnwys milwyr a fu farw yn ystod y brwydro a phobl a fu farw o afiechyd tra oeddent dan glo yn y gwersyll carcharorion. Darllenais yr enwau ar y cerrig beddi oedd ymhell iawn o adref; roedd y mwyafrif ohonynt yn iau na fi (30 oed) ar ddydd eu marwolaeth. Gall yr Ymerodraeth, y drefedigaeth, y rhyfel deimlo fel y gorffennol pell, ond ni fyddai'r milwyr oedd yn eu hugeiniau cynnar yn 1941 ond oddeutu cant oed heddiw. Gymaint o fywydau a gollwyd, a hynny er mwyn amddiffyn trefedigaeth (anamddiffynadwy) nad yw'n eiddo Prydain bellach. Pwy a ŵyr werth eich aberth chi? Roedd y cerrig Portland a ddefnyddid ar gyfer y beddrodau mewn cyflwr da, ac mae neges gan eu hanwyliaid wedi ei cherfio ar waelod aml garreg fedd – yn datgan eu cariad bythol at yr ymadawedig. Roedd yn creu'r argraff mai hanes diweddar oedd trychineb yr Ail Ryfel Byd.

* * *

Fe ddaeth fy nhad i sefyll wrth fy ochr tra oeddwn yn pendroni wrth garreg fedd, yn ceisio deall paham roedd catrawd Middlesex yn defnyddio bathodyn herodrol tair adain Tywysog Cymru.

'Wyt ti wedi sylwi fod llawer o'r meirw yn hen, yn eu pedwardegau, a'u pumdegau? Anarferol i fyddin,' meddai fy nhad yn ddwys.

'Mae'r plac yn deud fod llawer o wirfoddolwyr yn eu plith, roedd hyd yn oed dynion wedi ymddeol wedi ymuno er mwyn ceisio arafu cynnydd y Japaneaid,' esboniais.

'Smonach felly,' datganodd.

'Pobl yn cael eu cludo yma o'r gwersyll carcharorion hefyd, dwi'n siŵr y bydde fe wedi bod yn galed ar y bobl hŷn,' dywedais wrth bwyntio i gyfeiriad y gwersyll gyda fy llaw dde a rhwbio'r chwys o'm hwyneb gyda hances yn fy llaw chwith.

'Ahh, wrth gwrs.'

Rhythais eto ar dair adain Tywysog Cymru ar y garreg fedd. Gwyddwn ei bod yn hen drefedigaeth ond roedd yn fy anesmwytho braidd, y profiad o deithio'r holl ffordd i Asia ac ymweld â thref o'r enw Stanley a chael fy amgylchynu gan arwyddion Saesneg, Prydeinig a Chymreig. Darganfod enwau cyfarwydd (yn cynnwys ffordd o'r enw Carnarvon Road 加拿分道 yn Tsim Sha Tsui) a baneri cyfarwydd ond mewn cyd-destun estron. Onid dyma oedd nod imperialaeth: i wneud yr holl fyd yn unffurf a chyfarwydd – i chi deimlo'n gartrefol ymhell oddi cartref? Fel yr eglurodd swyddog Prydeinig yn y ffilm, *The Last of the Mohicans*, sy'n portreadu Rhyfel Ffrainc ac India (1754–1763): '*I thought British policy is "make the world England", sir.*'

Cefais fy atgoffa o ddarlun olew Pieter Bruegel yr Hynaf o Dŵr Babel (fersiwn Fienna, 1563). Yn ôl y stori yn Genesis, roedd dynoliaeth yn arfer bod ag un iaith ond pan geisiwyd adeiladu tŵr i fod â'i ben yn y nefoedd, i fynegi ei anghymeradwyaeth am y cynllun, gwnaeth yr Arglwydd gymysgu'r ieithoedd a'u gwasgaru dros wyneb yr holl ddaear. Y syniad ydy fod Duw trwy gymysgu iaith pobl Babel, wedi llwyddo i lesteirio gallu'r gweithwyr i gyfathrebu â'i gilydd rhag cwblhau'r gwaith ar y Tŵr rhyfygus oedd wedi ei ddigio cymaint. Yn narlun Breugel o'r digwyddiad, mae Tŵr Babel wedi'i seilio ar y Colosewm yn Rhufain er mwyn cyfleu balchder a hubris yr Ymerodraeth Rufeinig (y credid y byddai'n dragwyddol). Mae Tŵr Babel hanner gorffenedig anferthol, a diffygiol, Breugel a'i ben yn y cymylau. Bu cryn dipyn o ddyfalu a sawl damcaniaeth am beth mae'r ddelwedd yn ei olygu.

Mae dealltwriaeth ymhlyg bod iaith ac adeiladu yn perthyn i'w gilydd am fod y naill yn gallu dibynnu ar ymdrech ar y cyd. Yn ôl un ddamcaniaeth, roedd y defnydd o'r Colosewm yn gyfeiriad cudd gan yr artist at yr Eglwys Rufeinig Gatholig oedd yn gweithredu drwy'r Lladin yn unig. Damcaniaeth arall ydy fod y tŵr mor enfawr, fel bod ei adeiladu a gofalu amdano wedi dod yn ganolbwynt bywydau pobl Babel, nes bod yr adeilad wedi troi'n ddelw iddynt yn groes i'r gorchymyn cyntaf 'Na chymer dduwiau eraill ar wahân i mi.' (Ecsodus 20:3)

Nid yw tu mewn y Tŵr yn cyd-fynd â chragen yr adeilad sy'n arwydd y bydd yr adeilad yn methu yn y pen draw. Rwyf yn gweld yr un hubris yn yr Ymerodraeth Brydeinig oedd yn dymuno gweld yr holl fyd yn unffurf – Lloegr gydag un iaith ac un ymadrodd. Yn rym dinistriol, yn ei hanterth creodd gydymffurfiaeth a rhoddodd y byd ar waith i'w hadeiladu a'i gwneud yn ganolbwynt eu bywydau. Rhan o natur ymerodraethau yw gor-ehangu ac fel yr oedd i wareiddiad Babel felly y bu yn hanes ymerodraethau Rhufain a Phrydain – dod i ben.

* * *

Gadewais y cerrig beddi ac ymunais â fy nhad oedd yn eistedd ar stepen, yn astudio map yn cynllunio lle'r oeddem ni am fynd nesaf. Gofynnais yn feiddgar iddo, 'A wnaeth Prydain droseddu yn erbyn y bobl yma?' Edrychodd i fyny o'i fap tua'r pellter fel petai'n meddwl, 'Wel…,' meddai, 'doedd dim democratiaeth na dim byd. Dwi'n meddwl, yn bennaf, fod Hong Kong yn ganolfan fusnes ac yn bodoli i farchnata a gwneud arian, oherwydd trwy sefydlu eu hunain yn Hong Kong, roedd corfforaethau gorllewinol yn cael mynediad i farchnad Tsieina, ac felly mae'n cysylltu'r gorllewin a'r dwyrain – dyna pam mae Tsieina wedi ymatal rhag ymyrryd yn ormodol. Bu troseddau dwi'n siŵr ond nid i'r un graddau ag oedd yn India neu Iwerddon. Nid y math yna o drefedigaeth oedd hi. Fe ddaeth pobl yma i wneud ffortiwn – ac mae hynny'n dal i ddigwydd, dwi'n meddwl.'

Roedd fy mrawd yn ddiamynedd ac yn awyddus i ni fwrw ymlaen i Fae Repulse. Cefais y teimlad annifyr wrth anelu tua'r allanfa ein bod ni yma ar daith hanesyddol tra bo hanes go iawn yn cael ei greu ychydig filltiroedd i ffwrdd mewn protestiadau anferth a phellgyrhaeddol. Daeth darlun arall gan Peter Brieugel yr Hynaf am Gwymp

Icarws i'r meddwl. Mae'r peintiad yn dangos gweision yn gweithio'r cae, bob un ohonynt yn ddifater am gwymp Icarws o fewn eu golwg. Ai ni yw'r gweithwyr?

* * *

Ar ein diwrnod olaf, aethom i Amgueddfa Hong Kong. Yr oedd yr arddangosfa wedi'i gosod ar linell amser, a'r daith yn cychwyn gyda ffurfio'r tir ac yn gorffen efo'r ddinas fodern. Ar ddiwedd bob cyfnod, roedd sinema a ffilm fer i'w gwylio ar y bennod benodol honno o amser. Cymerais ddiddordeb arbennig yn yr arddangosfa am bobl Tanka. Pysgotwyr oeddynt a fyddai'n treulio'r rhan helaeth o'u bywydau yn byw a bod ar gychod neu jyncs ar hyd yr afon. Mewn cabinet, roedd yna hen wisgoedd; het blât du a gwisg las gyda hancesi mawrion a sgidiau bach twt. Ar bwys y cabinet, roedd copi o gwch y byddai Tanka cyffredin yn treulio ei holl fywyd arni. Camais ar y jync ac es i'r 'ystafell fyw' oedd â tho isel pren – dim ond digon uchel i blant bach sefyll i fyny ynddi. Camais bant o'r cwch a dywedodd fy nhad wrthyf, 'Roedd pobl y cwch yma yn dal o gwmpas pan ro'n i'n ifanc. Mae'n rhyfedd dod 'nôl a'i weld yn yr amgueddfa – eisoes yn hanes.'

Fe aethom i wylio ffilm fer am grwpiau ethnig Hong Kong a ddywedai fod y Tanka yn dal i gynnal priodasau traddodiadol ar gychod ac yn hawlio eu tras ethnig, ond bod y dillad a'r ffordd o fyw wedi'u cyfnewid am fywyd newydd, modern ar y tir. Soniai'r fideo yn farwnadol am ddiflaniad hen ffyrdd o fyw y gymuned forwrol, y defodau a'r arferion, a'r dirywiad yn nhraddodiadau a chrefydd y werin bobl yn sgil globaleiddio. Ac fel petai'n tanlinellu'r pwynt, ar ddiwrnod prysur, roedd y sinema yn gwbl wag heblaw am fy nhad, fy mrawd a finnau.

Aethom ymlaen i'r ystafell nesaf. Cerddais at focs lle'r oedd grŵp o bobl wedi ymgynnull. O dan y gwydr, gwelais gopi o Gytundeb Nanking. Roedd y llyfr wedi'i rwymo a llond dwrn o dudalennau ynddo. Ar dop chwith y dudalen gyntaf, roedd paragraff o lawysgrifen Rufeinig Saesneg, ac ar yr ail dudalen, roedd arwyddion fertigol y Tsieinïaid gyda sêl bendith y ddwy wlad. Wrth arwyddo'r cytundeb yn Awst 1842, daeth y Rhyfel Opiwm Cyntaf i ben a chafodd Ynys Hong Kong ei throsglwyddo (neu ei hildio) i Brydain Fawr. Roedd ymwelwyr Tsieinïaidd yn ymgodymu â'i gilydd i dynnu llun o'r ddogfen enwog. Hoffwn fod wedi gwybod beth roedd y cytundeb yn ei olygu iddynt hwy. Mae'r Hong Kong presennol yn amhosib heb Gytundeb Nanking (yn ôl y sôn, dim ond rhyw bum mil o bysgotwyr oedd yn byw yn Hong Kong pan gymerodd Prydain berchnogaeth) ac felly ai jest mater o ddiddordeb hanesyddol ydyw i'r ymwelwyr ynteu a ydynt yn teimlo emosiwn, angerdd, neu ddicter hyd yn oed (fel y byddai ambell Gymro wrth ddarllen geiriau Ddeddf Uno 1536) wrth redeg eu llygaid a lensys eu camerâu drosti?

Roedd ffilm fer arall ar fin dechrau ynghylch y Rhyfeloedd Opiwm a phiciais i mewn cyn i'r drysau gau. Yn wahanol i'r theatrau ar gerrig a chrefydd y bobl, roedd y theatr yma yn llawn i'r drws. Eisteddais yn y blaen lle'r oedd yr unig sedd wag ar ôl. Llefarai cyflwynydd y rhaglen yn

Saesneg oedd ag acen Americanaidd ond wrth ddyfynnu'r Prydeinwyr, defnyddid actor gydag acen uchelwrol Seisnig dros ben llestri er mwyn pwysleisio'r pwynt i'r Prydeinwyr fod yn drahaus ac yn bell iawn o ran statws, iaith a diwylliant oddi wrth y werin Tsieinëeg. Dangosai'r ffilm Brydeinwyr yn bwlio'r awdurdodau Tsieinïaidd cyfiawn ac yn pwyso arnynt i adael iddynt gyfnewid a marchnata eu hopiwm i'r cyhoedd heb ymyrraeth. Ceisiodd un swyddog cyfiawn a moesol, Lin Tse-hsu, rwystro mynediad opiwm y Prydeinwyr i'r wlad. Mewn llythyr ati yn 1839 fe geryddodd ef y Frenhines Fictoria am i'r Prydeinwyr werthu eu 'gwenwyn' i'r Tsieinïaid pan oeddent yn deall yn berffaith beryglon y cyffur i'r cyhoedd, ac fe rybuddiodd y Frenhines y byddai masnachwyr cyffuriau (swyddogion yr Ymerodraeth) yn cael eu dienyddio.

Yn hwyrach ymlaen, pan ddaeth Lin Tse-hsu o hyd i fasnachwyr cyffuriau Prydeinig ym mhorthladd Canton, arllwyswyd eu cynnyrch i'r afon. Mewn ymateb, ac fel giang cyffuriau, dialodd Prydain drwy ddefnyddio'r llynges i ymosod ar y wlad. Roedd gan Brydain y drylliau a'r cychod modern i ennill y dydd ac, yn y diwedd, doedd gan y Qing ddim dewis ond ildio Ynys Hong Kong i'r estronwyr a gadael iddynt werthu gwenwyn i'w phobl yn gyfreithlon.

Roedd hi'n ddifyr gwylio ffilm am yr Ymerodraeth Brydeinig o bersbectif y Tsieinïaid ac yn ddigon rhyfedd, teimlais ryw gysylltiad gyda'r bobl yn y sinema. Yn ein ffordd ein hunain, roeddem oll wedi cael y profiad – er gwell neu er gwaeth – o'r Ymerodraeth Brydeinig.

Yn achos y Tsieinïaid: y Rhyfeloedd Opiwm a cholli Hong Kong. Yn achos trigolion Hong Kong: bod o dan lywodraeth Brydeinig ac ymddieithrio oddi wrth weddill Tsieina. Ond hefyd sylweddolais fod yr Ymerodraeth ynof i: roedd fy nhad-cu wedi bod yn swyddog yn yr awyrlu brenhinol yn Hong Kong. Roedd hynafiaid fy nhaid, Ken, yn gaethweision a gafodd eu herwgipio o Affrica a'u cludo i Farbados i weithio'r planhigfeydd.

Maes o law, brwydrodd fy hen dad-cu, Peadar, yn erbyn yr Ymerodraeth Brydeinig yn Rhyfel Annibyniaeth Iwerddon. Ar y llaw arall brwydrodd fy nau hen dad-cu, Frank a Gwilym, dros Brydain yn erbyn pwerau'r echel yn yr Ail Ryfel Byd yn India a Gogledd Affrica. Cafodd Cymru ei choncro gan Loegr, ac mae ein cestyll yn symbolau gweledol o'r brwydro ffyrnig a fu rhwng y ddwy wlad yn y dyddiau a fu.

Ymfudodd fy nhaid o'r drefedigaeth Brydeinig, Barbados, i Lundain yn yr 1950au (ni chafodd Barbados ei hannibyniaeth tan 1966) ac ymfudodd Grandma o gyn-drefedigaeth, Gweriniaeth Iwerddon, i Lundain, lle priododd y ddau. Cefais fy ngeni yn Hammersmith yn Llundain – prifddinas yr Ymerodraeth Brydeinig. Ymhlith fy hynafiaid, gallaf gyfri'r rheini a wasanaethodd yr Ymerodraeth a'r rheini a gafodd eu gorthrymu gan yr Ymerodraeth, yn ogystal â chyndadau a frwydrodd dros ac yn erbyn Imperialaeth Brydeinig. Roeddwn yn ceisio am ddinasyddiaeth Wyddelig ac Ewropeaidd ond roedd yn ddigon amlwg mai'r hyn sy'n cynnig yr esboniad gorau o fy hanes a'r grym sy'n egluro fy modolaeth ydy'r

Ymerodraeth Brydeinig – y wladwriaeth a allai weu holl hanesion fy nheulu i un naratif cynhwysfawr.

Ond nid wyf am lynu wrth yr Ymerodraeth Brydeinig ac nid wyf yn ymfalchïo ynddi ychwaith. Mae'n amser symud ymlaen. Addas felly oedd meddwl tra oeddwn yn yr amgueddfa mai yn Hong Kong fach, pan oeddwn yn wyth mlwydd oed, y gwnaeth Ymerodraeth Prydain ddirwyn i ben – a da o beth oedd hynny.

* * *

Ar ein noson olaf, daliom y trên draw i Wang Cheung i fynd ar daith i ben Copa Fictoria er mwyn cael cipolwg o uchder ar y tyrau gwydr disglair islaw. Ar ein ffordd i'r ceir cebl, cerddom heibio Cadeirlan Ioan Sant.

'Ti'n gwybod taw hwn ydy un o'r unig adeiladau rhydd-ddaliad yn y ddinas?' gofynnodd Dad.

'Lesddaliad ydi bob adeilad arall?'

'Ie.'

''Na ti ryfedd… sut mae hynna'n gweithio?'

'Dwi ddim yn gwybod.'

'Ai dyna sut maen nhw'n cael rhwygo lawr ac ailadeiladu pob dim o'r newydd?'

'Neb yn berchen ar unrhyw beth am byth yma. Mae'n chwyldro o ddatod ac adeiladu eto. Dwi prin yn adnabod tirlun dinas fy arddegau.'

Daethom i stop er mwyn i Dad gael tynnu llun. Pob man yr âi, roedd ei gamera wrth law. Clic, clic, clic.

Pwysais ar giât yr Eglwys Anglicanaidd a sbio ar yr adeilad. Ni wnaeth fawr o argraff arnaf. Roedd wedi ei pheintio yn lliw Naples melyn. Roedd y glaswellt wedi gordyfu ac edrychai mewn cyflwr gwael os nad yn adfail, anghofiedig. Jest hen adeilad arall o'r hen fyd diflanedig mewn dinas sydd yn edrych ymlaen at ei dyfodol yn unig.

Cyrhaeddom y fynedfa. Roedd wedi bod yn ddeng diwrnod hir a theimlwn yn flinedig – roeddwn yn barod i ddychwelyd i Gymru ac yn ôl at Celyn ac Enlli. Pan ddaeth y cerbyd, eisteddais yn y cefn gyda mainc bren i'm hunan. Roeddwn yn fodlon gyda'r ymdeimlad o fomentwm ac o ddringo i'r uchelfannau. Ar un adeg roedd y copa hwn wedi'i neilltuo ar gyfer Ewropeaid yn unig a chyn adeiladu'r dramffordd yn 1888, câi'r imperialwyr eu hebrwng gan y brodorion i fyny'r mynydd serth:

'...by sedan chair, carried up the winding narrow tracks by teams of two or four Chinese chairmen – every Peak house had its chair shed, the Hong Kong equivalent of a coach house.'

Canolfan siopa gyda haenau ar ben haenau o siopau a bwytai oedd ein cyrchfan. Pan gyrhaeddom, cawsom ein cludo i fyny cyfres o risiau symudol ac aethom yn uwch ac yn uwch nes i ni gyrraedd pen y ganolfan, ar ben copa'r bryn. Am naw o'r gloch y nos roedd y to agored yn morio gydag ymwelwyr; roedd pobl naill ai'n cael tynnu eu llun neu'n tynnu llun o rywun arall. Cerddais i'r ochr lle doedd neb yn chwarae dwli oherwydd bod cangen coeden yn rhannol flocio'r olygfa. Pwysais ar yr atalfa a rhythu a thawelu fy meddwl. Teimlais yr awel ar fy nghroen, edrychais i'r ffurfafen ddi-sêr a mas ar ddinaslun godidog goleuedig Ynys Hong Kong a thros yr afon i entrychion Kowloon. I feddwl fod yr ardal hon yn gyfres o bentrefi pysgota dinod llai na dwy ganrif yn ôl, erbyn hyn saif y ddinas yn dystiolaeth o ysbryd a mawredd dyn. Wnaeth e hala fi i deimlo'n bositif am y dyfodol. Os gallai hyn i gyd gael ei gyflawni ar ynys fechan mewn llai na dwy ganrif, mi allwn addasu ein ffordd o fyw; iacháu'r hinsawdd, datrys tlodi, achub yr anifeiliaid, adfywio'r Gymraeg, a Duw a'n gwaredo, gallwn adeiladu isadeiledd call rhwng de a gogledd Cymru! Roedd hi'n bryd mynd adref a rhythais unwaith yn rhagor ar yr holl oleuadau gydag ymdeimlad o brudd-der. Dwi'n amau na fydd fy nhad, fy mrawd a finnau yn mynd ar wyliau jest efo'n gilydd fel hyn eto. Dwi'n amau a fydda i'n dychwelyd i Hong Kong eto. Fe wnaf unwaith, efallai. Ond fel gyda bywyd, gwybod ei bod hi'n daith ac yn brofiad y cawn unwaith yn unig yw'r hyn sy'n ei gwneud yn werthfawr.

ANADL

E-bost 16:09, 30 Gorffennaf 2019:

*Congratulations you are now an Irish Citizen. Your
recent application for Foreign Birth Registration
has been successful and your certificate is currently
awaiting printing.*
Is mise le meas
FBR Team

* * *

21 Medi 2019

Yn y bore, arhosais gartref gyda'r fechan, Enlli, tra oedd
Celyn efo'r fydwraig. Fe ddaeth y syniad o rywle na
fyddai hi'n unig blentyn i ni am lawer hirach ac y dylwn
dynnu llun ohoni – cyn i bopeth newid. Estynnais fy
nghamera Canon o'm bag llychlyd a thynnais ffotograffau
naturiol wrth iddi chwarae. Eisteddais ar y soffa gyda hi a
chwaraeais ganeuon ar YouTube. Cododd Enlli ar ei thraed
a dechreuodd neidio ar y soffa. Efo'i llygaid wedi eu hoelio
ar y teledu, roedd hi'n siglo'n bwrpasol o ochr i ochr ac yn
symud ei breichiau fel drych amhendant i'r dawnswyr ar
y sgrin. Plentyn dwyflwydd oed a oedd yn methu siarad
mewn brawddegau llawn ond yn synhwyro rhythm; eisoes
yn dawnsio – eisoes yn dynwared arddull dawns oedolion.
Rhyddheais y cerdyn SD o waelod y camera a'i osod, trwy
addaswr, yn y cyfrifiadur. Roeddwn ar fin uwchlwytho fy

hoff lun (un o Enlli yn eistedd yn gwenu) i Instagram pan gamodd Celyn drwy'r drws.

'C'mon! Cwic! Ni angen mynd i'r ysbyty,' wrth estyn am ei bag ysbyty ar bwys y drws.

'Pam?'

'Oedd y fydwraig methu teimlo lleoliad y babi, ac wedi trefnu i'r ysbyty fonitro fi.'

'Pob dim yn iawn, ddo?'

'Yndi, ma' nhw isio monitro fi. 'Dan ni angen mynd.'

Wnes i baratoi fy mhethau a llwytho'r car. Cymerodd Enlli bron ddeuddydd i gyrraedd y byd, ac felly, ro'n i am fod ar ben pethau'r tro hwn. Paciais gylchgrawn *National Geographic* a llyfr, *Carafanio*, rhag ofn y byddem yno dros nos, ynghyd â chamera a gwefrydd ar gyfer fy ffôn symudol. Twlais fy mhethau ym mŵt y car ac es i'n ôl i'r tŷ i nôl bwyd. Ro'n i 'di colli brecwast oherwydd noson hwyr ac felly twymais gyri vindaloo'r noson cynt. Sefais yn amyneddgar wrth y popty-ping cyn llywio'r bwyd tanllyd i fy ngheg a chnoi a llyncu mor gyflym ag y gallwn tra oedd Celyn ac Enlli yn aros amdanaf yn y car. Wedyn pan es i i'r car, aeth Celyn yn ôl mewn i'r tŷ.

'Wedi anghofio rhywbeth,' dywedodd, wrth hedfan heibio fi i'n drws mynedfa.

Ceisiais ddifyrru Enlli yn y car a buodd hi'n tapio'n ffyrnig ar y sat-naf a chanu corn y Fiesta yn orffwyll. Agorais y drws iddi gael rhedeg o gwmpas yn lle hynny. Derbyniais her ddireidus i redeg ar ei hôl ac ymatebais ar unwaith. Hynny yw, nes iddi faglu a disgyn ar y concrid. Dylwn i fod wedi rhagweld. Fe ddaeth Celyn allan a gweld Enlli'n beichio crio yn fy mreichiau. Wedi i ni roi cysur a sws i'w phen-glin, aethom yn ôl i'r car a gyrru i dŷ fy mam yng nghyfraith yn Nwyran. Roedd golwg stresd ar Celyn a phwysodd arnaf i yrru'n araf deg am ei bod hi'n cael poenau.

'Mewn a mas o'r tŷ, *ok*? Dim deud wrthon nhw 'mod i'n cael poenau. Dwi'm eisiau can mil o gwestiynau.'

'*Ok*, mewn a mas.'

Ar ôl cyrraedd tŷ Nain, neidiodd Enlli allan o'i sedd a rhedodd mewn cylch o amgylch y lle parcio. Fe ymddangosodd fy nai wyth mlwydd oed, Tomos, ar ei feic, ac ymunodd yn y direidi drwy gylchu ar ei feic a denu Enlli i ddilyn ar droed tu ôl iddo. Arhosais i Celyn wneud y paratoadau gyda'i mam a'i chwaer yn y tŷ ac am yr arwydd i adael. Ailymddangosodd Celyn. Anfonom ein twdlyn bant a mynd yn ôl i'r car. C'mon!

Cynyddodd poenau Celyn ar y ffordd i'r ysbyty. Fe deimlodd bob bwmp yn y lôn, a ges i lond ceg am yrru'n gyflym a diofal. Roeddwn yn falch i gyrraedd Ysbyty Gwynedd lle cafodd archwiliad gan fyfyrwraig o Fangor ac wedyn daeth doctor i siecio'r baban ar y monitor. Dywedodd fod y babi yn y lle iawn – ei ben i lawr ac yn barod i fynd. Defnyddiais yr oedi fel cyfle i ddarllen y papurau newydd.

'Rho dy ffôn lawr!' gorchmynnodd Celyn yn flin.

'Mae'n ddrwg gen i. Be 'da ni'n aros amdano nawr?'

'Jest fy nodiadau, a byddwn ni o 'ma.'

Daeth y fydwraig yn ôl a chafodd Celyn boen eto tra oedd hi yno.

'Faint o boena ti 'di gael?' holodd y fydwraig.

'Ddechreuon nhw nos Fercher ond maen nhw'n dechra mynd yn fwy cyson 'ŵan,' atebodd Celyn.

'Jest cadw golwg arnyn nhw ac os ydyn nhw'n cynyddu, ty'd 'nôl,' cynigiodd.

'Fedra i gael *sweep*?' gofynnodd Celyn.

'Cei, a' i i nôl y menig.'

Dychwelodd y fydwraig gyda menig a rhyw offeryn. Wedi iddi wneud prawf, meddai, 'O, fyddi di ddim yn angen *sweep*, 'de,' a chwarddodd.

'Pam?' gofynnodd Celyn yn syn.

'Ti 5cm rŵan – gei di aros mewn.'

'O, mae hynna'n dda,' dywedodd Celyn wrth daro gwên lydan tuag ataf.

Saib.

'Ond oedd e 'di cymryd dros ddeuddydd o hyn nes i'n babi cyntaf ni ddod,' datganodd yn amheus.

'Mae'r corff yn gwybod be mae'n wneud tro 'ma, 'sdi,' atebodd y fydwraig yn ddwys. 'Bydd yr un yma'n dod yn gynt.'

Cawsom ein tywys i'r adran famolaeth a'r ystafell geni babanod. Manteisiais ar y cyfle i dynnu lluniau o Celyn ar ddechrau'r enedigaeth. Gwallt hir melyn, sbectol a dillad du tyn. Roedd ei bol yn anferth i gymharu â gweddill ei chorff main, fel ffrwyth aeddfed yn pwyso'n drwm ar gangen.

'Babi yma'n dod heddiw, *yer buddy*,' gwenodd Celyn, yn methu credu bod y diwrnod wedi cyrraedd o'r diwedd.

'Babi prydlon iawn,' ychwanegais wrth synfyfyrio ar sut oeddent yn gallu amcangyfrif dyddiad disgwyl cywir i'r diwrnod fisoedd ymlaen llaw, ac mai hwn fyddai ein hail blentyn i gael ei eni ar ddydd Sadwrn.

Ymgartrefais yn ein hystafell newydd a rhoddais bob dim yn ei le i wneud fy ngwraig mor gyfforddus â phosib. Wedyn es i'n ôl i'r car i gasglu ein bagiau, ac yn y maes parcio (lle'r oedd signal) ceisiais gysylltu efo Mam, Dad a Gwilym i gyfleu'r newyddion, ond atebodd yr un ohonynt. Ro'n i'n gwybod fod Mam yn y gwaith. Dwn i ddim lle'r oedd Dad ac roedd Gwilym yn ymweld â'r Ynys Hir yn yr Alban, felly prin siawns y byddai ganddo signal i dderbyn galwadau. Gyrrais neges am 14:21, ac anfonais neges at Anne hefyd am 14:23, a gadael e fan'na.

Celyn is half way gone. Being kept in hospital. Baby might arrive today on due date! xx

Es yn ôl i'r ward famolaeth. Roeddwn yn teimlo'n hen law ar y busnes geni babi yma – dois â Lucozade, *beef jerky*, bara egni, dŵr pefriog a chnau i gynnal hwyliau a chryfder Celyn. Symudais fy sedd at wely Celyn a chefais fy nhemtio i gymryd cip ar erthygl yn y cylchrawn *National Geographic* am y tensiynau rhwng Rwsia, Norwy ac America yn yr Arctig, ond roedd 'na ormod o densiwn yn yr ystafell i wneud synnwyr ohoni. Rhoddais y cylchgrawn yn ôl yn y bag. Roedd Celyn wedi newid i flows nos binc ac roedd hi'n gorwedd ar y gwely efo mwgwd plastig yn ei llaw wedi'i gysylltu i bibell nwy yn y wal. Pan ddaethom i'r ystafell geni, roedd Celyn yn eistedd fyny yn sgwrsio'n hamddenol ac yn rhannu straeon gyda'r bydwragedd a finnau, ond fe ddaeth hyn i ben yn go sydyn pan gynyddodd ei phoenau. Os byddwn yn ceisio siarad, byddai'n siglo ei llaw ataf i stopio. Nid oedd yn hoff o gael ei chyffwrdd ychwaith. 'Dim twtsh!' Gallwn weld ei bod hi wedi newid cyflwr ac wedi ymneilltuo.

Gwyliais yn ddistaw ac yn y cyfnodau o seibiant, cynigiwn ddŵr, gair o gymorth, gafael llaw. Teimlwn bechod drosti a disgwyliwn yn ddiamynedd i'r baban ddod i orffen ei hartaith. Roeddwn yno i roi help pe bai angen. Ond fel arall, ei phrawf hi oedd hwn ac yn ystod yr amser hwnnw, sylwais fod geni baban yn rhythmig. Poenau yn dechrau'n bell ar wahân ac yn cynyddu'n raddol nes iddynt ddarganfod rhythm pendant. Wrth i boen ddechrau, byddai'n rhyddhau cri, ac yna anadl ddofn a sŵn pwmp y bibell nwy. Fe ddeuai'r poenau bob ugain munud, deng munud, dwy funud nes eu bod yn gyson fel curiad trwm – yn barod i'r esgor. Trodd ei hwyneb i ffwrdd oddi wrthyf i ganolbwyntio. Roedd hi fel teigr sy'n mynd bant i gornel dawel ar ei phen ei hun i eni ei chenau. Cefais y teimlad fod wyneb moderniaeth wedi'i dynnu i lawr a gwelais ein cyflwr naturiol a real. Rydym yn anifeiliaid – ro'n i 'di anghofio hynna.

* * *

Cymerodd geni'r babi holl egni a ffocws Celyn. Ni wyddwn cyn hynny beth i'w ddisgwyl o enedigaeth. Cyn genedigaeth Enlli, roedd gennyf ryw ddarlun o fyd ffilmiau, y teledu a llyfrau. Dŵr y ddynes yn torri'n ddramatig mewn man cyhoeddus. Sgrechian yn y car ar y ffordd i'r ysbyty. Sgrechian ar y troli neu gadair olwyn ar y ffordd i'r ystafell llawdriniaeth. Dynes yn geni babi o dan olau'r bwrdd llawdriniaeth gyda doctoriaid a nyrsys yn chwyrlïo o'i chwmpas. Dad yn crio. Pawb yn gwisgo lifrai glas a hetiau gwyn amhersonol. Y tro cyntaf i mi gofio gweld darlun o enedigaeth baban mewn ffilm oedd yn *Robin Hood: The Prince of Thieves* (1991). Gyda darn o bren yn ei cheg, rhoddwyd toriad Cesaraidd i werines chwyslyd. Dwi'n amau fy mod i'n wyth neu'n naw oed pan welais y ffilm honno, a gwnaeth yr enedigaeth argraff frawychus yn fy nghof. Nid oedd darllen yn ehangach wedi gwella pethau ryw lawer. Yn *Cyffesiadau* gan Jean Jaques-Rousseau mae'n datgelu sut y bu farw ei fam wrth ei eni fe, yr anffawd gyntaf yn ei hanes. Roedd 'na hefyd wersi ysgol am y Tuduriaid a sut y bu farw trydedd wraig hoffus Harri'r VIII a mam, Brenin Edward VI, Jane Seymor, o gymhlethdodau geni. Roedd Grandma yn arfer dweud na fyddai menywod yn teimlo poen wrth eni yng Ngardd Eden ond, ar ôl y Cwymp, byddent yn teimlo poen; ac felly, roedd geni yn gosb am y pechod gwreiddiol. O ganlyniad, rhaid cyfaddef fy mod i wedi teimlo mymryn yn nerfus am enedigaeth Enlli efo pob math o beryglon a'r achosion gwaethaf yn croesi fy meddwl.

Wnaeth genedigaeth Enlli ddim dilyn 'y sgript' ychwaith. Arhosais ag Enlli yn fy mreichiau am dair awr nes i Celyn ddeffro o'i llawdriniaeth. Rywsut, nid oeddwn wedi synnu at yr hyn ddigwyddodd. Roedd hyn fel petai wedi cadarnhau fy nealltwriaeth flaenorol o enedigaeth – ei bod yn anodd, poenus a pheryglus i'r fam a'r baban.

* * *

Nid oedd llawer o olau naturiol yn dod trwy'r llenni ac roedd yr ystafell yn weddol dywyll heblaw am olau cynnes yn dod o'r tu ôl i'r gwely. Roedd yn awyrgylch ymlaciedig a heddychlon. Yn yr oriau y bûm yn disgwyl, wnes i hefyd feddwl am fy hynafiaid. Bu farw Nanny (mam fy nhad) mewn gwely ysbyty, mewn ystafell fel yr un yma, wedi'i hamgylchynu gan ei theulu. Cefais fy atgoffa o un o'r pethau olaf a sibrydodd wrthyf ar ei gwely angau, '*Mam is coming to get me, kid.*' Mam oedd yn gysur a chariad iddi, yn rhoi a chynnal bywyd, Mam a roddodd enedigaeth iddi, a Mam roedd hi'n dyheu ei gweld yn ei momentau olaf. Roedd hi am orffen gyda'r sawl roedd hi wedi dechrau. Ond fel mae olwyn amser yn troi, mae to cenhedlaeth Nanny yn pasio heibio, ac mae'r genhedlaeth newydd yma yn cael ei geni. Roedd Celyn yn dod â'n plentyn i'r byd ac roeddwn yn awyddus i'w gyfarfod.

Edrychais ar y cloc, roedd hi'n hanner awr wedi tri. Cyrhaeddodd fy chwaer-yng-nghyfraith, Alys, i roi cymorth. Synnodd wrth ddarganfod cymaint roedd cyflwr Celyn wedi newid yn yr ychydig oriau ers i ni ollwng Enlli bant yn y tŷ. Roedd Alys yn awyddus i fod yn bresennol adeg yr enedigaeth, yn enwedig gan i Enlli ddyfod tra oedd ar ei gwyliau yn Florida. Ro'n i'n hapus i'w chael hi yno.

Dechreuodd Celyn wthio tua chwarter i bump a buodd hi'n awr hir a beichus i fy ngwraig. Pan welais y pen yn dod i'r amlwg, roeddwn ar flaen fy nhraed yn llawn cyffro – yn ei annog o neu hi i ddod. Cyrhaeddodd y baban gyda llond pen o wallt cyrliog tyn am 17:49 i ganol llawenydd mawr. Ches i ddim llawer o gyfle i gael cipolwg arno cyn i'r fydwraig fynd â'r baban llithrig a'i rwbio'n nwyfus rhwng ei thywel. Arhosais ond ni ddaeth y gri. A'r siswrn yn fy llaw, cyflwynodd y fydwraig y bogail i mi gael ei dorri.

'Torra fo NAWR,' gorchmynnodd yn gadarn.

Gwasgais y siswrn arbennig gyda chryfder a thorrais drwy'r canol meddal a gwaedlyd. Roedd ganddynt fwrdd drws nesaf i Celyn a rhoddwyd y baban arno gan roi ocsigen iddo gyda phwmp aer plastig oedd wrth law. Ac wrth iddynt ei gludo at y bwrdd, sylweddolais inni gael mab. Aer a rhwbio, aer a rhwbio. Fe aeth hyn ymlaen heb lwyddiant ac wedyn, canwyd y gloch argyfwng wrth ochr y gwely, a llanwodd yr ystafell gyda nyrsys a doctor. Oedd 'na argyfwng? Edrychais draw at Alys a Celyn. Roedd golwg bryderus ar Alys, golwg freuddwydiol ar Celyn. Edrychais dros ysgwydd y nyrs ar y corff llipa ar y bwrdd ac aeth arswyd trwof, wrth i mi sylwi ar ei liw, roedd yn llwydlas fel llechi. Wrth iddynt weithio ar y babi, cefais yr argraff fod y nyrsys eraill wedi dod i gadw golwg arnom ni'r teulu, a dwi'n cymryd iddynt ymddangos yn ddigyffro er mwyn ein cadw'n bwyllog.

Fe aeth tri munud heibio wrth iddynt roi aer. Dyma oedd ei brawf cyntaf, roedd e angen tynnu anadl ar ei ben ei hunan. Ond nid oeddwn yn panicio. Mi oedd Celyn yn rhwbio ei law o'r gwely a finnau ei draed bach llonydd, a'r nyrsys yn ei annog i ddeffro.

Pa mor hir mae rhywun yn gallu goroesi ar jest pwmp llaw ocsigen? Bûm yn meddwl am ddal fy anadl yn y bath. Roedd Alys yn dawel a'i llygaid fymryn yn ddagreuol yn edrych arnaf yn gydymdeimladol. Roedd Celyn yn ffyddiog. Pwysodd ar ochr y gwely a siaradodd mewn llais ysgafn a chysurus yng nghlust y babi a chyffwrdd, efo'i dwylo, i'w gynhyrfu a'i annog i ddihuno. Roedd y doctor a'r nyrsys yn broffesiynol, rhaid eu bod nhw'n gweld hyn yn aml? Rhaid bod nhw'n gwybod be oedden nhw'n ei wneud? Serch hynny, edrychais ar Celyn ac ar Alys, ac fe wnaeth y syniad fflicio trwy fy meddwl. Beth os? Erfyniais ar Dduw. Roedd ei fywyd a – ffawd bob un ohonom – yn nwylo'r Gwasanaeth Iechyd nawr.

Chwe munud o bwmpio ocsigen a rhwbio efo tywel, ebychodd y fydwraig, 'Mae newydd gael pips.'

Mae'n rhaid bod hynna'n dda? Ac wedyn, teimlais gynnwrf mawr o emosiwn yn byrlymu ac yn curo ynof pan sylweddolais fod ei draed yn troi'n gynyddol goch a phatsys coch yn lledaenu trwy ei gorff ac yn curo'r llwyd.

'Curiad calon o'n cynyddu,' cadarnhaodd y fydwraig.

Roedd e'n ymladd. Yswn i glywed y gri, ysu i glywed ei lais. Yn dyheu am y cadarnhad ei fod yn iach.

Saith munud wedi iddo gael ei eni, er rhyddhad a llawenydd i ni, trywanodd cri bwerus bywyd newydd trwy'r ystafell! Gwagiodd yr ystafell o nyrsys, fe allem anadlu eto. Bachgen iach a chadarn gyda llond pen o wallt melyn roeddem wedi ei enwi'n Iddon Elis.

Â'i lygaid bach golau ar agor, cymerodd Celyn ei mab yn dynn i'w brest, 'Ro'n i'n gwybod y basat ti'n iawn, fy mabi.' A buom yn cofleidio'n ddagreuol ac yn addo ei warchod a'i amddiffyn nes diwedd ein hoes.

Y CWYMP

12 Rhagfyr 2019

Ar ôl cyrraedd Llundain, es i barti Nadolig. Y bore wedyn, cymerais y tiwb i Orllewin Kensington. A hithau'n bwrw glaw yn drwm, ro'n i wedi fy ngolchi fel darn o froc môr o flaen drws fy modryb – mewn cyflwr gresynus. Efo mymryn o hangofyr ac yn socian, cnociais yn ddi-baid am ugain munud heb ateb. Roedd y ci yn cyfarth ond chlywais i ddim smic gan Anne. Dychwelais i'r dymestl oer a llusgais fy siwtces tu cefn imi a draw i dafarn Curtains Up, lle arhosais yn ddiamynedd (gan lyncu sawl *latte* a phwffian ar Pall Malls yng nghysgod drws y dafarn), yn aros i Anne ateb ei galwadau. Awr a hanner yn hwyrach, wnaeth y ffôn ganu o'r diwedd.

'Hi, Mal, ti 'di bod yn ceisio cael gafael arnaf?' meddai'r llais cryglyd a garw.

Yn llawn rhyddhad o glywed ei llais, atebais, 'Do, dwi yn y dafarn.'

'Ti yma'n barod?' ochneidiodd.

'Wnes i gnocio am bron hanner awr heb ateb, ro'n i'n dechrau poeni.'

'Diar mi, mae 'di digwydd eto. Mae hyn yn digwydd mwy a mwy aml. Tyrd draw.'

'Iawn, wela i di mewn 'chydig.'

Clic.

Wynebais y tywydd garw unwaith eto i ddychwelyd i Ffordd Seren. Mae popeth yn her ac yn druenus pan mae dyn yn flinedig a llwglyd. Agorodd Anne y drws yn ei gŵn nos porffor. Roedd yna olwg tinslip arni. Ac er i mi chwilio, ni wnaeth ein llygaid duon gwrdd. Tybiais ei bod yn teimlo'n chwithig am ei bod wedi cysgu'n hwyr a chadw ei gwestai allan yn y dymestl. Cyn i ni gael cyfle i ddweud dim, ymddangosodd ffigwr cycyllog gwlyb arall ar y stepen ddrws.

'*Have you been out to vote yet?*' gofynnodd ymgyrchydd y Blaid Lafur, gyda'r ymbarél yn cuddio'i wyneb.

'*I'll be going this afternoon,*' atebodd Anne.

'*Afternoon it is then.*'

'*I'll be there,*' dywedodd yn araf ond heb argyhoeddiad wrth gau'r drws yn ysgafn a throi ataf. 'Maen nhw wastad yn ceisio 'ngyrru fi i'r blwch, maen nhw'n gwybod fy mod i'n pleidleisio Llafur,' sylwodd.

'Dyw e'n gwneud dim synnwyr i ni bleidleisio i'r Ceidwadwyr.'

''Dyn nhw ddim yn malio am y dosbarth gweithiol, nid am bobl fel fi,' datganodd Anne.

'Mae'n debyg,' cytunais.

Tynnodd Anne wyneb o ddiflastod. 'Mae'r hen Boris 'na yn ddiawl o ddyn. Ti'n gwybod, mae'n gwrthod cadarnhau sawl plentyn sy' ganddo? Duw, *sex addict*, wedwn i,' sylwodd am yr uchelwr, Alexander Boris de Pieffel Johnson.

* * *

Llusgodd y dydd yn araf deg. Archebais Wagamama trwy Deliveroo inni gyda'r bwriad o lenwi fy mol i wella fy hwyliau. Cyrhaeddodd o fewn yr hanner awr a chawsom wledd wrth y bwrdd bwyd yn y gegin.

'Mor neis i gael Deliveroo,' meddwn a'r cyri tanllyd yn cyffroi fy synhwyrau.

'Oes gen ti hyn lan fynna?' gofynnodd Anne gan droelli ei nwdls a golwg newydd ddeffro arni.

'Nag oes. Mae'n niwsans, ar ôl dod i arfer â chyfleusterau Caerdydd, gorfod gyrru ugain munud – deugain munud yno ac yn ôl – ar gyfer têc-awê cyri. Mae'r noson bron drosodd erbyn i ni fwyta.'

'Swnio fel lot o ymdrech. Dwi'n hoffi i bethau fod yn gyfleus.'

'Jiw, roedd gen i bres i wastraffu ar fwyd. Doedd dim angen car arnaf ychwaith,' dywedais.

'Ceir yn ofnadwy o ddrud ond mae'n hwyl gyrru, ddo,' meddai Anne yn hiraethlon a hithau wedi rhoi'r gorau i yrru ar ôl i'w golwg waethygu.

'Ond maen nhw'n lot o drafferth a chost. Dwi'n edrych 'mlaen i'r dyddiau pan fyddwn yn cael mynd i dafarn mewn car trydan hunan-yrru.'

'Ti'm angen car yn y ddinas rili.'

'Mae hynna'n wir. Ro'n i'n arfer cerdded i bobman ond wedyn baswn i'n cael mwy o dêc-awê, sydd ella'n esbonio sut mae 'mhwysau fi wedi aros yr un fath ers symud i'r wlad,' meddwn i, y syniad yn fy nharo wrth i mi ei ddweud.

Cododd Anne ei phen o'r plât a rhythodd arnaf yn ofalus, yn ceisio cael ei ffocws ac fel petai'n meddwl. Gwenodd yn araf ac wedyn, wrth ddychwelyd at ei phryd dywedodd, 'Ti'n edrych yn ifanc am dy oedran – mae rhaid fod yno aer glân a dŵr da.'

'Bydd rhaid i ti ddod i weld y tŷ a'r plant,' dywedais yn estyn y gwahoddiad.

'Wna i drefnu dod yn y flwyddyn newydd – dwi eisiau gafael yn dy fabis di a rhoi swsys a mwythau iddyn nhw. Dwi'n edrych ymlaen cael gweld eich tŷ hefyd,' dywedodd yn ddiffuant.

Roeddwn yn gyffrous wrth feddwl am fy modryb yn cael gadael mwrllwch Llundain ac ymweld ag Ynys Môn. Roeddwn yn awyddus i'w gweld hi mewn cyd-destun gwahanol ac iddi hi gael fy ngweld innau gyda fy nheulu bach. Nid yw Facetime yn gwneud y tro – dwi angen gweld cyfeillion wyneb yn wyneb. Roeddwn i wastad yn dod ati hi, ac yn awr roeddwn yn awyddus i estyn croeso yn ôl iddi hithau.

* * *

Brwydrais am egni, am yr awen. Gorweddai Anne yn ei gŵn nos tra oeddwn innau'n potsian ac yn llowcio te. Roedd yn chwech o'r gloch cyn i Anne roi dillad call amdani i fentro allan i'r orsaf bleidleisio – i wneud ei dyletswydd. Aethon ni â'r cocer sbaniel â'r llygaid wylofus, Maloney, gyda ni i Eglwys Hammersmith, lle'r oedd yr orsaf. Ar ôl iddi daro pleidlais, tynnais lun ohoni tu allan, o dan olau'r brif fynedfa. Gwisgai fŵts lledr at ei phengliniau, jîns llwyd, siaced ledr ddu drwsiadus gyda choler flewog. Disgynnai ei gwallt cyrliog du yn donnau tyn a rhoddodd wên fach ddireidus i'r camera. Doedd ganddi'r un blewyn gwyn ar ei phen a chyda'i chroen brown llyfn a chorff main, edrychai'n ifanc am ei hoed – yn iach hyd yn oed. A hithau wedi'i chofrestru'n ddall, ni allwn amgyffred o edrych arni gymaint roedd y ddynes annwyl hon yn dioddef gydag afiechydon.

Yn ôl yn y tŷ, cysylltodd Anne ei ffôn i'r seinydd yn y gegin a gwrandawom ar gerddoriaeth ar Spotify. Cymerom dro i bigo caneuon i arddangos ein diddordebau cerddorol i'n gilydd. Darganfuom ein cyd-hoffter o gerddoriaeth *soul* ddu. Roedd Anne wedi ei synnu gan fy newisiadau innau, hen ganeuon gan artistiaid cyn fy nghenhedlaeth gerddorol. Chwaraeais y Stylistics, grŵp *soul* o'r saithdegau megis 'Stop Look and Listen' a 'Break Up to Make Up' yn uchel ar y seinydd – roedd fy modryb yn siglo a nodio i ganeuon ei harddegau efo golwg ar goll, a phleserus, fel petai mewn perlewyg.

Mae cerddoriaeth afaelgar yn mynd â ni'n ôl i'r fan lle y daeth o hyd i ni. Chwaraeais 'Cigarettes and Coffee' Otis Redding – cân ddawns gyntaf fy mhriodas; a buom yn hel atgofion am y dydd gogoneddus hwnnw yn Eglwys Figael Sant a'r neithior fywiog yn Nhre-Ysgawen. Aethom drwy glasuron R&B y nawdegau a'r *noughties* cynnar: Mary J Blige, 'Real Love', Destiny's Child, 'Say My Name', Tamia, 'So Into You', a phigodd Anti ganeuon oedd yn boblogaidd tra oedd yn Chicago. Chwaraeais Drake, 'Passionfruit', cân a glywais am y tro cyntaf yn Ffordd Seren pan ddaeth fy mrawd a finnau â bocs o siampên i rannu'r newyddion ag Anne, Ray a Peter, fod Celyn a finnau yn disgwyl babi. Atgyfododd y teimladau holl gyffro a hapusrwydd y cyfnod disgwyl, cyn i fy nghyntaf-anedig gyrraedd. Cynigiais ganeuon mewn cydnabyddiaeth o'n gwreiddiau Caribî: Bob Marley, Damian Marley a Vybz Kartel, a recordiau oedd yn boblogaidd y tro olaf roeddwn yn Barbados.

* * *

Gwrandawom ar *reggae* a wnes i hel atgofion am fy nhaith ddiwethaf i'r Caribî. Efallai fod y ffordd y dechreuodd Anne edrych ar ei diod neu chwarae gyda Maloney yn ddiamynedd yn arwydd i mi deimlo'n wyliadwrus ynghylch siarad gormod am Barbados. Cofiais imi fod i'r ynys ddwywaith ac imi gyfarfod ei hanner brodyr a chael partïon efo nhw, rhywbeth nad oedd hi erioed wedi'i wneud. Dwi wedi anadlu'r aer twym hallt, wedi claddu fy nwylo yn y tywod cynnes ac wedi nofio efo crwbanod yn y môr goleulas. Dwi wedi talu teyrnged i fedd ei thad. Dwi wedi cyflawni'r bererindod mae pobl o'r *diaspora* Caribïaidd yn breuddwydio ei gwneud. Ond nid Anne. Gwn y byddai wrth ei bodd gyda diwylliant y Caribî ac yn fodlon ei byd yno. Y gwres, y gerddoriaeth, yr athroniaeth bywyd hoffus (yr unig le yn y byd dwi wedi cael ffrae am gerdded yn rhy sydyn!) a dawnsio a bwyta yn y marchnadoedd tu allan yn yr awyr agored tan hwyr y nos, heb sôn am y perthnasau sydd gennym (sydd hefyd yn dioddef o diabetes) ac sy'n awyddus i'w chyfarfod. O bawb yn ein teulu sy'n trigo ar Ynys Prydain, Anne, o ran anian a hoffter o ddiwylliant Caribïaidd, fuasai'n addasu i rythm bywyd Barbados orau. Dwi eisiau iddi fynd – eisiau i ni allu rhannu a chyfnewid ein profiadau am wlad ei thad a 'nhad-cu gyda'n gilydd. Fel dynes sy'n delio efo iselder ysbryd o bryd i'w gilydd, dwi'n synhwyro y buasai wedi bod o les iddi olrhain camau ei hynafiaid; o les i'w hysbryd a'i henaid gyflawni'r bererindod bwysig hon.

Ni chafodd Anne fawr o ddiwylliant Caribïaidd ar yr aelwyd oherwydd doedd ei thad hi ddim yno ar ôl i briodas ei rhieni fethu. Yr unig ddiwylliant a dderbynient ar yr aelwyd wedyn oedd diwylliant a byd-olwg croch, Gwyddelig Gatholig Grandma. I gymharu â'r ddyletswydd a'r baich o geisio achub eneidiau ei phlant trwy addysg grefyddol a moesol, roedd Grandma wedi diystyru rhyw elfen arwynebol fel lliw eu croen. Fel y dywedir yn y Beibl: 'Yr hyn sydd yn y golwg a wêl dyn, ond y mae'r Arglwydd yn gweld beth sydd yn y galon.' (1 Samuel 16:7). Cynnwys cymeriad eu hepil oedd yn bwysig nid lliw eu croen. Chwilio am hunaniaeth? Roeddent yn Babyddion. Yn perthyn i'r un Eglwys sanctaidd, Gatholig ac apostolaidd. Ac yn nhyb Grandma, roedd hynna'n ddigon. Eu paratoi ar gyfer bywyd mewn lleiafrif crefyddol a wnaeth ein mam bennaeth Wyddelig.

Cafodd byd-olwg Grandma ei atgyfnerthu gan yr ysgol. Mynychodd Anne a'i brawd a'i chwiorydd ysgol Gatholig lle'r oedd canran sylweddol o'r disgyblion hefyd o dras Wyddelig a rhai o'r athrawon yn lleianod. Yn hwyrach ymlaen, byddai Anne yn dod i deimlo nad oedd y diwylliant Gwyddelig Catholig yn ddigonol i lenwi'r twll roedd hi'n ei deimlo am absenoldeb ei threftadaeth Affro-Caribïaidd yn ei magwraeth. Roedd am archwilio ei hunaniaeth ddu, ei ddarganfod a'i adennill. Ond nid oedd y siwrne hon heb ei heriau. Dywedai y byddai'n cael ei siomi pan fyddai ei ffrindiau du Prydeinig yn trafod y mathau amrywiol o fwydydd Caribî roeddent yn eu paratoi i swper a'r defodau ac arferion nodweddiadol Garibïaidd hynny mae pobl sydd ar y tu fewn yn unig yn gwybod amdanynt, manylion a gafodd ei ffrindiau gan eu rhieni o genhedlaeth Windrush. Ond wyddai Anne mo'r pethau hyn er bod ei thad hi hefyd yn fewnfudwr. A serch iddi ymgartrefu yn y gymuned ddu ers degawdau bellach, roedd hi o hyd yn teimlo bod rhywbeth ar goll ac yn crefu dilysrwydd. Teimlai bod rhyw linyn oedd yn ei chysylltu hi a'i hynafiaid Barbadaidd wedi'i dorri. Roedd y teimlad yn gymysg ag absenoldeb ei thad o'i magwraeth, a'i farwolaeth sydyn ac annisgwyl yn 2010, marwolaeth a drechodd obaith Anne o allu cymodi gydag e.

* * *

Er gwaethaf amheuon mewnol Anne, cawn yr argraff o ddynes oedd yn gartrefol ynddi hi ei hunan ac yn falch ei bod yn ddu. Yn blentyn, cefais fy nenu ati ar sail ei chyfforddusrwydd â diwylliant du Llundain mewn cyfnod pan oeddwn yn ansicr ac yn anghyfforddus yn fy nghroen fy hunan.

Nid oedd hil yn destun amlwg ar fy aelwyd yn Ffynnon Taf ychwaith gan nad oedd fy rhieni am i mi fod yn 'hunanymwybodol' o hil. Y cwestiwn a wynebai fy rhieni ar un adeg oedd yn fy wynebu i nawr: i ba raddau y dylwn drafod ac esbonio hil i fy mhlant? Cysyniad yw hil sydd â dim gwir sylfaen gwyddonol ond mae'r profiad o fod yn ddu mewn cymdeithas lle mae'r mwyafrif yn wyn a'r profiad o bryd i'w gilydd o gael dy drin yn wahanol ac anffafriol oherwydd dy fod ti'n ddu, yn real. Yn ogystal, mae diwylliant du yn real.

Er bod Mam yn Brydeinwraig ddu, cafodd ei magu ar aelwyd Wyddelig ac, felly, roedd bylchau yn ei dealltwriaeth a'i phrofiad hi o ddiwylliant Caribïaidd. Serch hynny mae ei hathroniaeth bywyd wedi ei seilio ar ei phrofiad fel dynes ddu ym Mhrydain. Yn blant, roedd gan Mam ddywediadau bach roedd hi'n eu dweud wrth fy mrawd a finnau, fel bod rhaid gweithio 'dwywaith yn galetach na phobl wyn'. Ond efallai'r mai'r hyn oedd ar goll oedd y ddadl o blaid bod yn ddu, fel mae plant Americanwyr Affricanaidd yn cael eu hannog i 'ymfalchïo' yn ffigyrau du blaenllaw eu gwlad fel Martin Luther King Jr, Harriet Tubman neu Muhammad Ali. Heb gyd-destun hanesyddol, yn blentyn, roeddwn o dan yr argraff fod lliw croen yn beth blinderus, yn faich hyd yn oed.

Hoffwn fod wedi gallu ymdoddi i'r dorf fel plant eraill, ond fel bachgen croenliw mewn cymdeithas wen, nid oedd hil yn fater roedd gennyf y fraint o'i anwybyddu. Yn blentyn swil, cawn gwestiynau di-baid a blinedig gan blant ac oedolion dieithr am fy nhras – Ble gest ti dy eni? Pam wyt ti'n ddu? Wyt ti'n perthyn i x person du? – yn destun embaras ac annifyrrwch, a'r sylwadau am fy ngwefusau llawn, 'black lips', yn cynhyrfu fy meddwl ifanc. Fel yr angen sydd gan naturiaethwr brwd i ganfod enw'r blodyn anhysbys a ganfu ar lethrau'r mynydd, ro'n i'n teimlo nad oedd y rhai oedd yn fy holi yn gallu ymlacio nes oeddent wedi fy nghategorïo a 'ngosod mewn rhyw focs dychmygol.

Er sylwi ar liw fy nghroen, ges i'r teimlad nad oeddent yn fy ngweld i o gwbl.

Ro'n nhw am i mi ildio ateb clir a phendant i'w prif gwestiwn (cwestiwn y byddent yn ei ofyn cyn cyflwyno eu hunain na holi am fy enw) o ble rwyf yn hanu *yn wreiddiol*. Do'n i ddim yn gwybod beth i'w ddweud. Os nad hil yn benodol, roedd y cwestiynau a sylwadau am berthyn a hunaniaeth yn fy anesmwytho. 'Ond o ble wyt ti'n dod?' Mae'n rhaid nad oedden nhw'n credu fy mod yn 'dod' o Gymru. Ond os nad wyf yn 'dod' o Gymru, i ble rwyf yn perthyn? Mae gen i groen brown oherwydd roedd fy nhad-cu yn ddu ond ro'n i'n gwybod bron ddim byd am Kenrick neu'r ynys falch ac annibynnol roedd e'n hanu ohoni. Dim byd am Ymerodraeth Prydain a'r Windrush. Dim byd am gaethwasiaeth. Doeddwn i ddim yn gwybod llawer am hanes pobl dduon unman ac ro'n i wedi drysu gan agwedd cymdeithas tuag at liw fy nghroen.

Pan oeddwn i'n naw mlwydd oed, aeth fy rhieni â mi ar wyliau i ogledd Cymru, ac es i dalu am rywbeth yn ardal Eryri gan siarad Cymraeg. Aeth y gwas siop i'r cefn, a chlywsom ef yn galw yn gyffrous ar ryw ddynes, 'Tyd yma, mae 'na hogyn du fama yn siarad Cymraeg!' A daeth y ddynes allan i sbio arnaf. Dywed fy nhad y ces ymateb cyffelyb pan siaradais Gymraeg mewn caffi yn ystod yr un gwyliau mewn ardal arall. Pam oedd lliw croen rhywun yn destun cymaint o chwilfrydedd? Ar adegau, teimlwn fel anifail egsotig yn cael ei arddangos.

Ro'n i'n gwybod bod hil neu liw croen o bwys i gymdeithas ac yn synhwyro bod cymdeithas yn ceisio fy nghategoreiddio. Creodd y pwysau yma gryn bryder ynof i gategoreiddio a disgrifio fy hunan. I Grandma roeddwn yn Babydd. Yn ôl Dad, roeddwn yn Gymro ac i Mam, Malachy oeddwn i. Doedd dim llawer o sôn am hil. Tu allan i furiau'r aelwyd, roeddwn, yn ôl rhai pobl, yn ddu, *mixed-race*, yn *quarter-cast*, yn edrych yn 'egsotig' neu jest yn estronwr. Yn fy nghymuned, teimlwn fy mod yn *arall*. Roedd yr holl holi am fy nhras a lliw croen wedi fy ngyrru i ymddiddori yn fy ngwreiddiau Affro-Caribïaidd ac i mewn i freichiau fy modryb, Anne, yn Llundain. Ro'n i fel roedd Anne gynt, yn teimlo fel bod 'gwacter' yno, ac roedd hil yn agwedd y byddai rhaid i mi ei harchwilio. Maes o law, wnes i ddechrau ysu am gwmni a diwylliant du; yn y bôn, am gymuned lle nad oeddwn yn teimlo fy mod yn *arall*.

* * *

Pan oeddwn yn blentyn, teimlwn gyffro mawr yn mynd i Lundain i dreulio gwyliau'r haf gyda fy mherthnasau heb fy rhieni. Yn y nawdegau roed Anne mewn perthynas â Ray, dyn du, Llundeiniwr â gwreiddiau yn Nhrinidad. Cyfarfu'r ddau ym Manc Barclays. Byddem yn cael pryd o fwyd yn fflat Anne yn Hammersmith a byddai Ray yn paratoi pryd sbeislyd inni a gwadd fy ewythr, Peter, draw. Roedd Ray yn ddyn du tywyll main gyda phen moel, a gwisgai glustdlws aur yn ei glust a siwmper *turtle neck* ddu. Roedd ganddo lais bas soniarus a byddai'n trafod paffio a phêl-fasged gyda fy ewythr mewn manylder a gydag angerdd nad oeddwn wedi arfer ag e. Byddem yn cael pryd, yn gwylio ffeit Mike Tyson ar y teledu ac wedyn, chwaraeent gerddoriaeth a byddai'r oedolion yn yfed gwirodydd. Byddai rhagor o siarad a hel straeon a byddwn i, jest yn blentyn, yn cael yr anrhydedd o gael fy nghynnwys yn eu sgyrsiau. Doedd fy nhad ddim yn ymddiddori mewn chwaraeon, nac yfed, na chwarae R&B yn uchel yn y tŷ. Ac felly roedd y profiad o fod yn eu cwmni fel camu i fyd bach amgen. Roedd Ray a Peter yn esiamplau hynod brin yn fy mhlentyndod o wrywdod du ac felly fe wnaethant gryn argraff arnaf. Ro'n i'n wrth fy modd bod yn eu cwmni ac yn teimlo fy mod i'n rhannu'r un hunaniaeth ddu â nhw yn naturiol.

Un noson dros fwyd wnes i gyfeirio at fy hunan fel bachgen du a gwnaeth Peter fy ngwatwar.

'Du?! Yn Llundain, byddent yn edrych arnat ti a thicio blwch White English,' chwarddodd.

'Paid bod yn wirion, Peter. Base neb yn camgymryd e am fachgen gwyn,' anghytunodd Anne.

'Newyddion i fi oherwydd mae pobl yng Nghymru yn galw fi'n ddu,' atebais.

'Ie, ond mae hynna yng Nghymru!' chwarddodd Peter. 'Tyd i Lundain a weli di'r gwahaniaeth – meddwl dy fod ti'n Bortiwgeaidd neu rywbeth.'

'Anwybydda fo, Mal, mae'n bod yn dwp,' meddai Anne.

'Wel, mae pobl yn trin fi fel petawn yn ddu nid gwyn,' dywedais, yn ceisio cuddio fy siom.

Des oddi wrth y bwrdd bwyd yn teimlo fel bod gêm greulon yn cael ei chwarae arnaf. Roedd Cymry wedi ei gwneud yn glir i mi nad oeddwn yn wyn a nawr roedd fy ewythr yn honni nad oeddwn yn ddu chwaith gan fy mod yn 'rhy' olau. Yn lleiafrif o fewn lleiafrif. Roeddwn yn disgyn rhwng dwy stôl a synhwyrais y byddai hil yn sylfaen fregus i adeiladu hunaniaeth arni.

Fodd bynnag, do'n i ddim am adael i sylwadau hurt fy atal rhag chwilio ac ymgysylltu gyda fy nhreftadaeth Affro-Caribïaidd a diwylliant du Prydeinig fy nheulu yn Llundain. Dwi'n rhannol o dras Affro-Caribïaidd a dwi'n ddisgynnydd o gaethweision Barbadaidd. Ac nid yw damcaniaethau cyfeiliornus am fy nharddiad yn newid hynny. Roedd Anne yn fy nerbyn fel bachgen du ac yn barod i'm cymryd o dan ei hadain. Roedd hi'n sensitif i f'anghenion ac yn deall fy mod i wedi cyrraedd oedran lle'r oeddwn yn myfyrio ar faterion hunaniaeth. Ac felly, gyda fy modryb yn bennaf, y gwnes i archwilio fy ochr ddu a holi cwestiynau a rhannu fy mhrofiadau o fod yn lleiafrif hiliol yng Nghymru. Dywedai Mam fod 'pobl ddu angen gwytnwch oherwydd mae cymdeithas yn galed arnom'. Roedd hi'n gwybod am bwysigrwydd magu meibion hyderus, a chanmolai fi i'r cymylau i geisio fy mharatoi ar gyfer bywyd, nid jest fel bachgen croenliw mewn cymdeithas oedd yn gymuned wen, ond fel rhywun oedd yn perthyn i leiafrif.

* * *

Roedd Anne yn garedig tuag ataf yn ystod fy ngwyliau haf yn Llundain. Treuliwn y rhan fwyaf o'r amser gyda Grandma ond pan oedd gan Anne amser bant o'r gwaith, byddai'n mynd â fi a fy nghyfnither i siopa am ddillad newydd, i rôl-sglefrio yn Hyde Park, i nofio, ac i olchi ein traed yn ffynnon Sgwâr Trafalgar. Roedd KFC rownd y gornel o'i fflat a byddem yn cael bocs o gyw iâr i swper. Mi oeddent yn hafau hir, chwilboeth a hapus. Ac felly, pan ddysgais fod Anne, Ray a Sinéad yn ymfudo i'r Unol Daleithiau America roeddwn yn drist. Do'n i ddim eisiau colli'r berthynas gyda fy nghyfnither, Sinéad, gyda fy Anti Anne, nac Yncl Ray. Dywedai Mam am i mi beidio poeni gan y byddem yn trefnu gwyliau cyson i Chicago i ymweld â hwy ac i gadw'r berthynas yn agos. Ond cyn i ni drefnu ein taith gyntaf i America, roedd Anne a Sinéad eisoes yn ôl yn y Deyrnas Unedig – heb Ray.

Mi oedd America yn drychineb i fy modryb. Cyn iddynt ymfudo, gofynnodd Ray i Anne briodi mewn bwyty crand yn y brifddinas. Derbyniodd Anne y cynnig a phan gafodd Ray swydd bancio yn yr Unol Daleithiau, dilynodd ei dyweddi a'i chariad. Ac Anne wastad yn un i weithredu ar gariad (dyma'r eildro iddi geisio ymfudo oherwydd cariad wedi iddi ddilyn tad Sinéad i Awstralia) ymddiswyddodd o'r heddlu, tynnodd ei merch o'r ysgol, gadawodd ei fflat, a hel ei phac i Chicago i ddechrau bywyd newydd – cyffrous – fel teulu.

Wedi cyfnod yn yr Unol Daleithiau fel teulu, canslwyd trefniadau'r briodas. Dychwelodd Anne a 'nghyfnither i Lundain o fewn blwyddyn ar ôl ymfudo ac mewn cyflwr llawer gwaeth. Dychwelodd Anne adref gyda dyled, yn sâl, yn ddi-waith ac wedi torri'i chalon. Collodd Sinéad lawer o ysgol yn y tryblith a wnaed yn waeth oherwydd iselder ysbryd fy modryb. Roedd y ddynes a ddychwelodd i Lundain yn wahanol. Roedd fy modryb egnïol a fu'n gweithio i'r heddlu, a chwaraeai i dîm pêl-droed ac a fynychai'r gampfa yn gyson wedi diflannu. Ffaelodd orffen gradd mewn Celf Gain, ac roedd hi'n caru celf. Gwaethygodd ei hiechyd yn sylweddol yn y blynyddoedd dilynol, a chollodd y teimlad yn ei dwylo, a'i thraed yn raddol. Gwaethygodd ei golwg nes ei bod hi methu gyrru, darllen nac arlunio, a hynny cyn troi'n hanner cant oed. Ond fel mae'r hen olwyn yn troi, wedi dau ddegawd ar wahân, a Ray wedi gweithio mewn dinasoedd ledled Gogledd America, dychwelodd adref i Lundain a nawr mae Anne a Ray yn gariadon eto! Perthynas sy'n galw geiriau cân Stylistics i'r meddwl:

> 'Break up to make up, that's all we do
> First you love me then you hate me
> That's a game for fools.'

Mae materion y galon yn ddirgel ac mae beth sy'n gwneud Anne yn hapus, yn fy ngwneud i'n hapus.

Ar ddiwedd y noson, rhoddais drac ymlaen gan y Stylistics. Ges i fy llusgo ar fy nhraed gan Anne a llais cyfareddol soniarus Russell Thompkins Jr i ddawnsio i 'Betcha by Golly Wow'.

Yr unig eneidiau oedd yn effro ar y stryd, ac yn feddw, fe ganom y corws i'n gilydd yn y gegin.

> 'And betcha by golly wow
> You're the one that I've been waiting for forever
> And ever will my love for you keep growin' strong
> Keep growin' strong.'

* * *

Piciais i'r stafell fyw i weld sut oedd yr etholiad cyffredinol yn datblygu. Doedd Anne a finnau byth yn gwylio'r teledu gan y byddem yn diddanu ein gilydd gyda'n straeon a cherddoriaeth. Gwelsom yr *exit poll*. Mwyafrif anferthol i'r Ceidwadwyr. Ges i fy synnu gan y newyddion. Ro'n i'n meddwl bod mwyafrifoedd mawr tu hwnt i dirlun gwleidyddol rhanedig San Steffan bellach.

Es yn ôl i'r gegin ac archebu pitsa Papa Johns ar Deliveroo ac, er ei bod yn oriau mân y bore, cyrhaeddodd y pitsa'r drws o fewn ugain munud. Hud a lledrith.

Nid oedd gennyf yr amynedd i fynd 'nôl allan i brynu rhagor o gwrw ac yn ffodus, cawsom hyd i botel o rỳm yng nghefn y cwpwrdd. Cynyddodd egni Anne wrth i'r wawr nesáu ac arhosais ar ddi-hun o ran cwrteisi i gadw cwmni iddi a gwrando ar ei straeon helaeth am weithio mewn banc ffyniannus yn yr wythdegau. Siaradodd am ei llawenydd a balchder yn gallu cyfri pres yn gyflym a sut roedd hi'n drist pan ddechreuwyd defnyddio peiriannau cyfri yn lle. Dwi'n amau nad aethom i'n gwlâu nes oddeutu pedwar o'r gloch y bore. Roeddwn i wedi ymlâdd a bron â marw eisiau cysgu.

Deffrois am un ar ddeg y bore wedyn. Rhedais i lawr grisiau i droi'r teledu ymlaen i ddarganfod canlyniad yr etholiad. Mwyafrif o saith deg naw i'r Ceidwadwyr yn dringo i wyth deg yn nes ymlaen. Roedd Nicola Sturgeon ar y BBC yn cynnal cyfweliad yn falch o'i hunan – yn ymhyfrydu yng nghyflawniadau'r SNP, lan tair sedd ar ddeg i bedwar deg wyth yn yr Alban. Datganodd fod ganddynt y mandad bellach i geisio am ail refferendwm – gyda chaniatâd San Steffan ai peidio – ar annibyniaeth yr Alban. O edrych ar y seddi melyn ar y sgrin, roedd yr Alban wedi pleidleisio fel bloc, fel gwlad. Bûm yn aros yn awchus am ganlyniadau Cymru. Am y tro cyntaf erioed, roedd Gogledd Iwerddon wedi ethol mwy o aelodau seneddol oedd yn genedlatholwyr nag yn unoliaethwyr.

Gwyliais wrth i'r rhifau sgrolio lawr y sgrin: dau ddeg dau i Lafur, un deg pedwar i'r Ceidwadwyr, pedair i Blaid Cymru. Y Ceidwadwyr wedi ennill saith sedd newydd yng Nghymru. Y Cymry a'r Saeson a bleidleisiodd dros Brexit a nawr, roeddem yn gynyddol gefnogol i'r Blaid Geidwadol ac Unoliaethol. Ro'n i'n teimlo fel petai Cymru yn tynnu'n groes i'w chymdogion Celtaidd.

Ymhlith pethau eraill, roedd y canlyniad wedi sicrhau y byddai'r Deyrnas Unedig yn ymadael â'r Undeb Ewropeaidd. Bûm yn ddoeth i wneud cais am ddinasyddiaeth Wyddelig / Ewropeaidd – cyn i'r waliau godi ar naill ochr y Sianel a Môr Iwerddon.

* * *

Es yn ôl lan stâr i gyfleu'r newyddion i Anne. Cododd o'i gwely yn sigledig a gwthio'r ci bant oddi ar y dwfe blodeuog porffor wrth iddi wneud.

'Mwyafrif anferth i'r Ceidwadwyr.'

'Be?! O, na mae hynna'n ofnadwy,' grwgnachodd.

Cododd ar ei thraed yn ansicr.

'Ti isio panad neu rywbeth?' gofynnais yn ddrwgdybus o'i chyflwr.

'Ie, *go on*, base hynna'n neis.'

'Mae'n hwyr, de. Hanner dydd yn barod.'

'Hanner dydd? Diar mi! Ond cawsom amser da neithiwr?'

'Do.'

'Werth o felly.'

Fe ddaeth fy modryb lawr y staer ac aeth i'r tŷ bach. Berwais y tegell a pharatois banad iddi gyda dŵr wedi'i hidlo, fel mae'n hoffi. Es â hi i'r ystafell fyw er mwyn i ni gael yfed a gwylio'r newyddion am ganlyniadau'r etholiad cyffredinol. Buodd yn y toiled am sbel ac mi wnes i hofran ar bwys y drws rhag ofn. Roedd ei phanad wedi oeri ac roedd hi'n dal yn y tŷ bach. Es i at y drws a siaradais trwyddo. Camais yn ôl pan glywais yr handlen yn siglo.

Safai o'm blaen yn ei gŵn nos a sliperi gwyn, ei gwallt affroaidd wedi'i glymu yn llac ar dop ei phen. Edrychodd arnaf a'i phen ar un ochr â gwedd ddryslyd.

'Malachy?' gofynnodd.

Fe ddaeth golwg rhyfedd drosti, ei llygaid yn ddifywyd fel bod switsh wedi cael ei ddiffodd yn ei phen. Disgynnodd yn ôl oddi wrthyf fel coeden yn cwympo. Wnes i ymestyn fy nwylo i geisio ei dal, ond yn ofer. Wnaeth hi ddim baglu, jest syrthio. Disgynnodd Anne fel petai rhywun wedi ei gwthio a tharodd y llawr caled oer fel petai wedi plymio i bwll o rew. Adleisiodd ei chwymp trwy'r gegin.

Glaniodd ar ei hochr gyda chlep cyn rholio'n ôl ar ei chefn yn llipa, yn ddisymud. Roedd fy nghalon yn fy stumog pan wnes i benlinio wrth ei hymyl a chwilio'i hwyneb am arwyddion bywyd. Mi oedd ei llygaid ar agor ond wedi eu gyrru i dop ei phen. Amsugnai ei gwefusau am aer yn araf fel pysgodyn allan o ddŵr mewn cyflwr o led-ymwybyddiaeth. Roeddwn o dan yr argraff ei bod yng nghanol hypo ac mi wnes ei throi hi oddi ar ei chefn i'r safle adfer rhag iddi dagu. Ymestynnais am fy ffôn – dim batri oherwydd fy mod i wedi'i defnyddio i blastio yffach cerddoriaeth! Iesu Grist!

Mewn ymgais i'w deffro o'i chyflwr, gwaeddais, 'Anne! BE WYT TI ANGEN I FI WNEUD? Anne. Anne. ANNE! Plîs. C'mon.'

Eiliadau hir diymateb. Symudais hi'n ôl ar ei chefn a chodais ei thraed fyny ar y stepan, achos dyna be wnaeth nyrs pan wnes i lewygu un tro.

'Huh, huh, huh,' anadlodd.

Rhedais o gwmpas yn wyllt yn chwilio am ben inswlin yn y cypyrddau a'r oergell – heb ddarganfod un. Estynnais wydriad o lemonêd iddi a'i gynnig, yn ddiod befriog felys gan geisio ei chael i lymeitian ambell ddiferyn. Daeth ati ei hun fymryn, a chynigiais iddi yfed mwy. Darganfuwyd y pen inswlin.

'BE DWI ANGEN GWNEUD?' meddwn gan ddangos y pen inswlin iddi.

'*I can't*,' meddai'n ddiegni.

'PLÎS, ANNE, DEUD WRTHA I BE I NEUD?' meddwn, yn pledio gyda hi.

Yfodd fwy o'r lemonêd a dod ati ei hun ychydig bach mwy.

'Dim hypo.'

'TI'N SIŴR?'

'Ddim yn hypo,' meddai'n flinedig, yn griddfan mewn poen.

Roedd y ddiod wedi gwneud y tric. Fe'i llusgais a'i rhoi i orwedd ar y soffa a chodais ei thraed i fyny ar glustog. Yn yr hanner awr nesaf, dychwelodd y gwaed i'w hwyneb. Wnes i baned iddi ac awr yn ddiweddarach roedd hi'n edrych yn weddol os nad yn normal. Efallai mai jest llewyg drwg oedd e?

'Oes gen ti gur pen? Well i ni fynd i'r ysbyty?'

'Nac oes wir, gen i glais ar fy nghefn ond fydda i'n iawn. Hyn yn rhywbeth newydd sydd wedi dechrau yn ddiweddar. Fedra i jest bod yn cerdded lawr y stryd a bang – yn methu cofio be ddigwyddodd. Dwi wedi colli fy iechyd,' meddai'n sobor.

'Wnest di daro dy ben ar y llawr – ni angen mynd i'r ysbyty.'

'Paid poeni amdana i. Af i os dwi'n teimlo'n chwil. *Tough as old boots.*'

'Wnaeth y newyddion am fuddugoliaeth y Ceidwadwyr bron â dy ladd di!' dywedais, yn ceisio ysgafnhau'r digwyddiad.

'*What are you like*?' chwarddodd.

Yn gorwedd ar y soffa wedyn, ni allwn ganolbwyntio ar y newyddion. Pob tro roeddem yng nghwmni ein gilydd, roeddem yn gwledda a llawenhau ond roedd y digwyddiad yna wedi fy nychryn.

* * *

Gorweddodd fy modryb yn ddisymud am ddwy awr a wnes i dendio arni a dod â diodydd a bwyd iddi wrth wylio newyddion yr Etholiad Cyffredinol ar y BBC.

Gwrandawom ar araith arweinydd y Democratiaid Rhyddfrydol, Jo Swinson, a gollodd ei sedd i'r SNP.

'Mae honna'n araith fuddugoliaethus! Nid araith dynes sy' wedi colli. Be sy'n bod arni hi? Ti 'di colli!' dwrdiodd Anne.

Gwisgom yn araf ac ar ddiwedd y prynhawn aethom ni am Nando's yng Nghanolfan Siopa Westfields. Cawsom Starbucks a gwylio'r bobl o gefndiroedd, hiliau a chrefyddau gwahanol yn mynd a dod, fel y gwnaem pan oeddwn yn blentyn. Dwi'n amau bod yno fewnfudwyr y genhedlaeth gyntaf, yr ail a'r drydedd yn ogystal â ffoaduriaid ag wynebau garw a chyrff main. Gwyliom fechgyn ifanc brown yn rhythu'n chwantus ar oriorau moethus mewn ffenestr siop – ar wrthrychau sy'n gyfwerth â thair blynedd o'r isafswm cyflog blynyddol. Meddyliais am Grandma a Tad-cu pan lanion nhw yn Llundain ym mhumdegau hwyr y ganrif ddiwethaf, tybed beth ro'n nhw'n meddwl o famddinas yr hen ymerodraeth? Roedd ymwelwyr Westfields, fel finnau, wedi eu taflu at ei gilydd, o bob cil a chilfach o'r byd, wedi eu tynnu yma ac acw gan rymoedd mawr gwareiddiad a'u golchi i'r brifddinas fel darnau o froc môr. Doeddwn i ddim yn edrych allan o le fan hyn.

Cyn mynd adref, aethom am beint mewn bar ffasiynol yn Shepherd's Bush. Er ein bod yng nghanol Llundain, doedd neb yn y bar yn ddu heblaw amdanon ni a'r porthor. Siaradodd bechgyn trahaus yn amharchus â'r porthor. Es i tu allan am sigarét, roedd 'na ddyn digartref du yn smygu yng nghornel yr ardd, yn cuddio o'r glaw. Wnaethom ni ddal llygaid ein gilydd. Be ro'n i'n dda 'ma?

Yn ôl yn y dafarn brysur dywedodd Anne wrthyf, 'Serch pob dim, serch fy mod i'n Lundeinwraig, dwi'm yn teimlo 'mod i'n perthyn, ddim rili. Fel fy mod i o rywle arall a bod y diwylliant hwn,' meddai, wrth bwyntio at fy mheint o lager, 'yn ddiwylliant estron.'

'Mae'n anodd rhoi bys arno yn tydi? Mae hi fel petaen ni ddim yn byw'n unol â'n hanian.' Roedd hwn yn deimlad roeddwn i hefyd wedi'i brofi.

'Doedd ein hynafiaid ni ddim yn byw fel hyn,' meddai gan godi ei gwydriad o win. Roedd ei het fawr borffor yn cysgodi ei llygaid.

'Fel rhyw gof geneteg.'

'Dy gerddoriaeth di neithiwr; sut wyt ti'n gwybod am y Stylistics? Grŵp o'r saithdegau.' Edrychodd arnaf gyda golwg anghrediniol. 'Rhywsut wnest ti ddarganfod eu cerddoriaeth a'i mwynhau, ac mae'n digwydd bod yn un o fy hoff fandiau inne. Rhaid bod 'na rywbeth teuluol yn does, rhyw linyn sy'n rhedeg trwom, sy'n ein denu at bethau tebyg?'

'Anian ynte? Rydym yn etifeddu cryn dipyn o bwy ydan ni.' Symudais fy sedd i adael i ferch fy mhasio i fynd i'r tŷ bach.

'Mae gennym yr un ysbryd,' datganodd yn bendant wrth lymeitian ei gwin.

Dangosai llygaid mawr duon trist Anne yr hyn oedd yn fy llygaid innau, roedd y felan wedi lledu drosom. Nid oedd pob dim yn ei le. Roedd ei hiechyd yn broblem.

Synfyfyriais ar flas y lager ac fe wnaeth y syniad fy nharo: tybed a ydy diabetes yn gysylltiedig â gorthrymder ein hynafiaid? Mae wedi rhwystro bywyd Anne a thorri bywydau perthnasau yn Barbados yn fyr ar raddfa nad wyf yn ymwybodol ohoni tu allan i'r gymuned Garibî. Cedwais fy syniad anghysurus i'm hunan; doeddwn i ddim am drafod ei hanableddau. Ro'n i jest eisiau ymwneud â hi fel Anne, nid fel claf fel y gwnâi pobl eraill. Eisiau iddi wybod fy mod yn ei gweld hi.

Soniais wrth adael y dafarn fy mod i'n mynd ar daith i Iwerddon yr wythnos ddilynol i ymweld â'i hewythr am fod Malachy wedi treulio cyfnod yn yr ysbyty. Roedd hi'n bles. Cydiodd yn dynn yn fy mraich a gadawodd i mi lywio ein ffordd adref yn ddistaw o dan olau'r stryd. Dois i Lundain yn poeni am iechyd Malachy, ond efallai mai am Anne y dylwn fod yn poeni. Rhannom ei hymbarél wrth gysgodi o'r glaw, ac aethom i'r tŷ.

Yncl Malachy, Muineachán, Mai 2023

MUINEACHÁN

Cymerodd oddeutu hanner awr i ni yrru i'r porthladd ond roeddem wedi parcio cyn i ni sylweddoli fod amser yn brin. Roeddem mewn cymaint o frys i ddod o'r car ac i'r dderbynfa fel yr anghofiodd Gwilym ei sat-naf ac anrheg ar gyfer ein hen ewythr. Rhedom i'r dderbynfa, fi ar y blaen, Gwilym yn rhuthro'n bell tu ôl. Daethom i'r ddesg ac ymuno â'r rhes hir oedd yn aros i gael mynediad. Rhuthro i ddim byd felly. Cynigiais ein tocynnau i'r gweithiwr oedd â sbectol a gwallt hir.

'There you go, Mr Edwards, now have a great time, fellas,' meddai e mewn acen Wyddelig.

Gwnaeth y croeso cynnes i mi deimlo'n gyffrous am y daith. Aethom drwy res o swyddogion diogelwch a ges i fy atal. Sylweddolai'r swyddogion fod gennyf rywbeth od yn fy mhoced a gofynnwyd i mi arllwys fy mhocedi.

'Hadau adar, sori,' dywedais yn ceisio peidio ymddangos yn ddrwgdybus.

'Ti'n hoffi'r adar, wyt?' chwarddodd y swyddog, gan alw'r swyddogion eraill draw i 'ngweld i'n arllwys yr hadau ar hambwrdd.

'Y robins yn bennaf,' ymatebais yn chwareus.

* * *

Ymgartrefom ar wythfed llawr y cwch. Cymerom fwrdd ac es i at y bar i archebu rownd gyntaf y noson. Cyn i'r cwch adael yr harbwr, roedd rhes eisoes wedi ffurfio wedi i'r peiriant 7UP dorri. Llifai'r lemonêd heb ball a defnyddiai'r ferch bowlenni a chwpanau i ddal yr hylif a'i arllwys lawr y sinc. Gwastraff llwyr.

Clywn Wyddelod yn y rhes yn manteisio ar yr oedi i gyfarch ei gilydd a holi cwestiynau ynghylch o ble'r oeddent yn hanu a darganfod pobl oedd yn gyffredin iddyn nhw. Roedd fy mhapurau gennyf. Roeddwn yn Wyddel.

Ar ôl oddeutu deng munud o hyn, cerddodd rheolwr canol oed trwy'r drws, rhoi tap i'r sbardun metel a'i ddiffodd ar unwaith – a symudodd ymlaen heb yngan gair.

Eisteddais gyda Gwilym a chynnig ei beint iddo.

'Ble ti 'di bod, fuest ti am oesoedd?' meddai'n ddiamynedd wrth lymeitian ei Heineken yn awchus.

'Trafferth gyda'r 7UP, ond dim bwys am hynna. Iechyd da,' dywedais wrth gynnig fy mheint ar gyfer llwncdestun. Clinc.

'Dwi wedi bod yn sâl yn ddiweddar,' meddai Gwilym yn swil.

'Wel, mae amser yn brin a dwi'm eisiau Moaning Murtle ar y daith 'ma,' atebais, yn credu ei fod e wedi sylwi ar fy nghyffro ac yn ceisio fy rhybuddio rhag codi fy nisgwyliadau am y trip yn rhy uchel.

'Dwi jest yn deud,' atebodd yn syn.

Saib.

Cymerais sipiad o'm Guinness.

'*Ok*, trip teulu ydy e, so ni ddim ar *booze up*. Ond dyw hynna ddim yn golygu ni'm yn gallu cael peint neu ddou heno 'ma. Rydan ni yn Nulyn!' meddwn yn gyffrous yn ceisio cael ymateb.

'Ie, cawn ni un neu ddau, ond dim clybs na dim byd – dwi'm 'di bod yn rhy dda yn ddiweddar,' meddai heb ei argyhoeddi.

Edrychais yn ddrwgdybus dros y bwrdd ar fy mrawd ifanc trwsiadus. Dannedd mawr gwyn, croen brown clir, ysgwyddau llydan a chorff cyhyrog yn dangos trwy ei grys du, tyn. Roedd gwyn ei lygaid duon yn glir a'i wallt cyrliog wedi'i siapio gan y barbwr i affro. Roedd ei sylwadau ynghylch ei salwch honedig wedi fy nigio; doedd dim byd yn bod na allai peint o lager neu agwedd bositif ei guro.

'Iach? Ti 'di'r un sy'n chwarae gêm o rygbi bob penwythnos. Dwi'n siŵr fedri di oddef un neu ddwy noson hwyr. Dwi'm yn mynd i glybio – dwi'n gorfod gyrru eich mawrhydi o gwmpas yfory.'

'Ti'n deud hyn bob tro ond wedyn ni mas tan bedwar o'r gloch y bore yn clybio rhywle,' dywedodd gan bwyntio ei fys ataf.

'Dim clybio i fi, mêt. Gen i fabi. Dwi angen cwsg fwy na ti,' atebais yn methu cofio'r tro diwethaf i fi fynychu clwb. Hong Kong efallai?

'Ti'n gwneud hyn bob tro,' chwarddodd gan siglo yn ei gadair wrth chwerthin.

Roeddem ni'n ôl yn y bar cyn i Gaergybi fynd o'r golwg.

Es i allan ar y dec ac arogli heli Môr Iwerddon yn y gwynt a theimlo momentwm y cwch trwy fy nhraed. Meddyliais sut mae ein symudiadau wedi'u cyfyngu ar siwrne car neu awyren ond ar siwrne llong neu gwch, gallwn symud o gwmpas yn rhydd a chymdeithasu. Dwi'n teimlo cyffro mawr wrth deithio. Mae wastad yn braf cael gweld tirwedd newydd, clywed iaith neu acen wahanol os dim ond i d'atgoffa bod mwy i'r byd na'r hyn sy'n digwydd yn rhwydwaith dy gynefin bach di. Does dim hwyl fel hwylio.

'Mae'n siom nad oes gennym fwy o amser i'w dreulio yn Nulyn,' synfyfyriais wedi i mi ddod 'nôl at y bwrdd.

'Ydy, nid yr amser gorau i'r trip yma rili,' meddai Gwilym, wrth orffen ei beint o lager.

'Ond os ry'n ni'n aros am yr amser perffaith, byddem yn aros am byth. Dwi'n falch ein bod ni wedi llwyddo i drefnu hyn,' dywedais, wrth glincio ein gwydrau eto.

Hoffai Gwilym fod wedi cysgu ond roeddwn mewn hwyl siarad. Cyrhaeddom borthladd Dulyn am hanner nos. Aethom ar y bws ac ymlaen i'r allanfa. Cymerodd y swyddog fy nhrwydded yrru, edrych arni ac wedyn lan arnaf i yn ddrwgdybus. '*Nationality*?'

Er bod manylion dinasyddiaeth yn glir ar fy nhrwydded, '*Welsh*,' atebais yn bendant.

Edrychodd arnaf eto gyda'i lygaid gwyrdd amheus, a dychwelodd fy nhrwydded i mi'n araf ac anfodlon.

Roedd dryswch tu fas ynghylch cael gafael ar dacsi. Roedd teithwyr trefnus wedi archebu eu tacsis ymlaen llaw ac aeth dros ugain munud heibio hyd nes i Gwilym gael gafael ar un i ni. Roedd ein gyrrwr tacsi yn siriol ac roeddwn yn falch o hynna oherwydd roeddem wedi dod i Iwerddon heb ewros a bu'n rhaid iddo stopio deirgwaith nes i ni ddarganfod ATM gydag arian parod. Rhoddais gildwrn iddo am ei drafferth.

Roedd ein gwesty rownd y gornel o Duga na Canálach Móire. Aethom heibio rhes ar ôl rhes o balasau gwydrog modern yn y tacsi, nifer ohonynt yn gorfforaethau rhyngwladol. Cyrhaeddom brif fynedfa'r gwesty, a daeth derbynnydd i ddatgloi'r drws. Erbyn i ni ollwng ein pethau yn yr ystafell a mynd yn ôl i'r stryd roedd hi toc heibio un o'r gloch y bore. Anelais am ardal Temple Bar. Ar ôl cerdded am lai na deng munud daethom o hyd i dafarn brysur, y gyntaf i ni ei darganfod ar y gamlas. Archebais ddau beint o Guinness a chymerom sedd ar ystôl gyda chasgen dderw yn fwrdd. Roedd y bar yn brysur ac roedd y nenfwd cyfan wedi'i orchuddio ag addurniadau Nadolig. Roeddwn yn fodlon gyda'n dewis ond cyn i ni allu archebu ail beint, canodd y gloch a bu'n rhaid i ni symud ymlaen. Jest un peint arall, meddyliais. Cerddom ar hyd y gamlas yn chwilio am dafarn arall. Dywedai'r mwyafrif eu bod wedi cau, ond daethom i un dioty lle'r oedd diod i'w gael. Ges i fy ail beint yno ond nid oeddwn hanner ffordd drwyddo pan ddaeth porthor a'n brysio ni ymlaen eto. Ro'n i 'di blino'n lân ac yn barod am fy ngwely pan fynnodd Gwilym stopio am fwyd yn Subway. Roedd yn ddiwedd y noson, ac roedd y *Sandwich Artist* yn crafu'r cig a'r salad o waelod y potiau plastig. Serch fy amheuon, ges i'r BLT, a Gwilym frechdan tikka cyw iâr – doedd dim digon o fara ar ôl ar gyfer *footlong*. Llyncais fy mrechdan mewn chwinciad – doedd 'na fawr ohoni i ystyried cyn lleied o lysiau oedd gennyf i ddewis ohonynt. Yn ein tro, byddem yn dod i ddifaru ein hymweliad hwyr â Subway. Roedd yn dri o'r gloch y bore pan aethom yn ôl i'r gwesty; yr un derbynnydd eto a agorodd y drws a'i gloi ar ein holau.

* * *

Fy mwriad oedd cysgu'n hwyr a chyflawni rhan olaf y daith i Muineachán mewn iechyd da a hwyl hamddenol, ond ni chefais y pleser o gwsg oherwydd erbyn chwech o'r gloch y bore, roedd Gwilym yn fy nghadw fi'n effro yn mynd 'nôl a 'mlaen i'r tŷ bach.

Daeth e lawr am frecwast gyda fi am hanner awr wedi naw ond ar ôl llyncu un llwyaid o iogwrt aeth e'n ôl i'w ystafell i chwydu. Ro'n ni fod i nôl y car am ddeg o'r gloch ond roedd Gwil yn dal yn sâl. Ar y dechrau, roeddwn yn obeithiol, yn meddwl peth da ei fod e'n ei gael e allan yn y bore ac y byddai'n well erbyn y prynhawn.

Ond roedd gan y tŷ bach ddisgyrchiant ac ni chafodd orffwys. Serch ei chwydu rheolaidd, wnes i ei ddarbwyllo fe i fwrw ymlaen gyda fi i Muineachán. O ddyletswydd, roedd rhaid i ni ymweld â Malachy. Yr her gyntaf oedd y daith tacsi ugain munud at y cwmni llogi ceir. Roedd ei lygaid ar gau, ei wedd yn salw a gorweddai'n llipa yn ei sedd. Nid dyma'r amser i gael gwenwyn bwyd, sut oedd e'n mynd i oroesi gweddill y diwrnod? Roedd gennym ddwy awr o yrru eto!

Roedd yn fore llwydaidd ac oer. Safai Gwilym tu allan i Avis gyda'i ddwylo ar ei liniau a'i ben yn hongian i lawr fel pêl-droediwr oedd newydd golli'r ffeinal – yn orchfygedig. Es at y ddesg a llogi Seat du. Roedd ei salwch wedi fy ngwneud fi'n nerfus am yrru. Heb y sat-naf, byddai'n rhaid dibynnu ar sgrin ffôn bach wrth fy ymyl. Ro'n i'n flin gyda fe am adael y sat-naf ar ôl, ac am fod yn sâl a fy nghadw fi'n effro a tharfu ar fy nghynlluniau. Wnes i yrru trwy strydoedd Dulyn ac ymlaen i'r brif draffordd tra oedd Gwilym yn gorwedd yn ei sedd, yn cysgu. Diffoddodd y radio rhag iddo gael cur pen. Dim *Irish jigs*, dim RTÉ yn yr Wyddeleg, dim hyd yn oed sgwrs! Gyrrais y ddwy awr i Muineachán gyda dim ond sŵn yr injan, y ffyrdd a fy llais mewnol blin fy hunan i'm diddanu.

Nid dyma'r daith ro'n i'n ei disgwyl. Roedd gennym un diwrnod llawn yn Iwerddon, un! Ro'n i wedi dychmygu'r ddau frawd ar y daith mewn car; yn chwarae'r gerddoriaeth yn uchel, yn clebran, yn canu, yn stopio am fwyd a diodydd, yn cymryd e i gyd mewn. Yn mwynhau. Nid oedd yn bosib cymhathu'r sgript efo'r realiti o frawd gwan oedd yn sâl. Nid felly y bu. Pan ddaeth yn amlwg nad oedd e'n mynd i wella mewn pryd mi wnes i ildio i'r sefyllfa newydd a cheisio gwneud y gorau ohoni. Derbyn mai fel yma fyddai pethau.

Wnes i gadw fy siom i'm hunan ond roedd Gwilym yn gwybod; roedd e wedi siomi hefyd, nid dyma roedd e eisiau chwaith. Es i'r siop yn y gwasanaethau a phrynais amryw ddiodydd, brechdanau ac Anadin yn ogystal â chryno-ddisg o ganeuon gwerin Gwyddelig. Dim ond wedi i mi fynd 'nôl i'r car y sylweddolais nad oedd chwaraewr crynoddisgiau ynddo. Doedd dim byd yn mynd yn iawn. Roedd yn smonach llwyr.

'Wnest ti gael Lucozade i fi?' gofynnodd Gwilym.

'Naddo.'

'Beth?! Ro'n i 'di gofyn am Lucozade!' taranodd.

'Wel, mae'r siopau reit o dy flaen di os ti isio cael peth,' dywedais yn flin.

'Fydd rhaid i'r rhain wneud y tro,' atebodd wrth astudio'r botel Innocent yn amheus.

Cymerodd sipiad bach o'r hylif gwyrdd tywyll, ei wyneb yn dynodi na fyddai'n ei hoffi cyn ei drio. 'Ych, mae hwnna'n afiach.'

'Wel, mae'n gwneud y tro i mi.'

Saib pum munud.

'Wnes i ddweud Lucozade,' dywedodd yn bwyllog wrth i ni anelu'n ôl am y brif draffordd.

Saib pum munud arall ac yna ychwanegodd yn dawel, 'Dwi'n gwerthfawrogi ti,' gan droi ei gorff i'r ochr er mwyn mynd yn ôl i gysgu.

'Diolch.'

* * *

Unwaith i mi addasu fy nisgwyliadau, a rhoi heibio fy mreuddwydion am chwarae'r Dubliners yn y car, gallwn gydymdeimlo â chyflwr fy mrawd a bod yn bresennol yn Iwerddon.

Wrth fod yn ôl yn Iwerddon, teimlwn yn falch imi wneud cais am ddinasyddiaeth Wyddelig. Roedd sicrhau dinasyddiaeth – cadarnhad ffurfiol – wedi rhoi awydd newydd i mi ailgydio yn fy mherthnasau yn Iwerddon ac atgyfnerthu fy nghysylltiadau ac archwilio fy nhreftadaeth

Wyddelig. A minnau'n Wyddel, dwi'n teimlo bod dyletswydd arnaf i ddod i nabod y wlad yn well. Ond yn ogystal ag ystyriaethau teulu a pherthyn, mae Éire hefyd yn esiampl ddifyr ac unigryw o wlad annibynnol Geltaidd sydd â gwersi i'w dysgu i Gymru. Mae'r Weriniaeth yn agosáu at fod yn gant oed, canrif o arbrofi gyda rhyddid a llywodraethu annibyniaeth (y chwe sir ar hugain). Mae Iwerddon yn wladwriaeth lwyddiannus sydd wedi ffynnu fel aelod llawn o'r Undeb Ewropeaidd o fewn ardal yr ewro. Mae Éire yn cynrychioli dyfodol amgen i'w chwaer Geltaidd, Cymru, drwy brocio, cwestiynu a holi'r chwaer: pe gallet adael, be allet ti fod?

Sylwais ar yr arwyddion dwyieithog wrth i mi fynd. Defnyddir sgript wahanol ar gyfer yr Wyddeleg i'w gwahaniaethu oddi wrth y Saesneg. Roedd arddull wahanol yr iaith frodorol yn rhoi'r argraff fod yr iaith yn hynafol, yn werthfawr a bod ganddi statws uchel yn y wlad. Darllenais lyfr ar hanes yr iaith Wyddeleg gan Aidan Doyle cyn fy nhaith, ac yno sylwodd ar fudd swyddogaeth 'symbolaidd' yr Wyddeleg ar arwyddion cyhoeddus a sut maent yn symbol o arwyddocâd yr iaith fel rhan o'r dreftadaeth ddiwylliannol Wyddelig. Mae'r llyfr yn trafod ac yn gwerthuso effaith ymdrechion sylweddol adfywiad yr Wyddeleg (1870–1922) ar yr iaith ac er yn cydnabod llwyddiant mewn sawl maes, fel sicrhau gwersi Gwyddeleg ar y cwricwlwm addysg, casglu a chofnodi deunyddiau yn ymwneud â diwylliant Gwyddeleg a chreu cymuned frwdfrydig o siaradwyr ail-iaith ac ati, ni chyrhaeddodd yr adfywiad ei nod o sicrhau fod Gwyddeleg yn iaith fwyafrifol eto. Wrth ddarllen am hanes yr Wyddeleg, meddyliais am gyflwr y Gymraeg ac fe ddaeth fel syndod i ddod ar draws barn yr awdur am effaith sicrhau annibyniaeth yn yr ugeiniau ar ymdrechion yr achos:

> 'Paradoxically, the achievement of independence had taken much of the momentum out of the revival of Irish. As mentioned earlier, for many the language movement had been merely one of the ways in which they could work for independence. Now that independence had been achieved, there was not the same impetus to keep supporting Irish.'

Does dim byd yn anochel ond mae'n ymddangos fod adfywio iaith yn galetach nag ennill rhyddid cenedl.

* * *

Wrth i mi yrru ar hyd y briffordd lydan aml-lôn fodern, breuddwydiais. Yn ystyried sut y gallwn, dan amodau gwahanol, fod wedi cael fy magu yn Iwerddon (pe bai Grandma wedi dychwelyd fel y bwriadai a Mam wedi ei dilyn). Byddwn i wedi mynychu *gaelscoil*, a byddai hynny wedi bod mor wahanol; a fuaswn i mor wahanol?

Pan oeddem ryw hanner awr o'n cyrchfan, cydiodd Gwilym yn y bag siopa, gwagiodd ei gynhwysion yn ffyrnig ar y llawr a'i ddal wrth ei wyneb.

'STOP!' bloeddiodd tra o'n i'n gyrru o gwmpas cylchdro.

Chwydodd Gwilym i mewn i'r bag papur siopa ac agorodd y drws tra oedd y car yn dal i symud a chwydu wrth i ni fynd yn ein blaenau nes i mi allu canfod lle i dynnu i mewn i'r ysgwydd galed oedd wedi'i marcio â llinellau melyn.

'Dwedais wrthat ti i stopio! Ffyc sêc, STOP!! Stop! Wnes i ddweud, do?' rhegodd.

'Iesu Grist, dwi methu credu hyn, 'de,' dywedais gyda fy nhalcen yng nghledr fy llaw.

Camodd o'r car a cherddodd ar hyd y gwair i ddal ei anadl. Doedd e ddim wedi bwyta trwy'r dydd ac roedd yn dal i chwydu. Cyfog gwag. Roedd ei gorff yn ceisio bwrw cythreuliaid allan. Diawl! Arhosais am chwarter awr cyn i ni ailgychwyn.

Syrthiodd yn ôl i'w sedd a chaeodd y drws. Gyda'i lygaid ar gau, mwmialodd,

'Pan dwi'n cyrraedd y tŷ, dwi jest am fynd yn syth i gysgu. Deud wrthyn nhw ymlaen llaw, *ok*,' meddai'n benderfynol.

Cymerom y troad i Caisleán an tSiáin a chanfod ffermdy ein hen ewythr. Baswn i'n dweud fy mod i'n falch o gyrraedd, ond roedd y siwrne wedi tynnu'r gwynt ohonof innau hefyd – fel pe bawn i wedi pasio trwy *inferno* Dante ac yn styc yn *purgatorio* heb olwg o *paradiso*. Nid dyna sut oedd hi i fod. Cnociais ar y drws deirgwaith – doedd neb yno. Tecstiais Seamus a ges i neges yn ôl yn dweud eu bod nhw ar eu ffordd.

'Deud wrthyn nhw 'mod i'n sâl,' mynnodd Gwilym.

'Be, nawr? Fedrwn ni esbonio pan maen nhw'n cyrraedd.'

'Na, dweud nawr,' gorchmynnodd.

'*Ok, Ok.*'

Doedd gennyf ddim bwriad o wneud, a wnes i ddim. Ro'n i eisiau i ni wneud argraff gyntaf dda. Nid oeddem wedi eu gweld nhw ers fy mod i'n un ar hugain oed a Gwilym yn ddwy ar bymtheg, ro'n i eisiau osgoi ailgychwyn perthynas gyda phwt am salwch fy mrawd ifanc sionc. Aethom i Iwerddon er mwyn rhoi cymorth i'n hen ewythr oedd wedi dioddef cyfnod o salwch yn yr ysbyty, nid i sôn am ein hiechyd ein hunain. Na.

* * *

I aros iddynt gyrraedd, cerddais o gwmpas y safle. Roedd y tir yn igam-ogam gan fod lôn yn rhedeg drwyddo ar ongl, a olygai fod adeiladau'r hen ffermdy ar un ochr yr heol a'r tir ei hun gyferbyn. Dywedaf hen ffermdy oherwydd cafodd Malachy wared â'i wartheg godro ugain mlynedd yn ôl. Coedwig sy'n sefyll lle'r oedd y tir pori da ynghynt ac mae fy ewythr yn derbyn lwfans gan yr Undeb Ewropeaidd er mwyn cadw pethau felly. Mae ei gartref yn cynnwys dau brif adeilad; y tyddyn gwreiddiol a'r tŷ newydd (a gafodd ei adeiladu yn y 1970au) drws nesaf. Mae'r tyddyn yn dyddio o'r ddeunawfed ganrif, yn ôl fy ewythr, ac roedd yn adfail ers tro gyda waliau briwsionllyd, to tyllog, a ffenestri budr. Dyma lle cafodd Grandma a'i dau frawd a'i chwaer eu geni a'u magu. Cymerais gip i mewn ac roedd yr ystafelloedd yn llaith a phydredig, wedi eu gorlenwi â sothach. Eisteddai delwedd o'r Forwyn Fair yn dal y baban Iesu ar ben y lle tân; yn ei hunfan ers o leiaf hanner canrif. Mae natur yn ailhawlio'r deunyddiau crai ac yn gwanhau seiliau'r tyddyn gan fod Malachy jest wedi ei adael fel yr oedd.

Yr hyn sy'n nodweddiadol am y tŷ newydd drws nesaf yw absenoldeb y pethau bychain; y pethau mae pobl yn eu gwneud i ymgartrefu yn eu cynefin a dynodi eu perchnogaeth: blodau yn yr ardd, plac rhif neu enw ar flaen y tŷ, mat croeso wrth y drws. Absenoldeb y manylion. Mae'r adeilad yn gwbl ddiaddurn a chaled fel clogfaen yn yr anialwch. Cafodd fy ewythr ei eni yn ystafell wely uchaf y tyddyn yn 1935 ac mae'n peri syndod imi ei fod wedi byw a bod ar y safle hwn erioed ac ar ei ben ei hunan ers i'w fam farw yn 1979. Teimlaf yn annifyr wrth feddwl bod gŵr dros ei bedwar ugain yn byw gyda chynhaliaeth Duw ond ag unigedd dynol. Es i allan. Gorweddai'r beudy brics yn segur hefyd, heb frefu'r gwartheg a glywid gynt. Mae'r gorffennol yn drwm yma; y safle yn llwythog o atgofion.

Es yn ôl i'r car. Cysgai Gwilym wrth fy ymyl. Rhoddais y gwres ymlaen a bwytais fy mrechdan BLT mewn heddwch. Yn hwyrach ymlaen, daeth Mercedes i'r man parcio. Ymddangosodd gyrrwr y car, Seamus, yn gyntaf, dyn sy'n berthynas ac yn ffrind i'm hewythr, a chamais allan i gwrdd ag e. Roedd yn dal gyda chorff llydan a nerthol fel canolwr undeb rygbi. Gwisgai het ffarmwr a sbectol sgwâr ac roedd gwên ddireidus ar ei wyneb. Ymestynnodd ei law a ges i siglad awchus a chadarn. Tarw Gwyddelig dros saith deg oed, ond gallai fod wedi fy nhaflu i'r llawr yn ddidrafferth.

'*How are ya? We thought we'd lost ya!*' chwarddodd yn galonnog.

'*We had a few more stops than expected,*' dywedais, yn ceisio fy mharatoi fy hun i sôn wrthynt am salwch fy mrawd.

'*We went to meet youse in Monaghan town,*' meddai, wrth edrych i lawr arnaf yn ddrwgdybus dros ei sbectol.

'*My bad, I thought we'd come straight to the house,*' ymatebais yn amddiffynnol heb wybod fod cynllun i gwrdd yn y dref.

'*There we are – you're here now!*' meddai, yn fy mrolio a rhoi tap i 'nghefn.

Tra oedd Seamus bron yn union fel ro'n i'n ei gofio, yn llon a direidus, edrychai Malachy yn oer a gwelw. Daeth y dyn byr o'r car yn sigledig. Roedd yn denau, ei gefn wedi dechrau crymu a gwedd lwydaidd. Roedd wedi heneiddio cryn dipyn ers y tro diwethaf, ond yn bell o fod yn glaf. Ymwthiai ei ddwylo fel rhawiau o'i got drwchus, dwylo wedi caledu drwy oes o odro â llaw. Nid oedd y blynyddoedd o waith caled corfforol ar y fferm yn ofer.

Yn wyth deg a phedair o flynyddoedd oed, gwthiodd ei grys yn dynn i'w drowsus a chlymu ei felt yn uchel dros ei ganol fel petai am ddangos bant ei fol gwastad. Salwch diweddar ai peidio, dyn gwledig, heini ac arbennig o wydn oedd e. Ysgydwais ei law, a gwenodd arnaf. Cyfarchais wraig Seamus, Magi, a wisgai got hir wen drwsiadus ac oedd i'w gweld yn ddynes urddasol a chyfeillgar.

'*See, Malachy, these are just as much family as those ol' Americans – I tell him to stay in touch,*' meddai Seamus, yn fuddugoliaethus ein bod wedi dod.

'*Isn't that nice, Malachy, your nephews coming to see ya for Christmas – ain't you lucky now?*' ychwanegodd Magi.

A'r cyfarchion drosodd, ni wastraffodd fy mrawd amser cyn datgelu ei gyflwr.

'*We're late because I've been very ill,*' meddai Gwilym yn ddifrifol ac yn uniongyrchol.

'*Very ill?*' meddai Seamus yn ddrwgdybus wrth astudio'r mewnwr heini yn ofalus.

'*Yes very ill, I have not been well at all – so I may have to go at some point to lie down.*'

'*Well, we better go and get you in, William, and get that old heating on, Malachy,*' atebodd Seamus gan arwain y trŵps i mewn i'r tŷ.

Aethom rownd y cefn oherwydd bod Malachy yn defnyddio'r drws cefn fel ei brif fynedfa. Swydd gyntaf y dydd oedd troi'r gwres ymlaen.

'*Malachy likes to sit in the cold, we tell him to turn on the heating but he doesn't use it.*'

'*I do just fine,*' ychwanegodd Malachy.

'*These poor boys will freeze to death in here, Malachy,*' cwynodd Magi.

'*We'll be fine,*' chwarddais.

Sylweddolodd Magi nad oedd gan Malachy fagiau te yn y tŷ na llefrith.

'*Malachy goes into town everyday for lunch, lads, so he doesn't really keep much in the house if that's ok?*' meddai Seamus yn chwithig.

'*Don't worry about us,*' atebais.

Edrychodd fy mrawd arnaf yn syn.

'*We'll go into Monaghan town in a bit – you'll get your tea then, William,*' meddai Seamus.

Nid oedd cypyrddau gwag Malachy wedi fy synnu. Roedd ef yn asgetig difrifol, yn byw yn gyffredinol Sbartaidd – ac wedi bod felly erioed. Dywed ei fod yn byw fel 'mynach' ond, wrth gwrs, lle bo gan fynachod gwmni mynachod eraill, roedd Malachy yn byw ar ei ben ei hunan.

'*We're still waiting for Mal's wife to come and sort this place out,*' chwarddodd Seamus yn ddireidus.

'*Oh, stop it, Seamus,*' meddai Magi, gan roi tap chwareus ar gefn ei gŵr.

Gwenodd Malachy. Roeddwn yn falch fod gan Malachy ffrindiau da fel Seamus a Magi, pobl leol y gallai alw arnynt.

* * *

Eisteddom yn y stafell wrth y drws cefn rhwng y gegin a'r coridor; roedd yr un fath yn union â phan arhosais yno bymtheng mlynedd ynghynt. Llun mawr o Iesu yn arddangos yr archollion ar ei ddwylo a chalon fawr goch yng nghanol ei fron. Lluniau bach o'r Fair Wyryf o gwmpas yr ystafell, pamffledi crefyddol a photel fawr, wag o ddŵr sanctaidd, wedi ei llenwi â gleiniau llaswyr. Calendr yn dangos Rhagfyr 2019 ac 'addfwynder' wedi ei nodi fel y moes i'w gadw mewn meddwl trwy gydol y mis.

Fe ddaeth Magi â chadair ychwanegol i Gwilym eistedd arni. Eisteddais inne ar bwys Seamus gyda

Malachy a Gwilym gyferbyn wrth i Magi barhau gyda'r gwaith o dacluso'r gegin. Ar y wal yn arwain i'r gegin a thu ôl i Gwilym a Malachy, roedd lluniau teulu, yn bennaf o'r to hŷn, a rhieni fy ewythr, sef Peadar (1897–1976) ac Agnes (1894–1979).

'Ydych chi 'di gweld y llun 'na o'ch hen fam-gu a dad-cu o'r blaen?' gofynnodd Seamus.

'Do, mae gan Anne lun ohonyn nhw yn ei thŷ.'

Pwyntiodd at y llun, 'Roedd Peadar yn "*toight fella*" fel byddwn yn ei alw fe ffordd 'ma.'

'*Tight fella*?' cwestiynodd Gwilym.

'Ie, fatha byr a phraff. Fyddet ti ddim yn malu cachu efo Peadar, 'de. Galle fe fod yn rîl stordyn gyda ffyliaid,' meddai Seamus yn ddifrifol.

'*Shoot from the hip*,' ychwanegodd Malachy.

'Oedd e ddim yn meddwl cyn ymateb. Rhoddodd aml i glatsien ac ergyd i bobl dros y blynyddoedd,' meddai Seamus yn blaen.

'Cryf hefyd,' dywedodd Malachy.

'Ie. Cryf iawn oedd e, *toight fella*. Dyn mawr ffordd 'ma yn ei ddydd.'

Sefais i astudio'r llun ar y wal yn bwyllog; gwisgai fy hen dad-cu siwt ddu, ac edrychai'n uniongyrchol lawr y camera mewn ffordd heriol. Tynnwyd y llun ar ddydd eu priodas yn 1930. Gallai fod wedi ei dynnu yn Chicago, ei ffrind yn gorwedd yn ôl yn herfeiddiol gyda siwt drwsiadus a fflic o wallt, â golwg y gangster arno.

'Mae'n edrych yn llydan a chryf yn y llun,' sylwais.

'Roedd ei siâp e yn debyg i *young* William fan hyn.

Basan nhw'n ei alw fe yn *"toight fella"* ffordd 'ma hefyd,' meddai, yn sylwi ar debygrwydd fy mrawd i Peadar.

'*Aye*,' meddai Malachy yn gytûn wrth astudio fy mrawd.

'Tymer arno fo 'fyd,' chwarddais, wrth bwyntio at Gwilym.

''Di hynna'n wir, William?' gofynnodd Seamus gyda chonsýrn.

'Mae'n malu cachu,' atebodd Gwilym yn swil.

Ro'n i hefyd yn astudio Gwilym nawr. Edrychais ar siâp corff y dyn yn y llun – yn fyr, llydan a nerthol, ac ar Malachy a 'mrawd, ac mi roedd tebygrwydd amlwg yn eu cyrff. Efallai na ddylai hyn fod wedi bod yn syndod o ystyried ein bod yn perthyn, ond wnes i erioed sylwi ar y tebygrwydd o'r blaen. Mae gennyf siâp corff gwahanol i fy mrawd. Dwi'n dalach nag ef ac yn weddol fain – heb y lled sydd ganddo fe. Mae'r ddau ohonom yn sbrintwyr da ond nid oes gennyf gystal nerth ag e. Pan wnaethom ddechrau mynychu'r gampfa, roeddwn yn ddyn deunaw oed ond, erbyn hynny'n barod, gallai fy mrawd pedair ar ddeg oed godi llawer mwy o bwysau uwchlaw ei frest, a sgwatio ar ei gefn. A hynny yn naturiol. Erbyn hyn mae'n codi pwysau a fuasai'n fy malurio i. Mae'n hoff o bysgota, o redeg, o rygbi – mae'n ddyn awyr agored. Treuliodd ei arddegau yn Academi Rygbi Gleision Caerdydd. Buasai'n gartrefol yn gweithio efo'i ddwylo ym myd natur. O dan amgylchiadau gwahanol, buasai wedi gwneud ffarmwr da – fel Malachy a'n hen dad-cu, Peadar.

'Wyt ti'n dal yn chwarae rygbi, William?' gofynnodd Seamus.

'Ydw, i Ffynnon Taf. Ar gyrion Caerdydd.'

'Dwi'n cofio pan fûm yn gweithio yn Nulyn gyda Chymry. Roedden nhw'n frwd dros rygbi. Gêm arw iawn,' dywedodd Seamus.

'Yndi,' cytunodd Malachy

'Wyt ti'n cofio'r tro y dest di lawr, Malachy? Mi wnaethom ni wylio Gwilym yn chwarae gêm yn Ffynnon Taf?' meddwn.

'*Aye*, dwi'n cofio,' meddai Malachy.

'Beth ydy'r gêm fwyaf poblogaidd rownd fa'ma?' gofynnais.

'*Gaelic football* – hogiau i gyd yn chwarae honno. Ond y bechgyn yn cael anafiadau drwg, mi ddaeth ysgwydd John ffor'cw o'i lle wrth chwarae, erioed 'di bod yn iawn ers hynny,' meddai Seamus, gan ysgwyd ei ben.

'Ysgwydd byth 'run fath ar ôl iddi ddod o'i lle,' ychwanegodd Malachy.

Rhoddodd Magi wydriad o ddŵr i fy mrawd ac wedyn safodd o'm blaen a gwenodd arnaf, 'Rwyt ti'n edrych fel dy Grandma.'

'O, diolch,' atebais, wedi synnu braidd gan mai dyna'r tro cyntaf roedd rhywun wedi dweud hynny.

'Ers pa mor hir mae hi 'di marw nawr?'

'Naw mlynedd Rhagfyr hwn.'

'Mor hir â hynny?' Roedd Magi yn syfrdan a'i llaw dros ei cheg.

'Naw mlynedd,' adleisiodd Malachy yn rhythu allan o'r ffenestr yn feddylgar.

'Dynes annwyl oedd dy Grandma, yn addfwyn a chrefyddol iawn. Yn santes,' cadarnhaodd Magi.

Ymhyfrydwn yng ngeiriau caredig Magi.

'Rydym yn ei cholli hi'n fawr iawn,' dywedais.

'Ti'n gwybod bod dy ewythr yn ddyn sanctaidd iawn hefyd, yn gweddïo drosom ni'r pechaduriaid,' meddai Seamus yn brolio Malachy.

Saib.

Chwifiodd Magi ei dwylo tuag at Seamus. 'Tyd 'laen, dyna ddigon o'r hen siarad! Gwell i ni gael pryd i'r bechgyn druan yma.'

'*Right you are,*' meddai Seamus wrth sefyll ar ei draed.

* * *

Aethom i'r dref yng nghar Seamus; Gwilym a finnau yn y cefn gyda Malachy yn y canol. Nid oedd fy mrawd yn dymuno dod efo ni i'r dref ond am ein bod ni ym Muineachán am un diwrnod yn unig a'r cypyrddau'n wag yn y tŷ, doedd ganddo fawr o ddewis ond dioddef ac ymuno. Yn y car, wnes i achub ar y cyfle i holi fy ewythr am Kevin yng Nghanada. Yr Hydref cynt, anfonais lythyr at ein hewythr yn Nhoronto yn cyflwyno fy hunan, yn holi cwestiynau gyda'r gobaith o ddechrau gohebiaeth gyda fe ond roedd dau fis wedi mynd heibio heb ymateb.

'Ydych chi 'di clywed gan eich brawd yn ddiweddar?'

'Dim ond yr hyn dwi'n ei glywed gan Una,' ymatebodd

Malachy, gan gyfeirio at ei chwaer a oedd wedi mudo i'r Unol Daleithiau.

Ymyrrodd Seamus. 'Dyw Kevin ddim yn gwneud yn rhy dda, Malachy,' meddai'n ofidus.

'O na, beth sydd wedi digwydd?'

'Mae'r hen Alzheimer's ar Kevin – dydyn ni ddim wedi clywed ganddo fe ers sbel. Dwedodd yr Americanwyr bod ganddo fe'r clefyd.'

'Sut mae'n dod ymlaen, chi'n gwbod?'

'Dywed ei fod e'n medru cofio pob dim o'r hen ddyddie ar y ffarm a Muineachán ond dim byd arall. Dyw e ddim yn gwybod lle mae e o un funud i'r nesaf,' meddai Malachy yn bwyllog.

'Trueni mawr,' meddai Gwilym.

'Yndi. Mae'n ffodus fod ganddo fab sy'n barod i aros adref i edrych ar ei ôl e,' meddai Seamus.

Roeddwn i'n siomedig nad oeddwn wedi meddwl cysylltu â Kevin yn gynharach. Roedd gan Mam a'i hewythr berthynas agos ers talwm a threuliodd gyfnod yn byw gyda'r teulu yng Nghanada pan oedd yn ei harddegau. A hithau wedi mwynhau ei harhosiad yn y wlad a chwmni ein perthnasau yno gymaint, cynlluniodd i ymfudo. Gydag anogaeth ei hewythr, cafodd hyd i swydd fel nani a fisa i aros yn y wlad a fyddai wedi ei rhoi hi ar y trywydd i ennill dinasyddiaeth Canada. Roedd Mam yn blês iawn i dderbyn y fisa hon (yn ddibynnol ar gael swydd) wedi i'r ddynes oedd yn prosesu'r ceisiadau yn Llundain ddweud wrthi am beidio â siomi pe na byddai'n llwyddiannus gan nad yw pobl yng Nghanada yn 'keen on coloureds'.

Gan fod ei gobeithion wedi'u lleihau, roedd hi ar ben ei digon pan dderbyniodd chwe chynnig am swydd. Serch hynny, â'r papurau wedi eu trefnu, a'r tocyn awyren yn ei llaw, daeth y dydd i adael Llundain i ddechrau ar ei bywyd newydd yng Ngogledd America, ond roedd hi'n stond. Penderfynodd y byddai gadael ei mam ar ôl yn Llundain yn rhy boenus, ac yn ffodus i mi, dychwelodd i'w swydd yn llyfrgell Fulham lle cyfarfu fy nhad. Er hynny byddai Kevin yn anfon anrheg hael i Mam bob Nadolig. Sylweddolais y byddwn yn gorfod torri'r newyddion trist i Mam am ei hewythr.

Cyrhaeddom faes parcio'r gwesty, a thra oedden ni'n aros am le parcio gwag, holodd Seamus Gwilym am ei enw.

'Sut wyt ti'n deud dy enw felly? William?'

'Naci, *Gwilym*.'

'Cymraeg ydy e?'

'Ie.'

'Draw yma, basem ni'n galw chdi'n Liam, Liam Edwards.'

'Basem,' meddai Malachy.

'Gweld fod William yn Seisnig a Liam yn enw Gwyddelig. Dyna sut ry'n ni'n gwybod ar ba ochr wyt ti.'

'Pa ochr?' gofynnodd Gwilym yn ddiniwed.

'Ie, wel, os oes gan ddyn yr enw "William Edwards" ar ochr ei fan – rwyt ti'n gwbod bod e'n Prod. Os mae'n deud "Liam Edwards", mae'n foi da, fedri di neud busnes gyda fe,' chwarddodd Seamus yn ddireidus.

'O, reit,' meddai Gwilym wedi drysu.

Wrth sylweddoli nad oedd fy mrawd yn deall y cyd-destun, sibrydodd Seamus yn sobor, 'Ti'n gwbod, yn ystod y *troubles and all that*.'

'O, iawn,' meddai Gwilym yn ansicr gan sbio draw arnaf fi am esboniad.

'Byddi di'n iawn efo enw fel Malachy. Tybio does 'na ddim llawer o bobl gyda'r enw yna yng Nghymru?' holodd Seamus.

'Nag oes. Fi ydy'r unig Malachy dwi'n nabod. Mae pobl yn taeru bod fy rhieni wedi sillafu enw Malachi'r Hen Destament yn anghywir.'

'Dyna chdi hyfryd, Malachy, bod dy enw di'n mynd i barhau yn y teulu,' sylwodd Magi wrth fy ewythr.

'Ni jest angen enw gwahanol i Young William fan hyn. Beth am Paddy? Paddy Edwards – dyna wnawn ni dy alw di pan ti draw 'ma! Fyddi di'n iawn wedyn,' chwarddodd Seamus.

* * *

Daethant â ni i'r un gwesty lle cynhaliwyd gwylnos Grandma yn Ionawr 2011. Aeth Magi â Gwilym i'r fferyllfa tra aethom ni i ddewis a thalu am ein prydau wrth y cownter. Cawsom ginio Nadolig a gorweddai cawr o bwdin Swydd Efrog dros fy mhryd fel pabell. Pan ddychwelodd fy mrawd, ceisiais ei ddarbwyllo ynte i gael pryd hefyd – i fwyta rhywbeth – ond gwrthododd. Roedd Seamus yn awyddus i drafod a rhannu hanes y llwyth. Roedd e'n arfer ymchwilio yn yr archifau cenedlaethol a bu wrthi'n ymchwilio i hanes ein teulu ers talwm a charlamodd drwy gyfres o gymeriadau lliwgar oedd gennym yn gyffredin. Pwy oedd y bobl yma i mi? Roeddwn yn barod ac yn awyddus i ddysgu gan yr henwr, ond nid oedd prynhawn mewn tafarn swnllyd yn ddigon o amser i integreiddio a chydgrynhoi'r wybodaeth. Ro'n i'n methu cadw trac. Daeth i'r amlwg bod canran sylweddol o'm perthnasau Gwyddelig yn byw dramor – nid yn Iwerddon. Roedd 'na sôn am berthnasau oedd wedi ymsefydlu ym mhob cilfach o'r ddaear gron. Mi aeth rhai i America, eraill i Dde Affrica. Sôn am berthnasau yn Sbaen a'r Dwyrain Canol. Aflonyddwch mawr dynoliaeth.

* * *

Dangosodd Seamus lun o ewythr Hen Fam-gu, Agnes, mewn siwt drwsiadus a chrafat. Roedd y papur yn lliw sepia ac edrychai fel llun a dynnwyd yn y bedwaredd ganrif ar bymtheg, o arddull y wisg. Dywedai fod y dyn hwn, John, yn heddwas yn y Royal Irish Constabulary (RIC). Heddweision Gwyddelig o dan awdurdod Prydain oedd y RIC a buont yn elyn i'r IRA yn ystod y Rhyfel Annibyniaeth (1919–1921). Ond fe wnaeth Malachy wadu'r darn yma o wybodaeth.

'James yw hwnna, ewythr Mam. Nid RIC oedd e ond heddwas yn Heddlu Metropolitan Dulyn. Mi oedd 'na ddrws a ddefnyddiai *informers* yng Nghastell Dulyn i fwydo gwybodaeth i'r Prydeinwyr, ti'n gweld. Nawr mi welodd James hogyn o Muineachán yr oedd yn ei adnabod yn mynd trwy'r drws ac roedd yn gwybod fod cefnder y boi yma yn Ffeniad mawr yn yr ardal. Ac felly, ar ôl gwaith, cerddodd yr holl ffordd yn ôl i Muineachán, yn cadw bant o'r prif lonydd rhag cael ei weld, a llwyddodd i rybuddio'r Ffeniaid o'r brad mewn da bryd. Dychwelodd ar unwaith i Ddulyn wedyn rhag i'w absenoldeb godi amheuon ymhlith ei gydweithwyr. Mi oedd e'n ddewr iawn, achos pe bai wedi cael ei ddal, buasai wedi cael ei ddienyddio.'

'Ro'n i'n meddwl bod y stori o gyfnod y Rhyfel Annibyniaeth?' sylwodd Seamus yn ddrwgdybus.

'Na, roedd e cyn hynny, yn ystod cyfnod y gwrthryfel Ffenaidd.'

'Ond, Malachy, roedd y gwrthryfel yn 1867… ti'n siŵr?' heriodd.

'Yn sicr! Roedd Mam yn dweud y gallai fy nhad-cu gofio ei rieni, pan oedd e'n blentyn, yn rhoi uwd i anffodusion yn ystod y newyn – ac roedd hynna yn y pedwardegau.'

'Malachy sy'n gwybod – *you listen to your uncle now, he's a very knowledgeable man*,' cadarnhaodd Seamus yn fodlon efo'i ateb.

Roeddwn yn ymwybodol fod fy hen dad-cu, Peadar, yn yr IRA, ac felly roedd yn ddifyr clywed sut cafodd y frwydr am annibyniaeth ei chynnal dros sawl cenhedlaeth. Ond beth am yr ochr arall? Ro'n i'n ysu i ddysgu am y medalau Prydeinig oedd ym meddiant Anne, a oedd un ochr o'r teulu wedi cadw'n deyrngar i Brydain? Teimlai fel petai'n amser priodol i ofyn.

'Des i ar draws medalau arian Prydain Fawr yn y tŷ.

Ydych chi'n gwybod am unrhyw un yn y teulu a frwydrodd ar ochr Prydain yn yr Ail Ryfel Byd?' gofynnais.

'Medalau'r IRA?' amneidiodd Seamus.

'Na, rhai Prydain, medalau Ail Ryfel Byd Prydain, pen Brenin Lloegr, George VI, ar un ochr. Mae 'na un arall sy'n dweud *British Legion* arni,' esboniais.

'Mae rhaid bod e'n meddwl am y medalau IRA,' meddai Malachy wrth Seamus.

'Roedd gan Peadar fedal IRA gan y llywodraeth a roddwyd iddo hanner can mlynedd ar ôl Gwrthryfel y Pasg. Ai dyna'r un ti'n meddwl amdano?' pwysodd Seamus yn awchus.

'Na, faswn i ddim wedi camgymryd medal IRA am fedal Prydain,' atebais.

'Wel, cafodd medal Peadar ei dwyn – os ych chi'n dod ar ei thraws, hoffwn i ni gael gwybod,' meddai Seamus yn ddifrifol, gan edrych arnaf gyda llygaid chwilgar.

Teimlais fymryn yn anghyfforddus er nad wyf yn gwybod lle mae'r fedal IRA erbyn hyn, roeddwn yn ymwybodol iddi fod ym meddiant Grandma ar un adeg. Ond wnes i gadw'r wybodaeth yna i mi fy hun rhag achosi ffrae. Ysgrifennodd Agnes lythyr at Grandma yn 1968 fel a ganlyn:

*'A line hoping you are all well as this leaves us.
Thank God. Glad you got the few £s alright.
And did you get the medals? I sent them the same
day as the money.'*

Hen Fam-gu, Agnes, a anfonodd y medalau i

Grandma yn y post. Defnyddiodd y lluosog, *medals*, ac felly, mae'n bosib mai hi anfonodd medalau Prydeinig yr Ail Ryfel Byd yn ogystal â'r fedal IRA. Ond pwy enillodd hwy? Mae'n peri gofid bod rhywun yn gallu brwydro mewn rhyfel ac ychydig wedyn (saith deg pum mlynedd yn ddiweddarach) nad ydi dy deulu a dy berthnasau dy hunan yn gwybod dim amdanat ti na'th aberth.

* * *

Gan fod testun hanes wedi codi, roeddwn yn awyddus i wybod mwy am rôl fy mherthnasau yn Rhyfel Annibyniaeth Iwerddon ac am ymgyrch annibyniaeth Iwerddon yn gyffredinol.

Dechreuais efo cwestiwn amlwg. 'Oedd Peadar yn IRA?'

'Oedd,' meddai Seamus.

'Ac oedd e'n rhan o Wrthryfel y Pasg?' gofynnais yn ymwybodol bod gennyf gyfle i holi mwy ond yn ansicr beth i'w ofyn.

Roedd Malachy ar fin dweud rhywbeth am hynny pan dorrodd Seamus ar ei draws.

'Wnaeth e erioed siarad am be wnaeth e, na lle'r oedd o,' meddai Seamus yn dawel.

'Dwi'n amau a fyddai'r llywodraeth wedi rhoi medal i bawb a gymerodd ran yn y rhyfel, ydych chi'n gwybod be oedd ei rôl e?' oedd fy nghwestiwn nesa.

'Roedd fy modryb yn arfer jocian gyda Sais wnaeth hi briodi fod Peadar yn gapten,' chwarddodd.

'Oedd e'n gapten?' holais yn ddifrifol.

'Doedd e ddim yn siarad am bethau felly,' ymatebodd Seamus yn gyfrwys.

Roedd e'n amlwg o'u gwep eu bod yn gwybod mwy. Mi oedd 'na ryw densiwn yn yr awyr a medrwn weld fod Seamus yn ystyried faint ddylai ddweud wrthyf. Beth oedd rhan Hen Dad-cu yn y Rhyfel Annibyniaeth, y Rhyfel Cartref, beth am wedi hynny? Manylion ro'n i'n dyheu amdanynt. Os unrhyw beth, roeddwn yn rhwystredig gyda nhw am beidio â bod yn fwy agored gyda mi. Rhesymol ai peidio, teimlwn fod gennyf hawl i wybodaeth – da neu ddrwg – am fy Hen Dad-cu. Mewn cyfnod cythryblus a chwyldroadol, llwyddodd Byddin Gweriniaeth Iwerddon i sicrhau annibyniaeth i'r chwe sir ar hugain drwy ddulliau trais. Ac efallai ar sail hynny, eu bod yn awyddus i amddiffyn anrhydedd Peadar oherwydd heb ei annog dywedodd Seamus, 'Ar y teledu unwaith roedden nhw'n holi hen rebel ac yn gofyn iddo a oedd e'n difaru lladd milwyr Prydain yn ei ieuenctid, a dywedodd ynte "Wna' i byth ddifaru lladd meddianwyr fy ngwlad. Gormeswyr oeddent. Nid wyf yn edifarhau."'

* * *

Cyrhaeddodd ein pryd bwyd. Rhoddodd Gwilym broc yn fy ochr. Roeddent wedi rhoi eu dwylo ynghyd i gynnig gweddi cyn dechrau ar y cinio Nadolig. Teimlwn yn chwithig oherwydd fy *faux pas*, gymaint felly nad wyf yn cofio gair o'r weddi a gynigiodd Malachy. Wrth sylwi ar fy chwithdod, meddai Seamus, 'Mae dy ewythr yn grefyddol iawn, dwi ddim mor dda am fynychu'r eglwys fy hunan.'

'Do'n i ddim yn eglwyswr mor frwd yn fy ieuenctid. Wrth i mi nesáu at y diwedd, dwi wedi cymryd pethau'n ddifrifol,' meddai Malachy, gan fyseddu gleiniau llaswyr rhuddgoch yn ei law.

'Ti'n gwneud yn well na'r gweddill ohonom ni'r pechaduriaid,' chwarddodd Seamus yn llon.

'Wel, dwi'n hyderus am dy enaid di, Seamus, gyda dy ffordd o fyw, 'de,' ymatebodd Malachy yn dwymgalon.

Synhwyrais o'u hystumiau eu bod yn gwybod nad wyf yn ymarfer crefydd. Dwi'n siŵr nad oedd yn syndod – hunanoldeb yw'r grefydd nawr a'n proffiliau ar y cyfryngau cymdeithasol yn gweithredu fel cysegrfeydd i ni ein hunain.

* * *

Ar ôl ein pryd, cafodd Seamus a Magi seibiant, ac aethom ni â'n hen ewythr i'r archfarchnad. Diflannodd Malachy, ac aeth Gwilym a finnau o amgylch yr eiliau yn llenwi ein troli â snacs, bisgedi siocled, brechdanau, wyau, menyn, bagiau te a phob math o bethau ar gyfer salwch fy mrawd. Dewisom ein heitemau a daethom o hyd i'n hewythr yn poenydio staff ifanc gyda chwestiynau am wahanol fathau o fara. Daethant o hyd i'w fara soda a thalais innau. Cerddodd yr hen ddyn yn sionc a phwrpasol trwy dorfeydd o siopwyr Nadolig. Fe ddaethom o hyd i'w gar ym mhrif faes parcio'r dref, roedd e wedi cael car bach glas yn lle ei hen dryc rhydlyd. Agorais y drws ac mi ges i fy nharo gan fwrllwch o ellyg, chwarddodd Gwilym yn uchel wrth dynnu'r sedd yn ôl i gamu mewn i'r cefn.

'Beth yn y byd?! Os gen ti ellyg mewn fan hyn, Malachy?' gofynnodd Gwilym.

'Be?' atebodd Malachy.

'GELLYG YN Y CAR?' gofynnodd Gwilym yn araf a chlir.

'Ychydig bach, 'de.'

Roedd drewdod y 'wee bit' o ellyg yn anghredadwy, fel petai wedi plannu *allium sativum* yn ei fŵt. Gan fod Gwilym eisoes yn sâl, agorais fy ffenestr i adael y cwmwl allan a drewdod y caeau i mewn. Chwarddodd fy mrawd a siglo'i ben mewn anghrediniaeth.

* * *

Roedd Malachy yn awyddus i ddangos llys y llwyth ym Muineachán i ni ac roeddem ar y trywydd iawn nes i Gwilym ddechrau swnian ynghylch cael gweld bedd Grandma. Gwnaeth y syniad o ymweld ag ail safle ddrysu ein hewythr ac o ganlyniad, aethom ar goll. Roeddem fel yr Wlsteriaid yn y chwedl Meddwdod yr Wlsteriaid sy'n mynd ar goll ar hyd y siwrne fer o Dún Dá Bend i Dún Delga ac yn glanio ben arall y wlad am eu bod wedi meddwi. Nid oeddem yn feddw ond fel yr hen Wlsteriaid yr oeddem ninnau wedi crwydro o'r llwybr. Gwyliais yr haul yn machlud dros y tir yn hamddenol wrth i'r hen ŵr fynd rownd mewn cylchoedd. Roedd y fro yn fy atgoffa o Sir Fôn heblaw am y lonydd llyfn a llydan. Cawn yr argraff ei bod yn wlad fawr, agored a chyfoethog; gwlad gyfoethocach na Chymru.

Dringasom yn y car bach ar hyd lôn gul droellog i ben allt i gyrraedd y ffarm, aelwyd y llwyth. Wnaethom ni ddim cyfarfod â'n perthnasau; roedd Malachy jest eisiau i ni wybod lle'r oedd y teulu yn byw heddiw ac o ble rydym yn hanu gan iddi fod yn ffarm fy hen hen fam-gu a thad-cu, a chartref teulu ei fam, Agnes. Roedd y tir yma'n bwysig i fy ewythr, ac felly gofynnais i Gwilym dynnu llun o'r ddau Malachy rhwng y coed, yn y gwyll.

* * *

Ar y ffordd adref, edrychais drwy'r ffenestr ar yr erwau ar ben erwau o wyrddni pêr a myfyriais ar gwestiynau ofer – beth pe byddai Grandma wedi aros? Dywedai Malachy nad oedd ei chwaer dan bwysau i adael y wlad a gallai fod wedi cael swydd yn ddigon hawdd yn naill ai Muineachán, neu yn Nulyn. Doedd e ddim yn deall yr holl frwdfrydedd i ymfudo pan oedd gymaint i'w wneud ar y ffarm a chyfleoedd iddi yn Iwerddon. Ar y dechrau, dywedai iddi fynd efo'i chwaer, Una, i Lundain ond pan briododd honno, gwahanodd y chwiorydd ac aeth Una a'i gŵr Eidalaidd ymlaen i Ganada cyn ymgartrefu yn barhaol yn yr Unol Daleithiau. Pwysai Kevin, y brawd cyntaf-anedig (a'r cyntaf i ymfudo), ar ei rieni i werthu'r ffarm ac ymuno ag ef yng Nghanada, ond doedd ei rieni ddim yn teimlo fel dadwreiddio mor hwyr yn eu bywydau. Yn wahanol i Kevin ac Una a ymgartrefodd ac integreiddio yn eu gwledydd mabwysiedig, roedd

Grandma wastad yn hiraethu am Iwerddon ac ar fin dychwelyd drwy'r amser. Soniodd am symud y teulu o Hammersmith i Ddulyn yn y saithdegau ar ôl ysgaru fy nhad-cu ond ni ddigwyddodd hynny. Parhaodd y cynlluniau i ddychwelyd i Iwerddon nes oedd yn hen wraig. Yn y nawdegau, darganfu'r llywodraeth leol dŷ cyngor iddi yn y dref – ond wedi pob dim, gwrthododd. Yn y pen draw, ni allai ddianc rhag disgyrchiant Llundain. Roedd 'na wastad 'rywbeth' yn ei thynnu yn ôl yno – trafferthion Anne ar ôl dychwelyd o Chicago oedd y rheswm a roddodd Grandma am beidio derbyn y cynnig am dŷ gyngor ar ddiwedd y nawdegau. Ni chafodd gystal cyfle wedyn. Draw yn Iwerddon, dywedodd Malachy y byddai hi'n aros am wythnosau, a'r sôn am aros yn barhaol, ac wedyn, un bore, byddai'n deffro ac yn troi'n ôl am Lundain yn ddirybudd.

'*She had this great restlessness – I couldn't understand it,*' meddai Malachy.

Pan ddechreuodd ddioddef o glefyd Alzheimer, roedd ei hiraeth am Iwerddon yn waeth nag erioed. Siaradai am ddychwelyd o hyd ac o hyd. Roedd e'n dorcalonnus i'w wylio. I gynifer, mae stori'r mewnfudwr – o garpiau i gyfoeth – jest yn stori; weithiau dyw'r aflonyddwch ysbrydol o ddadwreiddio ddim yn werth chweil. Ond dyna be ydy mentro. Ni ddaeth i fod yn Brydeinwraig nac yn Saesnes erioed, Gwyddeles oedd hi. Gwyddeles a fu'n alltud hyd at y diwedd.

* * *

Gartref yn y ffermdy, brwydrai Gwilym i gadw'n effro a cheisiodd siarad â'n hewythr cyn mynd i'w wely. Es i'r gegin i baratoi potiaid o de ar ein cyfer. Drachtiais ddysglaid gyntaf y dydd. Yfodd fy mrawd un baned fach cyn syrthio i gysgu ar yr unig gadair gyfforddus yn y tŷ. Roedd ei salwch yn drueni iddo fe ac i finnau. Roeddwn dan bwysau i gynnal a chadw'r sgwrs yn fyw gyda Malachy. Rhoddais y radio ymlaen i lenwi ein seibiannau â sŵn cefndir.

Pan ges i funud sbâr, cerddais o amgylch yr ystafelloedd yn busnesu. Roedd gan fy ewythr gyfleusterau modern na fyddai'n eu defnyddio. Defnyddiai frigyn o'r ardd i droelli ei ddillad yn lân mewn hen fwced tun tra eisteddai ei beiriant golchi yn wag. Nid oedd teledu ac mae'n annhebygol ei fod wedi defnyddio cyfrifiadur neu we-lywio erioed. Roedd y cypyrddau a'r oergell yn llwm.

Yn yr ystafell fyw, roedd lluniau o Malachy ar wyliau yn America. Cardiau post a chardiau Nadolig gan ei neiaint a nithoedd yn yr Unol Daleithiau; pasbort Iwerddon ar y ddesg gyda llen ysgafn o lwch arni; llun o fy nghyfnither yn blentyn yn chwarae ar y ffarm a llun braf ohono fe yn cofleidio Grandma gyda gwên ddireidus ar drothwy henoed. Roedd lluniau o wynebau pobl estron, pobl sy'n byw ben draw'r byd yn America, Canada a Phrydain. Teulu dwi'n amau na welodd eu hwynebau ers blynyddoedd – teulu fel finnau. Roedd y ffermdy yn arfer bod yn gartref i chwech o bobl. O blith holl ddisgynyddion uniongyrchol ei rieni, Peadar ac Agnes, dim ond Malachy sy'n byw yn Iwerddon heddiw. Mae gan hen ffermdy

Peadar fwy o erwau nag o epil yn Éire; canlyniad trallodus allfudo torfol. Gobeithio nad ydy'r henwr yn unig.

Aeth Malachy i'w stafell wely a manteisiais ar y cyfle i ddeffro fy mrawd – dim ond pump yn y prynhawn oedd hi. Grwgnachodd pan siglais ef yn effro, ond arhosodd ar ddihun yn ddigon hir i ddarganfod y switsh i ledorweddu'r gadair a syrthio i gysgu unwaith yn rhagor. Ailymddangosodd fy ewythr yn ei byjamas, hwdi brown, loncwyr du a sliperi porffor. Gallai fod wedi bod yn ganol nos. Teimlwn yn flin gyda Gwilym. Ro'n i wedi bod yn dychmygu'r trip yma yn fy mhen ers o leiaf dwy flynedd ac roedd e'n cysgu. Prynodd fy mrawd botel o wisgi Penderyn, roedd gennyf ganiau o Guinness, ac roeddwn yn dymuno sgwrsio a bod yn llon, nid napio.

Wrth i Malachy eistedd, canodd ffôn y tŷ. Aeth i'r stafell arall i'w ateb a chlywais e'n sibrwd, '*We're getting on grand.*'

Daeth e mewn i ddweud fod Seamus eisiau siarad â mi. '*C'mon, now, youngun, your Uncle is a very wise man, and very knowledgeable, make sure if ya got anything to ask him, ask him now.*'

'*I will Seamus, I will,*' ymatebais.

Rhoddodd Seamus sêl ei fendith i mi ofyn cwestiynau sensitif. Es i'r gegin ac agorais ddau gan o Guinness – un i mi, un i Malachy – a meddwl am be hoffwn ofyn.

Mae'n amhosib casglu holl fanylion y gorffennol, ac felly byddwn yn fodlon gydag argraff o fywyd ym Muineachán yn yr hen ddyddiau. Jest argraff o'r gorffennol. Serch hynny roeddwn yn chwilfrydig am ran ei dad yn yr hen *Óglaigh na hÉireann*. Wnes i geisio holi am hyn mewn ffordd ofalus rhag ei ddigio.

'Sut un oedd eich tad chi? Soniodd Seamus iddo ymhél â gwleidyddiaeth.'

'*Oh, aye,* mi oedd yn *terribly involved* mewn gwleidyddiaeth; hogiau'r IRA oedd yn brwydro, roedd e o'u plaid nhw, a wastad yn pleidleisio drostynt,' meddai, heb edrych ataf ond yn rhythu i'r pellter.

'Dwi'n gweld,' dywedais, yn gobeithio y byddai'n ymhelaethu.

Saib.

'Diolch i'r nefoedd fod gennym heddwch nawr, does 'na ddim bomio na lladd yn awr, ti'n gweld. Ond oedd 'na *raid* mawr yn Ardee neithiwr, medden nhw – ro'n nhw 'di lladrata o fanc. Gathon nhw ddim byd,' ychwanegodd.

'Ydych chi'n meddwl y gallai Brexit ypsetio'r heddwch?' gofynnais.

'Roedd pethau yn dda yma am gyfnod ac felly mae'n siom bod Lloegr wedi tynnu allan o Ewrop. Ond mae'n ein rhoi ni mewn sefyllfa letchwith nawr, ti'n gweld. Mewn gwirionedd, ti eisiau gwneud yr un peth â'ch prif bartner marchnata. A gan fod Lloegr wedi ymadael, fel ein prif bartner marchnata, ella y dylen ni ystyried eu dilyn nhw allan o Ewrop,' meddai Malachy yn bwyllog.

Roedd ei farn ar Frexit yn annisgwyl, yn dangos ei fod yn ddyn oedd yn meddwl drosto'i hun ar faterion gwleidyddol.

Ond yn awyddus i ganfod mwy am hanes yr ardal,

gofynnais, 'A oedd y *troubles* wedi effeithio lawer ar Muineachán? Rydych chi'n agos iawn i'r ffin fan hyn.'

'*Aye*. Mi oedd 'na lot o drafferth a hogiau yn chwilio am lefydd i guddio arfau a ballu.'

'Cyfnod anodd iawn, mae'n rhaid,' dywedais.

'Roedd y rhyfela wedi'i gwneud hi'n anodd i Gatholigion cyffredin yn y gogledd, 'sdi. Cawsant eu targedu oherwydd ro'n nhw'n meddwl eu bod yn cefnogi'r IRA ac fe gawson nhw eu trin yn arw iawn. Mae'n beth da bod e drosodd.'

'Mae'n rhaid fod eich rhieni wedi gweld llawer pan oedden nhw'n ifanc, gyda rhyfel annibyniaeth Iwerddon yn yr ugeiniau?'

'Y chwe sir ar hugain.' Cododd ar ei draed gyda golwg dryslyd a heb esgusodi ei hunan cerddodd ar hyd y coridor, i'r tŷ bach, a chlepiodd y drws.

Pan ddaeth Malachy yn ôl i'r ystafell newidiodd y pwnc gan ofyn a oeddwn yn defnyddio fy Nghymraeg gyda'r plant. Esboniais ein bod yn eu magu nhw ar aelwyd Gymraeg.

'Dyna'r ffordd orau o drosglwyddo iaith. Roedden ni wedi dibynnu'n ormodol ar yr ysgolion i ddysgu Gwyddeleg,' meddai gyda mymryn o rwystredigaeth yn ei lais, gan arddangos angerdd annisgwyl am y pwnc.

Dwi'n cofio Grandma yn ceisio dysgu pytiau o Wyddeleg i mi yn blentyn ac felly gwyddwn fod rhywfaint o Wyddeleg gan y teulu, ond ni wyddwn faint. Gofynnais i Malachy a oedd ganddynt sgiliau Gwyddeleg o gwbl ac atebodd,

'Do, mi gafon ni wersi *Gaeilge* yn yr ysgol. Ro'n ni, y plant, yn ei siarad hi â'n gilydd – os basa unrhyw ddrygioni neu os oedden ni isio dweud rhywbeth heb i'r oedolion gael deall, bydden ni'n troi i'r Wyddeleg. Ar ôl annibyniaeth y chwe sir ar hugain, y gred oedd y byddai'r wlad gyfan yn troi i'r Wyddeleg ymhen pum mlynedd. Dyna be ro'n nhw'n disgwyl – a'n rhieni hefyd. A dwi'n meddwl y basen ni wedi llwyddo i gael Iwerddon gyfan i'w siarad hi eto 'tase'r rhieni wedi defnyddio'r Wyddeleg oedd ganddyn nhw a'i throsglwyddo i'w plant yn y cartref – fel ych chi'n gwneud. Ond am ba bynnag reswm, wnaethon nhw ddim. Roedd yr ysgol wedi fy mharatoi am wlad lle byddem yn siarad *Gaeilge*. Ac fel plentyn wnes i ei siarad hi gyda ffrindiau ond ar ôl gadael ysgol doedd dim cyfleoedd i'w defnyddio wedyn,' ochneidiodd.

* * *

Wrth i ni drafod, byddai cyfnodau o dawelwch rhyngom. Yfai Malachy ei Guinness yn araf deg ac yn ddwys fel petai'n myfyrio ar ei flas. Cynigiais ail gan iddo ond dywedodd na yfai dim ond un y dydd. Ro'n i ar fy nhrydydd ac yn ysu am sigarét. Ar ôl smonach y noson cynt, gwely hwyr a rala rwdins fy mrawd yn mynd a dod o'r tŷ bach yn ystod oriau mân y bore, nid oeddwn mewn hwyliau da a phantiau du o dan fy llygaid. Roedd Gwilym yn cysgu ar y gadair wrth fy ymyl. Ymddangosai'r gŵr pump a phedwar ugain mewn gwell siâp na'i or-neiaint.

Â'i lygaid ar gau, symudodd y gleiniau llaswyr rhudd brown trwy ei law yn llyfn a diymdrech gyda'i fawd gan sibrwd gweddi dan ei anadl. Roedd gweddill ei gorff yn berffaith lonydd ac eisteddai'n gefnsyth fel petai mewn perlewyg. Wnes i eistedd 'nôl a'i wylio yn ddistaw. Roedd gan y dyn yma gyn lleied, dim teledu, dim rhyngrwyd, dim ffôn symudol, dim gwaith i'w ddiddanu, dim cymar i'w gofleidio, ond roedd yn bictiwr o iechyd a heddwch. Yn gwbl bresennol, roedd e'n rhydd.

Teimlwn nerth tawel o fod am noson yng nghwmni'r un oedd yn rhannu'r un enw â fi. Ar ôl dweud ei weddïau, dywedodd wrthyf,

'Wyt ti'n gwybod un o'r pethau dwi'n ei ddifaru fwyaf?'

'Be, Malachy?'

'Roedd 'na hen grŵp gweddi oedd dy fam-gu yn arfer ei fynychu.'

'Yr un yn Siop Lyfrau Padre Pio?' cynigiais.

'Dyna ni. Ro'n i yn Llundain ryw dro ac ro'n i'n bwriadu mynd, ond es i erioed. Mi oedd dy fam-gu yn sôn llawer am y grŵp a siaradai yn uchel ei pharch am y bobl. Dwi'n difaru nad es i ddim pan oeddwn yn Llundain.'

'Buasech chi wedi mwynhau.'

'Aethost ti erioed?'

'Do, roedd Grandma yn arfer mynd â fi yn ystod gwyliau'r haf.'

'Sut beth oedd e?'

'Roedd 'na stafell lawr y grisiau gyda chysegr i Mair. Meinciau efo digon o le i eistedd tuag ugain o bobl. Byddem yn dweud y rosari gyda Grandma yn arwain gan amlaf, ac ar ôl iddo fe orffen, byddem yn mynd lan staer am sgwrs, panad a chacenni.'

'Dwi'n difaru wnes i ddim mynd. Roedd e'n lle sanctaidd, yn ôl Doreen, yn sbesial iddi hi,' meddai.

Ges i fy synnu gan gyfaddefiad fy ewythr. Roedd Grandma yn angerddol dros y grŵp gweddi ac yn aelod ffyddlon a brwdfrydig ohono, yn gymaint felly fel ei fod yn destun sbort ymhlith fy nheulu. Byddai'r Wyddeles yn torri ei hymweliadau gyda ni yn Ffynnon Taf yn fyr a rhuthro'n ôl i Lundain er mwyn mynd yn brydlon i'w chyfarfodydd wythnosol. Ni allai gadw draw o Siop Lyfrau Padre Pio yn hir ac roedd Mam yn amau iddi wrthod tŷ cyngor yn nhref Muineachán oherwydd y grŵp gweddi; dwi'n amau pe byddai'r siop a'r grŵp gweddi wedi'u hadleoli i ben draw'r byd, y byddai Grandma wedi dilyn.

Roedd e'n fwy 'na jest grŵp gweddi bach i Grandma. O'r hyn dwi'n ei gofio, roedd e'n fwy o glwb neu eglwys amgen i Sant Pio, sef Sant o'r Eidal oedd wedi derbyn y stigmata. Gwisgai Mam-gu fwclis llinyn gyda llun o Pio da Pietrelcina yn barhaol arni fel modrwy priodas ac roedd hi'n amharod i'w tynnu; yn ofergoelus o ddioddef rhyw anffawd pe byddai'n gwneud. Dwi'n siŵr y byddai fy ewythr wedi gwrando'n frwd ar straeon cyfriniol Grandma – fel y gwnes i – ac efallai y byddai wedi bod yn chwilfrydig ynghylch be oedd yn digwydd yno, gan gredu yn sancteiddrwydd y grŵp. Pan ddatgelodd fod peidio ag ymweld â'r siop lyfrau yn un o'r pethau mae'n edifar mwyaf amdano, teimlwn yn eiddigus o'i ddiniweidrwydd. Wedi bywyd hir, dyna roedd yn edifar amdano? Roedd y dyn yn sant – fel ei chwaer.

* * *

Ar ôl i Malachy fynd i'w wely, es i allan i danio smôc. Cerddais at yr adfail yng ngolau tân fy sigarét. Distawrwydd pur. Cymerais anadl ddofn a rhythu ar y sêr yn gwibio yn y ffurfafen. Yn nhawelwch y nos, mae'r meddwl yn gallu crwydro. Ystyriwn y dychwelyd i'r ffarm fel pererindod – i gadarnle fy nheulu yn Iwerddon. Roeddwn i wedi gobeithio y byddai treulio amser yng nghwmni dyn sanctaidd yn cael effaith arnaf, yn fy nghynhyrfu i deimlo rhywbeth, i ennyn persbectif newydd. Tynnais ar fy sigarét gyda'm gwefusau, a llyncais weddill fy nghan o Guinness i guddio blas y mwg. O lannau Ynys Môn, mae Iwerddon fel y golau gwyrdd yn y *Great Gatsby*, yn fy swyno ac yn denu trwy niwl o ramant. Ond er fy mod i'n hyderus am ragolygon Iwerddon, nid wyf mor hyderus am ddyfodol ei gartref – y mymryn o Éire y medra i hawlio cysylltiad ag e. Nid lle hwylus mo hwn, nid lle bywiog nac egnïol. Mae marwolaeth yn gorwedd drosto, mae'r anifeiliaid wedi'u gwerthu, y glaswellt wedi gordyfu, yr adeiladau yn dadfeilio a'm hewythr yn heneiddio. Gadawodd Kevin, Una a Doreen drigain mlynedd yn ôl. Dyma ble mae Malachy wedi byw ar hyd ei oes, ac ar ei ben ei hun ers y saithdegau. Mae'r tir a'r eiddo wedi'u hesgeuluso. Ei flaenoriaeth gyson yw ei berthynas â Duw a'i weddïau a mynychu'r eglwys. Dwi'n amau a oes ganddo'r egni i wneud fawr o ddim arall. Mae fel petai'n preswylio mewn rhyngystafell rhwng y byd sydd ohoni a'r bywyd nesaf. Y mynd a dod i'r eglwys, y gweddïo dyddiol a'r paratoi ysbrydol ar gyfer Dydd y Farn, mae'n fy atgoffa o Grandma. Ond o ddod yma i'w gartref teimlwn bechod drosti hi. Bechod fod clefyd Alzheimer wedi ei hatal rhag cael y farwolaeth dda; y cyfle i redeg trwy'r rosari un tro olaf ar ei gwely angau a gwneud yr hyn roedd hi wedi bod yn paratoi ar ei gyfer. Cyn i'r clefyd dynhau ei afael arni dywedai wrth Mam ei bod am gael ei chladdu ym Muineachán oherwydd wedyn byddai gan y teulu fangre i'n clymu wrth Iwerddon. Roedd hi'n dymuno i ni fagu cysylltiad efo'i mamwlad a chadw crefydd ein hynafiaid yn fyw. Mae'r tir yn drwm ag atgofion.

Roedd byd-olwg Grandma a'i brawd mor groes i'r diwylliant modern, mae'n anodd amgyffred. Serch i mi gael fy magu yn Eglwys Rhufain, erbyn hyn, mae'r ddysgeidiaeth yn ymddangos fymryn yn ddieithr. Fe wnaeth Cristnogaeth, a sôn am danau uffern, fy nghyfareddu a'm dychryn erioed. Ond wrth i mi gamu draw oddi wrth yr Eglwys, yn y pellter hwnnw, daeth ei hynafrwydd i'r golwg. Yn nillad yr offeiriaid a'r sacramentau, y canhwyllau a'r arogldarth, y delweddau o Fair Wyryf a'r gleiniau, y gweddïau a'r seintiau, yn arswyd *inferno* a gobaith *paradiso*. Synwyrusrwydd crefydd fy mebyd sydd ar yr un pryd yn fy ngwthio i ffwrdd a 'nenu. Dwi'n meddwl am fy ewythr fel petai ymhlith Pabyddion ffyddiog olaf traddodiad sy'n ymestyn dros ddau fileniwm. Dwi'n poeni am gyflwr iechyd fy ewythr, am gyflwr ei ffarm ond hefyd am ragolygon ei grefydd. Nid jest hen bobl mo'r rhain, ond cenhedlaeth sy'n cadw a gwarchod yr hen ffordd o fyw. I gymharu â goleuadau llachar Dulyn, ymddangosai ei ffarm fel ynys fechan o'r gorffennol.

* * *

Dihunom yn gynnar bore trannoeth i adael. Roedd Gwilym yn fywiog ac wedi gwella o holl gyffro'r diwrnod cynt. Teimlwn bechod dros fy mrawd am nad oedd e wedi cael fawr o gyfle i siarad â Malachy na chreu atgofion melys o'n hymweliad. Cysgu a salwch oedd ei drip. Anogodd Gwilym fy ewythr i ddod i'r ardd ar gyfer lluniau. Symudom fwced blastig llawn creigiau o wystrys gweigion i'r naill ochr i wneud lle iddo fe sefyll. Rhoddodd fy mrawd fraich rownd yr hen ŵr a gwenodd at y camera ar gyfer hunlun. Aethom yn ôl i'r car du, ac o dan gysgod yr hen ffermdy, cofleidiom. Aeth fy mrawd yn gyntaf ac wedyn rhoddais gwtsh iddo fo. Dywedais 'caru ti' wrth gerdded i ffwrdd, gorfodais fy hunan i'w ddweud – wn i ddim os gwelaf e eto. 'Hwyl am y tro,' meddai, ei lygaid llwydlas yn llawn teimlad. Unwaith i ni gamu i'r car roeddem fymryn yn ddagreuol a cheisiem guddio ein hemosiynau oddi wrth ein gilydd. Gyrrais am ryw bum munud mewn distawrwydd. Nid oeddwn wedi disgwyl teimlo'n ddagreuol wrth adael, na gweld deigryn gan Gwilym ychwaith. Nid dagrau tristwch ond dwystra – teimladau pwerus ac annisgwyl o berthyn. Dyn annwyl a doeth, crefyddol a didwyll ac mae'n berthynas i mi.

Gobeithiaf fod gennym amser eto i ddod i nabod teulu ym Muineachán yn well. Gan nad oeddem wedi gweld carreg fedd Grandma'r tro hwn, fe wnaethom ni addo dychwelyd yno ymhen blwyddyn. Mi oedd ymweld â'm hen ewythr yn weithred ddiamwys dda. Camais ar y llong yn Nulyn gydag ysgafnder yn fy nhroed a daioni yn fy mron.

Anne a fi, Gerddi Kew, Llundain, 1998

Y PLA

Diffoddais y ffôn. A'm calon yn drwm, eisteddais ar y silff ffenestr yn llofft felen fy merch a rhythu'n ddagreuol tu hwnt i'r Fenai at yr Wyddfa las yn y pellter. Roedd cymaint wedi digwydd mewn cyn lleied o amser.

Ddau fis ynghynt, ar yr wythfed ar hugain o Ionawr 2020, cyfarfu Anne, Peter a finnau yn Hammersmith ac aethom i dafarn Curtains Up am ddiod. Sgwrsiom yn ddi-baid am bob math o bethau ac aeth y sgwrs honno yn ei blaen rownd bwrdd y gegin yn Ffordd Seren lle chwaraeom gerddoriaeth tan hwyr y nos. Cawsom sgwrs am y chwaraewr pêl-fasged, Kobe Bryant, wedi iddo ef a'i ferch farw mewn damwain hofrennydd, am Iwerddon a phlentyndod fy modryb a'm hewythr ac, yn anochel, am y pla.

Roeddwn i wedi dilyn datblygiad y coronafeirws. Yn ôl y sôn, roedd y coronafeirws yn adeiladu momentwm peryglus a byddwn yn gwylio newyddion y BBC bob nos i weld y ffigyrau diweddaraf. Mi oedd 'na ryw agwedd afreal a chynhyrfus yn perthyn i'r syniad o bla go iawn a aned yn Tsieina yn gwthio ar garlam tua'r gorllewin ac atom ni yn Ynys Prydain. I mi, teimlai plâu fel digwyddiadau ffuglennol; ro'n i'n gwylio ffilmiau am blâu megis *Contagion* ac yn darllen am blâu mewn nofelau ac mewn llyfrau hanes, megis y Pla Du, ffliw Sbaen ac AIDS (cyn bod moddion ar gael). Ymhellach, roedd Grandma fel llyfr Datguddiad y Beibl yn hawlio y byddai plâu yn rhedeg yn rhemp ymhlith y boblogaeth bechadurus yn ystod y dyddiau tywyll. 'Gwelais arwydd arall yn y nef, un mawr a rhyfeddol: saith angel a chanddynt saith pla – y rhai olaf, oherwydd ynddynt hwy y cwblhawyd digofaint Duw.' (Datguddiad 15:1)

Roedd pla yn golygu mwy na jest salwch. Nid oedd ffeithiau gwyddonol y coronafeirws yn fy niddori cymaint â stori ac ystyr y pla newydd hwn. Ond a oedd y coronafeirws yn mynd i ddatblygu'n bla byd-eang go iawn fel yn y llyfrau ac mewn ffilmiau? A oeddwn yn byw yn ystod dyddiau tywyll apocalyptaidd a chyfnod hanesyddol lle byddai miliynau ar filiynau o bobl yn marw o bla? Wyddwn i ddim.

Y noson honno yn Hammersmith nid Cofid oedd ar flaen fy meddwl; yr hyn a âi â 'mryd oedd llythyrau Grandma. Fel y llythyr stoicaidd a anfonodd fy hen fam-gu, Agnes, at Grandma yn ystod y Trafferthion (11 Mehefin 1974 yw'r dyddiad) lle dywed y canlynol:

'Yous had a great I.R.A funeral over there I heard on the wireless were you marching wearing your black beret? The times are unsettled over here also but I don't worry. What happens is best.'

A oedd Grandma yn martsio gyda'r IRA yn gwisgo beret du pan oedd hi'n ferch ifanc? Nid oeddwn erioed wedi clywed Grandma yn sôn am yr IRA nac am y Trafferthion pan oedd hi'n fyw, nac iddi sôn neu gyfeirio at faterion gwleidyddol ychwaith. Yn genedlaetholwr a gweriniaethwr Gwyddelig? Yn bendant. Ond mi oedd y ddelwedd yma ohoni hi yn martsio gyda'r IRA yn anodd ei chymhathu gyda'r ddynes yr oeddwn i'n ei nabod – neu'n meddwl ro'n i'n ei nabod. Wnes i holi fy ewythr am yr hyn roedd e'n ei wybod am ieuenctid Grandma dros y bwrdd bwyd.

'Dwi'm yn gwybod dim byd am orymdeithiau'r IRA ond dwi'n cofio pan oedd ei Alzheimer's hi wedi dechrau. Roedden ni'n gwylio dogfen am ryfel ar y teledu, pan wnaeth hi holi, "Beth ydy'r pethau pîn afal yna?" A wnes i ddeud, *grenades*. A wnaeth hi ateb, "Ie *grenades* ydyn nhw, roedd Dad yn arfer cadw *grenades* mewn bocsys pan o'n i'n ifanc."'

Meddwais ar rỳm a Coke ac aeth y difyrrwch a'r trafodaethau ymlaen trwy'r nos. Roedd hi'n noson eithriadol mewn sawl ffordd ac roeddem yn agored ac yn onest efo'n gilydd mewn sgyrsiau tra emosiynol, heriol a chathartig am y gorffennol. Wedi noson ddi-gwsg, safodd Anne a finnau ar y stepen drws a chawsom banad wrth wylio codiad yr haul. Trodd Anne ataf a dywedodd yn ddifrifol a sobor, 'Ti'n gwybod os dwi'n dal Cofid, wna i ddim goroesi.'

'Paid deud hynna, Anne. Ti erioed wedi cael problemau efo dy ysgyfaint di. Gobeithio wnawn ni ddim dal e o gwbl.'

'Gobeithio,' griddfanodd heb ei darbwyllo gan fy ateb.

'Paid poeni amdano fe, jest edrych ar ôl dy iechyd nawr rhag ofn,' dywedais, yn sylweddoli am y tro cyntaf ei bod hi'n wirioneddol poeni am y pla.

Cymerodd seibiant.

'Wyt ti'n credu yn Nuw?' gofynnodd yn annisgwyl.

'Dwi'n cadw meddwl agored. Ar adegau dwi'n coelio bod 'na fwy na'r byd materol, yn teimlo bod gennym eneidiau ac yn gallu credu y bu gwyrth ond ar adegau eraill, mae'r teimlad yn fy ngadael i – a 'mhen yn dweud na.'

'Dwi'n coelio yn yr hyn ddywedir am atgyfodiad Iesu.'

'Dwi'n gobeithio, dwi ddim am i ymwybyddiaeth jest stopio a byth cael gweld Grandma eto.'

Edrychodd ar awyr aur y bore ac meddai, 'Gobeithio ca i fynediad i baradwys.'

'Mi gei di, ond ddim am beth amser eto,' gwenais.

Edrychodd i fyw fy llygaid yn ddifrifol. Tapiodd efo'i throed ar y llawr i bwysleisio diriaeth y concrit o dan ei thraed a chyhoeddodd efo pendantrwydd yn ei llais, 'Mae 'na fwy na jest hyn.'

Wnes i ddrachtio'r baned ac es i'n ôl i mewn i'r tŷ i gasglu fy mhethau. Tolltais ddŵr oer ar fy wyneb o dan y sinc i sobri. Siglais law Peter a chofleidies Anne yn dwymgalon. Wnes i danio sigarét ar y lôn tua gorsaf Gorllewin Kensington a daliais y trên wyth y bore o Euston i Fangor. Myfyriais ar be ro'n i wedi'i glywed ac, yn anesmwyth, wnes i ddim cysgu winc ar y trên adref.

The times are unsettled.

* * *

30/01/2020: 07:25 – Anne: *Sorry Malachy, I must have had you worried. Basically I only meant to go to bed for a few hours but ended up sleeping until gone midnight. Fully recovered now though. Really getting too long in the tooth for all nighters. LOL! X*

30/01/2020: 16:30 – Malachy: *Glad to hear you're ok. Was a very late night! x I'm getting too long in the tooth as well I think lol*

30/01/2020: 18:09 – Anne: *No darling you're a young spring chicken. I'm glad you got home safe and sound. Please give all your little babies and the Mrs, the lovely Celyn a big hug & kiss from me* xxx

* * *

31 Ionawr 2020: Treuliais fy niwrnod yn Wrecsam yn gweithio. Prynais bapur newydd i ddarllen am Brexit. Wnes i wylio *Shaun the Sheep* ar y teledu gydag Enlli a wedyn *The Wind that Shakes the Barley* – ffilm arbennig o dda am ryfel annibyniaeth Iwerddon a'r rhyfel cartref dilynol. Siaradais efo Celyn am Brexit yn y gegin. Dwi'n ddideimlad. Uwchlwythais lun ohonof yn Napoli yn 2011 i Instagram yn edrych allan ar dirlun o fownt Vesuvius gyda'r pennawd 'Rydym yn gadael heno… Arrivederci Unione Europea.'

* * *

Ymhen yr wythnosau, roedd pryderon am y pla wedi dod yn rhan gyffredin ac annatod o'm hamgylchedd. Ar yr wythfed o Chwefror, es gyda fy nghyfaill, Gareth, am sesh i Ddulyn. Gwyliom gêm rygbi rhwng Cymru ac Iwerddon ar y teledu mewn tafarn yn Temple Bar. Dois yn gyfeillgar gyda grŵp o fechgyn lleol a buom yn yfed a thrafod yr etholiad a gynhelid y penwythnos hwnnw. Oddeutu'r un oedran â fi, roeddent yn gweithio i gwmni Americanaidd IBM a dywedent iddynt bleidleisio i Sinn Féin. Y diwrnod wedyn, dydd Sul, roedd tymestl enfawr.

Roedd Storom Ciara mor gryf fel y cafodd awyren Gareth ei chanslo a fy fferi innau ei gohirio am y tro. Ro'n i'n gweddïo i'r dymestl waethygu er mwyn i'r fferi gael ei chanslo yn llwyr hefyd fel y gallai Gareth a finnau archebu llety i aros noson arall. Ond 'wedi gohirio' oedd statws y fferi ac felly treuliais y diwrnod mewn stad annifyr yn aros am ddiweddariad. Safom y tu allan i fwyty yn cysgodi o'r gwynt a glaw a darllenom 'Proclamation of the Republic', ar ochr y dafarn gyferbyn, Temple Bar.

'Irishmen and Irishwomen: In the name of God and of the dead generations from which she receives her old tradition of nationhood, Ireland, through us summons her children to her flag and strikes for her freedom.'

Ysgrifennwyd y proclamasiwn gan yr arweinydd cenedlaetholgar Gwyddelig ac aelod o Orsedd y Beirdd, Pádraig Mac Piarais (1879–1916). Dogfen ddyrchafol, ramantus a llawn cyffro. Teimlais ryw gynnwrf wrth ei ddarllen eto. Edrychai Gareth yn amheus.

'Mae'n grefyddol iawn,' meddai.

'Roedd awdur y cyhoeddiad, Pádraig Mac Piarais, yn Babydd pybyr.'

'Reit,' meddai.

'Dwi'n meddwl hefyd, o safbwynt rhethregol, os ydi dy wlad di yn rhan o'r Ymerodraeth Brydeinig – prif bŵer y byd yn ystod cyfnod hwnnw – at bwy neu beth wyt ti'n troi i gael rhyddid, a hunanbenderfyniad? Doedd 'na ddim Comisiwn y Cenhedloedd Unedig yn 1916 ac mae Duw yn awdurdod uwch na'r Ymerodraeth fydol. "We place the cause of the Irish republic under the protection of the *Most High God*, whose blessing we invoke upon our arms."'

Crwydrom Ddulyn yn ddigyfeiriad ac aethom i ymweld â gardd goffa, An Gairdín Cuimhneacháin, ac Amgueddfa Llenorion Dulyn i lenwi'r amser. Yn y prynhawn, eisteddom mewn siop goffi ac yfom *latte* wrth wylio fideos honedig am farchnad wlyb Wuhan ar YouTube. Daeth Gareth o hyd i hediad arall adref a chefais innau gynnig fferi hanner nos i Gaergybi.

Roedd y môr yn arw a châi'r fferi ei thaflu hwnt ac yma, ond am ei bod yn ddigon trwm yn y dŵr, cawsom siwrne esmwyth. Ceisiais gysgu ar y soffa mewn ystafell ymhlith cannoedd o Gymry eraill oedd yn dychwelyd o'r gêm rygbi. Pan gawsom ein trosglwyddo o'r llong i fws, roedd y cerbyd yn berffaith dawel, yn llawn teithwyr blinedig. Pesychodd teithiwr yn uchel ac edrychodd pawb o'u cwmpas yn anesmwyth i ganfod pwy oedd wedi pesychu.

Dywedodd dyn dieithr o gefn y bws, 'Not Covid I hope.'

A rhoddodd y bws chwerthiniad annifyr. Nage, gobeithio.

* * *

Fis yn ddiweddarach, ar y degfed o Fawrth, arhosodd Sinéad gartre o'r gwaith gan fod symptomau ffliw/Cofid arni a gallwn glywed y panig yn lleisiau Mam ac Anne wrth drafod hyn ar y ffôn. Roedd y pla wedi cyrraedd Prydain ac roedd y chweched person wedi marw o'r clefyd y diwrnod hwnnw, ond roedd yn amhosib gwybod sawl person oedd eisoes wedi ei ddal oherwydd diffyg profion. Ar y Newyddion, dywedid bod 168 o bobl wedi marw o'r coronafeirws mewn un diwrnod yn yr Eidal! Roedd Mam yn pryderu oherwydd ei asthma ac Anne oherwydd ei diabetes.

Roedd fy mrawd wedi dyweddïo â'i gariad ym Mannau Brycheiniog ym mis Ionawr ac roedden nhw wedi trefnu parti dyweddïo yng Nghlwb Rygbi Ffynnon Taf ar y trydydd ar ddeg o fis Mawrth. Merch o Bontypridd yw Catrin a buont yn Ysgol Rhydfelen gyda'i gilydd ond ni ddaethant yn gariadon nes iddynt ailgyfarfod ar hap yng Nghaerdydd ar ôl gadael Coleg. Roeddent yn ddedwydd ac yn edrych ymlaen at y parti ac yn awyddus i briodi cyn gynted â phosib ond nawr oherwydd y pandemig roedd Mam yn lleisio pryderon am eu parti dyweddïo.

Ro'n i wedi dod i Ffynnon Taf ar fy mhen fy hunan ar gyfer y dathliad. Y noson cyn y parti, ffoniodd Mam Anne a thra oedden nhw'n siarad, pesychodd Anne.

'Be 'di hwnna?!' neidiodd Mam.

'Jest peswch bach 'di o – gwddf sych dyna i gyd.'

'Pesycha i mi,' gorchmynnodd Mam.

Pesychodd Anne yn fwriadol.

'Mae gen ti beswch, Anne,' datganodd Mam.

'Paid. Ella, jest gwddf sych 'di o.'

'O, Anne,' griddfanodd. 'Ti'n pesychu. Ti ddim yn dod i barti Gwil a Cat.'

'Ella!?' ebychodd Anne.

'Na, Anne, ti'n pesychu, ni'n methu cymryd y risg. Beth os ydi Cofid arnat ti? Ble wyt ti wedi bod?' holodd Mam yn ddrwgdybus.

'Dwi jest wedi bod yn y tŷ, dwi ddim wedi bod unman. Heb weld unrhyw un,' protestiodd.

'Sori, Anne, ni'n methu cymryd y risg.'

Roedd seibiant.

'Ti'n iawn, Ella, ond dwi rili eisiau dod.'

'Paid ti poeni am barti. Be wyt ti angen ydi dŵr, ffrwyth a gorffwys. Oes gen ti Lemsip a paracetemol?'

'Oes, mae gen i Lemsip.'

'Os yw e'n gwaethygu, rhaid i ti fynd at y doctor, dim chwarae o gwmpas. Ddim nawr.'

'*Ok, Ok.*'

Rhoddodd Mam y ffôn i lawr a chyhoeddodd, 'Mae hwnna'n beswch Cofid. *Covid cough.*'

'C'mon, ti ddim yn gwybod hynna! Wnawn ni jest cadw llygad arni hi,' pwyllais.

Y noson honno, bu llawer o drafod a ddylai'r parti dyweddïo gael ei ganslo. Yn y pen draw, y teimlad oedd bod Cofid yn fwy o broblem yn Llundain ar y pryd ac o feddwl am bawb oedd yn dod, heblaw am un gwestai oedd yn teithio o ganolbarth Lloegr, roedd pob un wan jac yn dod o Gymru, lle'r oedd cyfraddau Cofid yn gymharol isel.

* * *

Fe aeth y dathliad ymlaen ac mi oedd yn amlwg bod nifer o'r gwesteion, yn enwedig y gwesteion hŷn, yn anfodlon cofleidio, yn sefyll ar wahân, ac yn siarad o bellter annaturiol. Ymhlith fy ffrindiau i a'u cariadon, bu siarad di-baid am y pla gan rannu gwybodaeth am ba mor ddrwg oedd pethe; a fyddai'n well ei ddal nawr cyn i'r gwlâu yn yr ysbyty lenwi neu, yn hwyrach, pan fyddai'n brysurach, ond byddai dealltwriaeth o'r clefyd yn well? Pa mor hawdd oedd ei ddal a pha gyfran o'r bobl fyddai'n ei ddal fyddai'n marw? A ddeuai brechlyn ar gyfer Cofid-19 a phryd? Pryd fyddai'r wladwriaeth yn cau'r wlad lawr a pham nad oeddent wedi gwneud hynny eisoes? Rydym yn byw ar ynys, oni ddylent fod wedi jest codi'r bont, stopio'r awyrennau, a chau'r byd allan? Roeddem oll yn y tywyllwch.

Wrth i'r noson fynd yn ei blaen a'r gyfran o alcohol yn fy ngwaed yn cynyddu, cefais syniad anesmwyth, beth os oedd Anne wir wedi cael Cofid?

Na!

Dim ond llond llaw o bobl oedd wedi marw o'r pla mewn gwladwriaeth o saith deg miliwn o bobl. Be ydi'r siawns y byddai Anne ymhlith y cyntaf i'w ddal? Dyw e ddim fel petai hi'n dal y tiwb i'w gwaith bob bore. Efallai mai jest anwyd ydi o. Y ffliw, mae'n rhaid.

Wedyn wnes i anghofio am y pla. Roedd y cariadon yn llon ac aeth y dathliadau bywiog ymlaen gyda dawnsio, canu a chwarae'r gitâr. Erbyn diwedd y noson fy mhrif bryder oedd pa siwt y byddwn yn ei gwisgo ar gyfer eu priodas yn yr hydref. Ni allai dim atal ein hwyl.

Y diwrnod wedyn, dydd Sadwrn, eisteddais ar y soffa yn gwylio fideos am y coronafeirws a'r adroddiadau apocalyptaidd yn dod o'r Eidal ar y BBC. Yn yr ystafell fyw, rhoddais glipiau o gyfweliad y podledydd Americanaidd,

Joe Rogan, gyda'r epidemiolegydd, Michael Osterholm, ymlaen i fy rhieni gael gwylio. Ymhlith pethau eraill, mynnai'r epidemiolegydd, o'r hyn yr oeddent yn ei wybod ar y pryd, fod clefyd Cofid-19 oddeutu deng i bymtheg gwaith yn waeth na'r ffliw gwaethaf ac roeddent yn disgwyl oddeutu hanner miliwn o farwolaethau Cofid-19 yn Unol Daleithiau America o fewn y misoedd nesaf. Dywedodd hefyd nad oedd yn glefyd 'hen bobl' gan fod tystiolaeth yn dod o'r Eidal fod llawer o bobl yn eu deugeiniau yn mynd yn ddifrifol sâl ac yn marw o'r pla. Ychwanegodd, *'We're not going to have a vaccine anytime soon, that's happy talk.'*

Yn araf deg, gwawriodd difrifoldeb y sefyllfa arnaf a meddyliais am yr holl bobl ro'n i'n eu nabod a oedd dros bum deg pump oed oedd â chyflyrau iechyd eisoes (pobl risg uchel yn ôl yr epidemiolegydd) gan bryderu a fyddent yn goroesi pe dalient y pla. A allai Anne, oedd yn 56 oed a diabetes arni, oroesi hyn?

Gyda'r nos, siaradodd Mam ac Anne yn wyllt ar y ffôn am Cofid. Mam yn cwyno yn ddiemosiwn ei bod hi am farw cyn casglu ei phensiwn ac Anne yn ein rhybuddio rhag ymweld â bwytai Eidalaidd.

Tra oedd Anne yn taranu a phesychu lawr y llinell ffôn, roedd pob dim yn iawn rhywsut. Ond roedd y cwestiwn yn cnoi, 'Ydy hi wir wedi cael Cofid?' Wyddwn i ddim. Roedd yr holl beth yn teimlo'n afreal.

* * *

Mawrth y pymthegfed ac roedd cyfanswm o 35 o bobl wedi marw o'r coronafeirws yn y Deyrnas Unedig.

Gwaethygodd cyflwr Anne dros nos a galwodd y doctor. Siaradom â hi dros y ffôn a dywedodd fod ganddi beswch gwael a thymheredd uchel. Er ei diabetes, gwrthododd y Gwasanaeth Iechyd roi prawf Cofid iddi gan ei bod o dan 64 oed ac nad oedd yn cael trafferth anadlu. Nid oeddent yn fodlon dod allan i ymweld â hi yn ei chartref ychwaith. Swniai Anne yn dawel ar y ffôn ond roedd y panig wedi cydio yn Mam a'r cyhoedd yn gyffredinol. Roedd silffoedd yr archfarchnadoedd yn wag – roeddwn yn bell o adref ac nid oeddwn wedi paratoi. Wrth sylweddoli effaith y pla ar gorff ei chwaer a diffyg adnoddau yn y Gwasanaeth Iechyd, meddiannwyd Mam, sydd wedi cael niwmonia deirgwaith eisoes, gan feddylfryd anobeithiol.

'Anne, Peter, fi. Does 'da ni mo iechyd yr Edwardiaid. Dwi'n amau a fydd yr un ohonom ni yn llwyddo i oroesi hyn,' cyhoeddodd yn sobor.

'Mae Anne yn wydn. Mae ei chorff hi wedi arfer cwffio. Mae Peter yn feudwy ac mi wyt ti'n byw yn Nhy-Rhiw. Pen lawr, *click and collect* Tesco, a phaid mynd i'r gwaith a wnei di byth ddal Cofid. Mae pethau rydyn ni'n gallu eu gwneud,' awgrymais.

'Ti'n siarad fel bod hyn ddim yn mynd i effeithio arnat ti. Oherwydd paid meddwl bod ti'n saff – mae'n lladd pobl ifanc hefyd, 'sdi. Mae'n bryd i ti fynd adref i'r wlad,' gorchmynnodd Mam.

Yn fuan wedyn, cefais alwad gan Celyn yn dweud bod ei mam, oedd yn gweithio fel goruchwyliwr sgript ar gyfres deledu yng Nghaerdydd, angen lifft gan fod y ffilmio wedi dod i ben.

Y diwrnod wedyn, dydd Llun, es i gyfarfod mewn ysgol ac wedyn es i Gaerdydd i gasglu Ceri. Paciais stwff Ceri yn y car a gadawom ar unwaith. Ar y daith adref, daeth yn amlwg fod ganddi beswch, er mai prin wnes i sylwi ar y dechrau. Aethom i'r garej a phrynodd boteli o ddŵr. Roedd hi'n sâl ac, oherwydd hynny, fu fawr o Gymraeg rhyngom yn ystod y daith bum awr bron o hyd. Ai cyd-ddigwyddiad oedd Ceri yn pesychu yn ystod pandemig? Mi roedd hi'n gweithio ar set efo torf ryngwladol o bobl. Roedd hi'n fwy tebygol o'i ddal e yn gynharach nag oeddwn i...

Gofynnais beth oedd hi am ei wneud wrth gyrraedd Dwyran. Dywedodd ei bod hi'n edrych ymlaen at gyfnod o '*splendid isolation*'. Roedd agwedd ddibryder a hamddenol Ceri i'r pandemig yn hollol wahanol i agwedd Mam oedd yn prysur brynu mygydau a phentyrru adnoddau bwyd a moddion fel petai'n Arglwyddes yn paratoi caer rhag ofn y deuai achos o warchae. Roedd pobl yn hoff o roi'r argraff nad oeddent yn poeni, ond roedd y tomenni o bapur toiled yn eu cypyrddau a rhyw ofn yn eu llais yn bradychu eu gwir deimladau. Ond pan ddywedodd Ceri nad oedd yn poeni, ro'n i'n ei chredu.

* * *

Ar yr ail ar bymtheg, cymerais y diwrnod bant o'r gwaith. Roedd yr holl sôn am y pandemig – yr unig bwnc ar y teledu, yn y papurau a rhwng fy nghyfeillion – yn ysgogiad a hwb i iacháu fy nghorff a chymryd gwell gofal o fy iechyd. Deiat o wely cynnar, teithiau cerdded dyddiol, fitaminau, bwyd iach a dim ysmygu. Wrth edrych o'm cwmpas, teimlwn yn ddiogel yn Ynys Môn. Gallwn gerdded milltiroedd heb basio'r un person ar y lôn. Nid oeddwn yn defnyddio trafnidiaeth gyhoeddus a byth yn ymgynnull mewn grŵp mawr o bobl. Y risg pennaf oedd y plant yn mynd i'r feithrinfa ac ymweld â theulu. Ond i gymharu hynna gyda pherthnasau yn Llundain oedd yn dal y tiwb i'r gwaith bob bore – doedd dim cymhariaeth. Roeddwn yn llai tebygol o'i ddal yn trigo yn y wlad nag yn y ddinas.

Cefais wyau wedi'u potsio i frecwast ac, amser cinio, es ag Enlli am dro yn y goets i Siambr Gladdu Bodowyr. Wrth i mi gyrraedd adref o'r daith, cefais alwad gan Mam. Dywedodd fy enw mewn ffordd hiraethus a sensitif, 'Mal…'

'Mum?'

'Dwi'n meddwl bod Anne yn marw…' sibrydodd.

'Paid dweud hynna,' atebais yn amddiffynnol.

'Dyw hi ddim yn gwella…' eglurodd.

'Na?'

'*Poor old Anne*,' dywedodd yn ddagreuol.

Es i'r car gan fod gen i apwyntiad torri gwallt yn Llanfairpwll. Ro'n i am ffonio Anne ond ddim tra oeddwn yn gyrru rhag i mi ypsetio ac mi wnes ei ffonio hi o faes parcio'r orsaf drenau ar ôl fy apwyntiad.

'Sut ti'n teimlo?' gofynnais yn garcus.

'Jest yn flinedig efo tymheredd uchel ac…' meddai, yn stopio i besychu.

'Sut mae dy anadlu di?'

'Dwi'n anadlu'n iawn,' pesychodd.

'Dyw hi ddim yn rhy ddrwg ar dy ysgyfaint di felly,' meddwn yn chwilio am obaith.

'Na, ddim eto… Mae rhaid i fi fynd 'nôl i orwedd lawr.'

'Gwna di hynny, cymer gymaint o gwsg a fedri di i gryfhau'r corff,' awgrymais.

Dywedodd Anne fod y GIG yn dal i wrthod rhoi prawf Cofid-19 iddi ac er bod amheuaeth ynghylch pa gyflwr oedd ganddi, roedd mymryn o obaith afresymol nad clefyd Cofid oedd e.

Diffoddais y radio a gyrrais adref trwy'r glaw mewn distawrwydd yn cnoi cil ar y broblem mewn hwyliau tywyll. Byrlymai pryder yn fy mron a theimlais fflach sydyn o emosiwn. Roedd y syniad o Anne yn marw, ac o dan y fath amgylchiadau, yn arswydus. Dychmygais sut y byddwn yn ymateb i'r newyddion fod Anne wedi marw – roedd y syniad yn fy llethu. Teimlwn yr angen i grio ond ceisiais dawelu'r emosiwn. 'Mae hi jest yn pesychu, jest efo tymheredd. Dydyn ni ddim hyd yn oed yn gwybod ai Cofid sydd arni, felly cym bwyll.'

Yn ôl yn y tŷ, gorweddais ar y soffa efo Enlli a gwylio *Beauty and the Beast*. Nid oeddwn wedi gweld y ffilm ers fy mhlentyndod fy hunan a ches fy synnu gan safon uchel y caneuon ynddi. Aeth y gân *'Tale as old as time'* â 'mryd ar unwaith, yn rhamantus ond yn felancolaidd. Y neges a gymerais o'r gân oedd bod cariad yn rym bythol a pharhaus sy'n gallu dod â phobl at ei gilydd a'u helpu i oresgyn eu gwahaniaethau. Mae'r gân yn pwysleisio pŵer trawsnewidiol cariad a sut mae'n ein newid ni er gwell, gan ein hysbrydoli i wneud newidiadau parhaol yn ein bywydau.

'Certain as the sun
Rising in the east.
Tale as old as time
Song as old as rhyme
Beauty and the Beast.'

Roedd rhyw ddoethineb yn perthyn i eiriau'r gân ac, wrth orwedd ar y soffa, wnes i gwglo pwy sgwennodd nhw. Mae'n ymddangos i Howard Ashman lunio'r gân yn 1990 tra oedd e'n dioddef o bla arall, AIDS, a bu farw cyn i'r ffilm gael ei rhyddhau'n swyddogol yn 1991. Teimlais ing wrth ystyried amgylchiadau trasig cyfansoddi'r gân, amgylchiadau oedd yn f'atgoffa am salwch fy modryb.

A meddyliais, 'Ydy Anne yn marw?' A theimlais yr angen i grio eto.

Roedd cyflwr Anne wedi dechrau lliwio popeth. Gyda'r nos, cefais neges ganddi gyda llun wedi'i atodi o Iddon.

17/03/2020: 20:45 – Anne: *Sinéad sent these messages* [llun o Iddon] *to me today… he is proper cute though!*

17/03/2020: 20:50 – Malachy: *Yes he's a real cutie!*

17/03/2020: 20:51 – Malachy: *You'll get to meet him soon I'm sure after all this illness blows over.*

17/03/2020: 20:54 – Anne: *Please God cos I really can't wait. It is going to be a really grand occasion meeting him for the first time with that cutie pie face.*

17/03/2020: 21:12 – Malachy: *God will make sure of it xx*

Roedd hi'n tecstio a siarad. Allai hi ddim marw. Doedd hi ddim hyd yn oed wedi cyfarfod fy mab chwe mis oed. Roedd Mam yn anghywir, doedd hi ddim yn mynd i farw! Roedd hi'n mynd i oroesi hyn ac roeddwn i'n mynd i fynd â 'nheulu i'w gweld yn Llundain yn syth wedi iddi wella. Roeddem ni'n mynd i oroesi hyn. Pob un wan jac ohonom ni.

* * *

Y diwrnod wedyn, siaradais yn fyw ar Radio Cymru fel lladmerydd yr Undeb Llafur yn trafod y newyddion y byddai ysgolion Cymru yn cau ddydd Gwener, yr ugeinfed. Dros y dyddiau nesaf, ni wnaeth cyflwr Anne wella – wythnos gyfan yn dioddef tymheredd o 39°. Siaradais â hi ar y pedwerydd ar bymtheg a dywedodd bod y GIG yn dal i wrthod rhoi prawf Cofid iddi. Er hynny, roedd y doctor o'r farn am nad oedd rhai o'i symptomau'n cyd-weddu'n union â Cofid nad dyna oedd arni ond haint feirysol arall: gastroenteritis. Hoffwn fod wedi gallu credu'r doctor, ond allwn i ddim.

Roedd y diagnosis yn peri gofid i mi ac yn creu'r argraff nad oedd y GIG yn effeithiol bellach a bod Anne yn ynysig. Roedd hi wedi'i gadael ar ei phen ei hun gan y wladwriaeth. Wrth sylweddoli nad oedd cymorth ar gael, dywedodd Anne wrthyf am y tro cyntaf ei bod hi'n ofni marw ac roedd fy nghalon yn torri gan nad oeddwn yn gwybod beth allwn ei wneud i helpu.

Awn ag Enlli ar deithiau dyddiol yn y goetsh i Siambr

Gladdu Bodowyr wrth i'r pryder cynyddol am gyflwr Anne gnoi ynof a gwenwyno fy hwyliau. Roedd Enlli ar fy ysgwyddau yn rhythu ar y gwartheg a'r adar yn y cae gan eu chwifio i ffwrdd efo'i dwylo, 'Shww, anghenfil, shww. Dos o 'ma, anghenfil.'

Ro'n ni wedi cyrraedd sefyllfa lle nad oedd Anne yn gwella, a'r doctor yn mynnu ei bod hi'n dioddef o gastroenteritis. Ar y trydydd ar hugain, roedd Anne wedi diffodd ei ffôn. Cynhaliais alwad ar-lein gyda phawb. Roedd Sinéad yn hunanynysu ei hunan ac felly roedd ei chymar yn mynd draw i dŷ Anne gyda bwyd ac i siecio arni yn rheolaidd. Dywedodd nad oedd Anne yn ei adael i mewn i'r tŷ ac felly fe ddeuai'n gynyddol anodd gweld pa fath o gyflwr roedd hi ynddo. Ffoniodd Sinéad y doctor ac aethant draw gyda'i gilydd i'r tŷ i alw arni. Canfu Sinéad a'r doctor fy modryb mewn cyflwr trychinebus a galwyd am ambiwlans. Cafodd ei chludo i'r ysbyty a dywedodd Anne wrth y doctor wrth orwedd ar y stretsier, '*I've had it, I'm finished.*'

Dywedodd y doctor y byddai wedi marw pe byddai'r sefyllfa wedi parhau am un diwrnod arall. Ar gyrraedd yr ysbyty, cafodd brawf positif am Cofid. Ro'n i'n falch ac yn teimlo'n gynyddol obeithiol nawr fod ganddi wely yn yr ysbyty a'i bod yn cael gofal.

* * *

Ar y pumed ar hugain o Fawrth, eisteddais yn y cwt yn yr ardd a meddyliais am yr holl bethau roeddwn yn ddiolchgar amdanynt. Roeddwn yn dri deg oed ag iechyd da, gwraig brydferth a phlant siriol oedd yn hapus ac iach. Roeddem yn berchen ar ein tŷ ein hunain mewn bro hyfryd. Roeddwn yn swyddog undeb llafur ac yn rheoli fy ngwaith fy hunan, digon o amser hamdden gen i ar gyfer fy hobïau ac yn gyfforddus fy myd. Llu o berthnasau clos a gwresog. Wrth i'r haul drywanu trwy ffenestr y cwt, meddyliais sut hoffwn rewi pethau jest fan hyn tra oedd fy ffrind a'm modryb hoffus, Anne, bellter un alwad i ffwrdd. Mi oeddwn yn ofni'r cymylau duon a welwn yn y pellter. A'm bywyd yn dda, dymunwn gadw pethau felly.

Wnes i ddiwrnod da o waith yn y cwt ac roeddwn yn teimlo'n obeithiol nawr fod Anne yn cael gofal a thriniaeth yn yr ysbyty, hynny yw, hyd nes i mi gael galwad gan Mam yn y nos.

'O, Malachy,' griddfanodd. 'Mae Anne *yn* marw.' Roedd yn ei dagrau.

'Paid deud hynna wrtha i. Mae'n mynd i oroesi,' ymatebais yn amddiffynnol.

'Mae'r ysbyty yn dweud bod hi ddim, cariad,' eglurodd Mam yn ofalus.

'Dydyn nhw ddim yn gwybod…'

'Malachy,' llefodd Mam yn llawn cydymdeimlad. 'Mae'n marw. Does dim byd ni'n gallu ei wneud.'

Wrth i hyn suddo i mewn llefais, 'Dwi eisiau bod efo hi, Mam.'

'Tydyn nhw ddim yn gadael pobl mewn i'r ysbyty.'

'Dwi eisiau bod efo hi…'

'Malachy, ti methu cariad.'

'Nid fel hyn…'

'Jest ffonia hi yn yr ysbyty. Mae hi'n disgwyl galwad gen

ti. Mae hi'n ateb ar hyn o bryd. Ffonia hi nawr,' mynnodd Mam a rhoddodd y ffôn i lawr.

Ro'n i am ffonio Anne ar unwaith ond ro'n i'n methu stopio crio ac nid oeddwn am ei chynhyrfu hi ymhellach. Cefais afael arni drwy Facetime yn hwyrach. Roedd hi'n gorwedd ar wely ysbyty yn flinedig a llipa gyda mwgwd dros ei hwyneb yn ei rhwystro rhag siarad yn glir. Goleuai ei llygaid du pan ofynnai gwestiynau am Iddon ac Enlli, a wnes i bwyso arni i gadw ei hwyliau fyny ac i fod yn bositif a'n bod yn gweddïo am ei hiachâd.

Ar ôl yr alwad, sylweddolais pa mor anodd oedd cyfleu fy nheimladau o dan y fath amgylchiadau ac es ati'n syth i ysgrifennu llythyr a fyddai'n gadael iddi wybod yn union beth roedd hi'n ei olygu i mi. Anfonais y llythyr mewn neges dros Messenger a gofynnais am gadarnhad ei bod hi wedi'i ddarllen, ond ni chefais ymateb. Wnes i drio ei ffonio hi eto ond roedd ei ffôn wedi'i ddiffodd. Doedd dim byd y gallwn ei wneud.

* * *

Codais am bump y bore wedi noson ddi-gwsg. Sefais mewn distawrwydd gyda fy mreichiau wedi'u croesi o flaen y ffenestr yn yr ystafell fyw a gwyliais yr haul yn codi'n araf. Nawr fod Anne yn marw, doedd cwsg ddim yn cynnig gorffwys. Doedd dim diddanwch yn y cyfryngau. Dim hyfrydwch mewn cerddoriaeth. Dim cymorth mewn athroniaeth. Dim cysur mewn natur neu grefydd. Trywanodd golau trwy'r gwrych a chriais fel y glaw o flaen yr haul fflamgoch. Wrth sylwi ar ei fawredd a'i brydferthwch, roedd hi fel petawn yn gwylio'r haul yn codi am y tro cyntaf. Braint ydyw byw a bod. Roeddwn yn sicr y byddai'r haul yn parhau i godi yn y dwyrain, ond ni fyddai fy modryb yno i'w weld gyda fi.

Siaradais â fy nghyfnither, Sinéad, a dywedodd i'w mam gael noson dda a bod ei chyflwr yn sefydlog ar hyn o bryd. Teimlais fymryn o obaith. Ges i sgwrs efo Anne yn y prynhawn gyda'r plant, ac wedyn, mi ffoniais hi'n ôl yn y nos. Nid oedd yn darllen ei negeseuon ac felly ro'n i am ddarllen fy llythyr iddi dros y ffôn.

Ges i drwodd ar fideo ac roedd ei pheiriant yn bipian yn uchel yn y cefndir ac roedd llais Anne yn wan ac roedd yn anodd ei chlywed. Er hynny, ro'n i am ddarllen y llythyr ac mi wnes i geisio siarad ac yngan fy ngeiriau mor glir â phosib. Wnes i adrodd molawd Nanny yn ei hangladd heb ddeigryn ond lwyddais i ddim i fynd trwy frawddeg gyntaf y llythyr heb i'r ddau ohonom ddechrau crio. Mi roedd hi'n frwydr, a cheisiais roi trefn ar fy hunan gan fod arnaf ofn colli signal. Datganais fy nheimladau tuag ati, ei phwysigrwydd i mi a fy mod yn ei charu. Roedd Anne yn beichio crio fel petai fy ngeiriau wedi ysgwyd ei holl enaid, yn alarus ond yn hapus gyda'r hyn yr oeddwn yn ei ddweud.

'O Malachy, ti'n sbesial, ti'n sbesial,' meddai hi.

Mi oedd yn drafodaeth fendigedig a chymerais fymryn o gysur yn y syniad fy mod wedi terfynu pethau gyda hi o dan amgylchiadau anodd, gystal ag y gallwn, a rhyddhad fy mod wedi dweud fy nweud cyn ei bod hi'n rhy hwyr.

* * *

Ar y seithfed ar hugain o Fawrth, symudwyd Anne i uned gofal lliniarol. Roedd galwadau di-baid rhwng y teulu – Mam, Peter, Sinéad, Gwilym, Ray a finnau. Mewn sioc ac yn crio.

'Ydyn nhw'n gadael Sinéad mewn?' gofynnais.

'Nac ydyn,' meddai Mam.

'Er ei bod hi'n marw!'

'Tydyn nhw ddim yn gadael neb mewn. Mae Sinéad tu allan i'r ysbyty. Mae dynion yn ceisio cicio'r drysau lawr i gael mynd i mewn at eu teulu. Mae'n erchyll.'

'C'mon, gallen nhw gynnig offer amddiffynnol personol iddi fynd mewn.'

'Na, maen nhw'n gwrthod. Dyna ydy'r rheolau,' meddai Mam yn ddagreuol.

'Dwi jest eisiau dal ei llaw hi. Os gallai Sinéad ddal ei llaw o leiaf.'

'Ni'n methu.'

'Oes 'na unrhyw obaith wnaiff hi wella?' gofynnais, yn gwybod yr ateb eisoes.

'Deuda dy weddïau dros Anne druan, mae hi angen gwyrth.'

Es i'n ôl i'r tŷ ac esboniais wrth Celyn beth oedd wedi digwydd ac na wyddwn a fyddai Anne yn goroesi'r noson. Ar ôl i'r plant fynd i'r gwely, eisteddais ar y soffa efo Celyn yn fy nghofleidio a bûm yn llefain am oriau fe deimlai. Roedd Anne mewn dyfroedd dyfnion ac roeddwn wedi suddo i bwll dwfn o boen.

Roedd cymaint o syniadau, dyheadau, breuddwydion ac atgofion yn llenwi fy meddwl. Teimlais gasineb yn fy nghalon yn erbyn y wladwriaeth a'r rheolwyr naïf ac anghyfrifol oedd heb baratoi nac ymateb mewn da bryd i fygythiad y pla. Casineb tuag at bobl sy'n blaenoriaethu elw ac ystyriaethau busnes dros iechyd dinasyddion. Arswyd bod gan y wladwriaeth y pŵer i gadw teulu draw oddi wrth ddynes ar ei gwely angau.

Cawn lanw o atgofion a theimlwn yn ddig gyda fy hunan. Mae marw yn bendant ac yn gadael atgofion chwerwfelys ac edifeirwch ar ei ôl. Edifarheais yr amser a wastraffais a'r cyfleoedd a fethais. Roeddwn yn difaru peidio mynd ag Anne gyda fi i'r Caribî. Difaru peidio â mynd â'r plant i Lundain i ymweld â hi ar ôl i Iddon gael ei eni. Difaru na ddaeth hi erioed i'n gweld yn Ynys Môn. Ro'n i'n meddwl bod gennym fwy o amser. Roedd hi'n boenus meddwl am y plant yn tyfu fyny hebddi hi. I feddwl na fyddai gennyf ffrind i ymweld â hi yn Llundain a gwrando ar gerddoriaeth efo hi. Ro'n i eisiau rhagor o amseroedd llon a hapus gyda hi. Rhagor o sgyrsiau difyr. Nid oeddwn am i'n hwyl ddod i ben.

* * *

Cefais noson ddi-gwsg arall. Rhannodd Mam a Sinéad sgwrs brydferth a chysurol efo Anne (i gyd ar yr un alwad) yn yr oriau mân, yn ei hatgoffa hi o'i phlentyndod ac am amseroedd melys a dedwydd ei bywyd. Anfonodd Anne ei chariad at Celyn. Yn y bore, gyda help y nyrs, llwyddais i gael Anne ar fideo gyda Celyn a'r plant. Roedd y babanod yn ddof a gwenent arni yn ei mwgwd, a gwnaeth Celyn a finnau ddweud gweddi wrthi hi, Celyn wedi adrodd 'Ein

Tad' yn y Gymraeg, a minnau 'Henffych Fair' yn Saesneg, gydag Anne yn ceisio ymuno. Roedd yn sgwrs hardd ac ysbrydol.

A minnau'n teimlo'n hynod sensitif, gwelwn y byd o'r newydd. Roedd y glaswellt yn wyrddach, yr awyr yn lasach. Es ag Enlli am dro yn y goetsh i Siambr Gladdu Bodowyr a chriais pan welais oen bach yn y cae. Roedd y byd mor brydferth – roedd yn ofnadwy marw a cholli hyn i gyd. Do'n i ddim eisiau ei cholli hi ac ro'n i eisiau ei chofleidio yn dwymgalon am yr un tro olaf. Wnes i weddïo wrth i mi i fynd lawr y lôn yn ymwybodol y gallai farw ar unrhyw foment. '…gweddïa drosom ni bechaduriaid yr awr hon, ac yn awr ein hangau. Amen.'

Ceisiais ffonio Anne bedair gwaith yn y prynhawn heb ymateb, a Sinéad yn ei dagrau yn dweud nad oedd hi'n gallu siarad bellach. Y rhain oedd y dyddiau tywyll. Iesu Grist, ni wyddwn ddioddefaint fel hyn.

* * *

Cysgais yn llofft Enlli ar fy mhen fy hunan rhag ofn i mi dderbyn y newyddion yn ystod yr oriau mân. Am y tro cyntaf mewn bron i ddegawd, gweddïais y rosari a swynais fy hun i gwsg ysgafn, pruddglwyfus. Ar fore'r nawfed ar hugain o Fawrth, gorweddais yn effro ar fy ngwely yn disgwyl. Ei hysbryd yn ifanc, dim ond 56 oedd hi. Roedd hyd yn oed y waliau melyn yn fy atgoffa ohoni hi. Roeddwn wedi peintio'r llofft gyfan yn ystod gwyliau Nadolig 2018 tra oeddwn yn siarad ag Anne ar y ffôn. Byddem yn siarad am oriau. Dirgrynodd fy ffôn am saith. Sefais ac es i'r ffenestr a rhythais i'r de-ddwyrain, ar yr Wyddfa yn y pellter. Derbyniais yr alwad.

'Malachy,' meddai Mam yn gydymdeimladol.

'Go on.'

'Mae'n newyddion drwg.'

'Mae'n iawn,' atebais, yn ymbaratoi.

'Bu farw am 4.30 bore 'ma... Ro'n i'n gwybod faint oeddet ti'n ei charu hi – roedd hi'n gwybod hynny.'

Llefais.

'Fy chwaer! *Poor old Anne... Poor Sinéad. Poor us,*' meddai Mam yn ei dagrau.

Caru byw

Un hael ei chariad o hyd, yn ei hoes
bu'n mwynhau bob ennyd.
Rhôi o'i hasbri a'i hysbryd,
a rhôi i bawb ddaioni'r byd.

Heulog oedd dawns ei chalon nos a dydd
nes dwyn yr alawon
yn ei llais o'r nos yn llon
i'w gwawr olaf mor greulon.

Yn ei gwên bu digonedd, a heddiw
Ni fyddai'n ein bysedd
Y nerth na'i holl anferthedd,
Heb garu byw, i gau'r bedd.

Gan y Prifardd Osian Rhys Jones

Fy medydd i, Peter, Mam ac Anne,
Eglwys Carmelite Kensington, Gorffennaf 1989

MÁEL MÁEDÓC

Ddiwedd mis Awst 2020, eisteddai fy ngwraig a finnau ar y soffa yn ein hystafell fyw efo llyfr enwau babanod ar fy nglin a Celyn â beiro a phapur yn ei dwylo.

Bedwar diwrnod ynghynt, deffrodd Celyn a chyhoeddi bod yn rhaid iddi bicio i'r swyddfa ym Mae Colwyn. Y fi, felly, oedd yng ngofal y plant. Cawsom uwd i frecwast ac yn hwyrach ymlaen, pan oedd Iddon yn cael ei gyntun boreol, es â nhw i *drive-thru* McDonald's ym Mangor. Daethom yn ôl i'r tŷ a rhoddais Iddon yn y sedd uchel a rhannodd Enlli'r fainc gyda fi wrth y bwrdd. Bwytodd y ddau'r *hash browns* ond dim ond Iddon a gymerodd ddiddordeb yn yr wy a selsig McMuffin.

Dychwelodd Celyn yn ystod ein pryd – yn annisgwyl o gynnar. Cofleidiodd Enlli yn ddagreuol a'i rhoi i eistedd ar ei glin. Cyffyrddodd Enlli ei hwyneb â'i dwylo llyfn ac wrth edrych i fyw llygaid Celyn gyda'i llygaid brown dyfn, gofynnodd, 'Wyt ti'n iawn, Mami?'

Edrychodd Celyn draw ataf ar draws y bwrdd derw. Roedd hi'n emosiynol ond nid oeddwn yn gallu dirnad y rheswm pam. Roedd dagrau bach yn ei llygaid ond roedd y wên ddireidus dros ei hwyneb yn gymysg o ofn a chyffro. Gallwn synhwyro wrth ei gwên nad oedd neb wedi marw.

'Be sy?' gofynnais yn syn wrth lywio iogwrt i mewn i geg Iddon.

'Paid, dwi'm eisiau crio o flaen y plant,' atebodd Celyn wrth droi ei hwyneb oddi wrthyf.

Roedd hi'n cilwenu a gwnaeth hynny i mi feddwl mai dagrau hapusrwydd oedden nhw. 'Wyt ti wedi cael dyrchafiad?'

'Naddo. Mi wnawn ni siarad hwyrach 'mlaen. Dwi'm yn gwybod pam dwi'n chwerthin!'

'Colli dy swydd?' cynigiais.

'Naci, dim hynny.'

'Dwi'n crafu 'mhen fan hyn.'

''Dan ni angen siarad,' meddai hi wedyn.

Doeddwn i ddim yn dymuno pwyso arni rhag ofn ei fod yn newyddion drwg.

'*Ok*, 'te,' meddai hi, gan siglo Enlli o ochr i ochr fel metronom ar ei glin.

'Beth?'

'Dwi'n disgwyl.'

'Disgwyl?!'

'Dwi hanner ffordd drwy fy meichiogrwydd,' cyffesodd.

'Hanner ffordd! O, mam bach! Pryd mae'r babi'n dod?' gofynnais, yn ceisio gwneud y fathemateg.

'Mis Ionawr.'

'Ar ôl Dolig!' ebychais gan dynnu fy het dros fy wyneb.

'Gen i luniau a phob dim,' meddai'n gyffrous.

'Ydy'r babi'n iawn?' mynnais.

'Yndi.'

'Wow,' ebychais mewn syndod a rhyddhad.

Mi oedd y newyddion yn gwbl annisgwyl i mi er bod yr arwyddion yno, erbyn meddwl. Cwestiynais fy hunan sut aeth gymaint o'r beichiogrwydd heibio heb i ni sylweddoli.

'Rhaid 'mod i wedi beichiogi oddeutu mis Mawrth.'

'O gwmpas marwolaeth Anne,' sylwais yn argoelus.

Wrth i mi amgyffred y wybodaeth, wnes i feddwl am ei hymddygiad. A oedd hi'n ofni sut y byddwn i'n ymateb?

'Roedden ni eisiau tri ta beth. Yn gynt nag o'n i'n disgwyl, ond dwi'n hapus iawn,' meddwn.

'Tri o blant, 'de,' atebodd Celyn efo gwên lydan.

Codais ar fy nhraed. 'Llongyfarchiadau!' cyhoeddais, ac es i draw ati a'i chofleidio.

* * *

Beth i alw hwn neu hon? Roeddem yn ddedwydd gyda'r newyddion ac roeddwn yn ddiolchgar bod gennyf fywyd newydd i feddwl amdano a pharatoi ar ei gyfer ar wahân i feddwl am waith a marwolaeth Anti Anne. Ond oherwydd cyfyngiadau Cofid, roedd fy rôl fel tad sy'n disgwyl wedi ei chyfyngu'n sylweddol. Ni fyddwn yn gallu mynychu apwyntiadau Celyn gyda'r fydwraig na bod yn bresennol yn ystod sgan y babi na chlywed curiad ei galon/chalon am y tro cyntaf yn fyw ar y peiriant sain yn yr ysbyty. Cerrig camu bach a phrofiadau a wnâi i mi, fel tad, deimlo fy mod i'n paratoi at y dyfodiad, yn gwneud fy rhan, ac yn helpu fy ngwraig. Y tro hwn, byddai Celyn yn gorfod gwneud y rhain i gyd ar ei phen ei hunan. Fodd bynnag, gallwn helpu i ddewis enw cyntaf a chanol iddo fo neu hi.

Gyda llyfrau Heini Gruffudd *Enwau Cymraeg i Blant* a Meic Stephens *Welsh Names for your Children* ar fy nglin yn yr ystafell fyw, aethom drwy'r opsiynau a Celyn yn nodi ein hoff enwau ar ddarn o bapur. Erbyn amser cinio, roedd gennym enw cyntaf ar gyfer bachgen a merch; jest enw canol merch roeddem yn chwilio amdano nawr. A ddylem ddefnyddio enw teuluol i gadw rhyw gysylltiad â'r gorffennol? Doedd dim o enwau ein hynafiaid y gwyddom amdanynt yn mynd â'n bryd. Roeddem yn gwybod y dyddiad disgwyl a chwiliais a oedd unrhyw enwau yn hysbys oddeutu'r amser hwnnw o'r flwyddyn y gallem eu defnyddio, fel gŵyl sant, pen-blwydd neu farwolaeth adnabyddus ac ati.

Wrth sgrolio trwy 'On This Day' ar Wicipedia, dywedodd Celyn fy mod i'n mynd â phethau braidd yn bell. Ar sail sylw fy ngwraig, wnes i fyfyrio am ddylanwad Grandma gan ei bod hi'n hoff o enwi plant. Wedi'r cyfan, Grandma wnaeth lobïo i'm henwi yn Malachy ar ôl ei brawd yn Iwerddon. Enwodd hi fy nghyfnither Sinéad yn Lucy wedi iddi gael ei geni ar Ŵyl Sant Lucy. Newidiodd Anne ei henw i Sinéad yn hwyrach ar ôl clywed cân Sinead O'Connor 'Nothing Compares 2 U' ar y radio. Ond nid jest mynnu enwau Gwyddelig wnâi hi. Roedd Mam a Dad yn mynd i enwi fy mrawd yn Rhys, ond pan ddaethon nhw adref o'r ysbyty gyda'r baban, dywedodd Dad wrth Grandma bod ei dad-cu wedi marw yn y tŷ flynyddoedd ynghynt. Gofynnodd Grandma beth oedd ei enw: Gwilym. A mynnodd hi bod yn rhaid galw fy mrawd yn Gwilym ac nid yn Rhys, oherwydd y cysylltiad. Aeth ymhellach a dechrau ymyrryd yn enwau ochr Dad y teulu. Ceisiodd bwyso ar fy ewythr i enwi fy nghyfnither yn Patricia wedi iddi gael ei geni ar ddydd San Padrig, ac erfyniodd ar fy modryb i enwi fy nghefnder yn Francis am iddo gael ei eni ar yr un dydd ag y bu farw ei hen dad-cu, Frank. Roedd gan Grandma syniadau pendant am gonfensiynau enwi o gwmpas marwolaethau, digwyddiadau a dathliadau ac roedd yn fwy na pharod i leisio ei barn.

Ond pam fod enwau'n bwysig? Mae'n teimlo'n bwysig – yn fynegiant o hunaniaeth a threftadaeth. Yn fy arddegau, dwi'n cofio darllen yn chwilfrydig am ddadl Malcolm X dros ollwng ei gyfenw, Little, oherwydd i'w hynafiad caeth gael yr enw 'annilys' Little gan ei feistr. Fel Americanwr Affricanaidd, roedd yn amhosib darganfod ei gyfenw Affricanaidd gwreiddiol gan i holl ieithoedd ac enwau'r caethweision gael eu dileu a'u disodli pan gyrhaeddont Unol Daleithiau America, ac fel disgynnydd caethweision, ni allai Malcolm ond cynnig y cyfenw 'X' – h.y. 'ddim yn gwybod'. Roedd yr amgylchiadau y derbyniodd y cyfenw 'Little' yn berthnasol i mi gan fod cyfenw morwynol fy mam sef McCollin yn enw a dderbyniodd ein hynafiaid caeth gan eu meistri yn Barbados. Mae'n fy atgoffa y bu cyfnod pan nad oedd gan fy hynafiaid bŵer na rheolaeth ddigonol dros eu bywydau i wneud rhywbeth mor sylfaenol ag enwi eu plant eu hunain neu drosglwyddo eu treftadaeth. Ar y naill law, cafodd cyfenwau Gwyddeleg eu Seisnigo a'r confensiwn Cymraeg 'ap' ei ddisodli, ond mae'r cwestiwn yno o hyd – a ydy enw yn llechen wag yr ydym yn taflunio ein hunain arni neu a ydy'r enw yn drwm o dreftadaeth a bod yr unigolyn yn cael ei liwio gan yr enw mae'n ei dderbyn? Os ydy'r pwerau a fu yn newid neu'n disodli eich enw – os ydych yn newid eich enw eich hunan – a ydych chi eich hun wedi newid mewn rhyw fodd ystyrlon o ganlyniad?

* * *

Cytunom ar enw i'r baban a rhoddais y tegell ymlaen yn y gegin. Codais fy allwedd arian o'r blwch ac es i'r cwt gyda fy mhanad stemllyd. Yn y cwt, roedd delwedd fechan yn arddull eicon Bysantiwm o Malachy Sant yn hongian ar y wal o'm blaen. Pam wnes i brynu'r darlun naff hwn a'i osod yn y cwt? Dwi'n ddirgelwch i fy hunan! Deffrodd yr eicon atgof am yr amser yr ymwelais â'm hen ewythr yn Iwerddon pan oeddwn yn ddwy ar bymtheg oed. Aethom ar daith i Gadeirlan San Padrig, Ard Mhacha, ac i weld ffenestr Malachy Sant gyferbyn â seintiau adnabyddus eraill. Cyn gadael y Gadeirlan, tynnodd fy nhad lun o fy hen ewythr a minnau o flaen cerflun carreg o'r un oedd yn rhannu enw gyda ni – y tri Malachy gyda'i gilydd. Ar y pryd, roedd gen i deimladau anniddig am y pwyslais hwn ar y cysylltiad trwy enwau, roedd e'n teimlo fel gimig. Mae'n debyg fod yr oedolion ar ryw lefel yn ceisio tanlinellu sut roeddwn yn perthyn i Iwerddon. Wedi'r cyfan, roedd yr enw yn dystiolaeth o wreiddyn dyfnach; ganed Malachy Sant yn Ard Mhacha ac roedd yn archesgob San Padrig; ganed fy hen dad-cu, Peadar, yn Ard Mhacha; roeddem i gyd yn Gatholigion oedd i ryw raddau yn hanu o'r ardal hon yn Iwerddon. Mi oedd yr enw yn arwydd o darddiad. Er hynny, yn ddwy ar bymtheg oed, nid oeddwn yn hoffi'r enw Malachy ac ystyriais ei newid.

* * *

Ers yn ifanc iawn, roeddwn yn ymwybodol bod fy enw'n gysylltiedig â Sant Gwyddelig o'r Canol Oesoedd a'i fod yn enw anghyffredin ym Mhrydain. Roedd pobl yn

holi amdano, o ble roedd yn dod ac am sut i'w ynganu –
Mala-ci (cywir!). Roedd Grandma yn falch o'r enw ac yn
hoff o'm hatgoffa sut ges i fy enwi ar ôl dyn sanctaidd oedd
â gweledigaeth, yn broffwyd ac, yn bwysicach na hynny,
yn Wyddel. Am y gwyddwn, roedd yr enw mor Wyddelig
â'r siamroc a Guinness. Byddai Grandma yn cario copi o
lyfr Sant Malachy, *Proffwydon y Pabau*, yn ei phwrs ac yn
trafod ei broffwydoliaethau (cyfres o frawddegau cryptig
yn ymwneud â phob Pab nes Ddydd y Farn) gyda fi ar
yr Underground tra byddem ar ein ffordd i Eglwys y
Carmeliaid yn Victoria.

Ymhyfrydai Grandma yn fy enw, a sut y cefais fy enwi
ar ôl proffwyd oedd yn gwybod dyddiad yr apocalyps, ac,
o'r herwydd, ymhyfrydais innau yn fy enw fy hunan. Ro'n
i'n falch imi gael fy enwi ar ôl awdur a dyn doeth. Roedd
e'n gwybod yn y deuddegfed ganrif mai Peter Romanus
fuasai Pab olaf ein hoes ninnau:

'Yn erledigaeth derfynol yr Eglwys Rufeinig
Sanctaidd fe deyrnasa Pedr y Rhufeiniwr, yr hwn a
bortha ei braidd ym mhlith gorthrymderau lawer;
ar ôl hynny bydd y ddinas saith-fynydd yn cael ei
dinistrio, a bydd y Barnwr ofnadwy yn barnu'r bobl.'

Cefais ar ddeall fod Malachy Sant yn sbesial, byddai
rhan o'i hynodrwydd yn trosglwyddo i mi ac, yn blentyn,
byddwn yn eistedd wrth y bwrdd bwyd yn Ffynnon Taf
yn sgriblo ar ddarnau o bapur, yn ysgrifennu llyfr fel y
gwnaeth y sant o'r un enw â mi. Yn ôl y ddeallwriaeth

oedd gen i ar y pryd, roedd Malachy Sant yn awdur, ac roedd hynna'n beth da i fod.

Wel, dyna sut wnaeth pethau ddechrau. Er bod Catholigion yn fwy tebygol o wybod rhywbeth am wreiddiau Gwyddelig yr enw, i'r mwyafrif, roedd e'n enw dieithr. Pan oedd pobl yn adnabod yr enw, câi ei adnabod fel awdur llyfr olaf yr Hen Destament, Malachi a doedd gan Lyfr Malachi affliw o ddim i'w wneud ag Iwerddon. Roeddwn wedi drysu am y peth a holais Grandma am wreiddiau'r enw ar y sail fod pobl yn gwadu ei gysylltiad ag Éire. Dywedodd hithau nad oedd hi erioed wedi clywed y ffasiwn beth. Roedd Malachy Sant yn Wyddel i'r carn. Mynnodd ei fod e'n enw reit gyffredin yn ei hen fro. Pwyntiodd at lyfr *Angela's Ashes* gan Frank McCourt ar ei silff llyfrau – yr unig lyfr seciwlar roedd hi'n berchen arno – a dywedodd fod y tad a'r brawd yn yr hunangofiant â'r un enw, Malachy. Maentumiodd na allai neb sgwennu stori fwy Gwyddelig na hanes y McCourts yn Luimneach. Gan fy mod i'n blentyn ac erioed wedi clywed am *Angela's Ashes* na Luimneach, nid oedd gennyf y syniad lleiaf am arwyddocâd ei hesboniad ond, gan iddi gadarnhau fod Malachy yn enw Gwyddelig a hynny gyda'r fath bendantrwydd, roeddwn yn fodlon.

Byddai plant hŷn yn holi am fy enw, yn holi am fy lliw, yn holi o ble y des yn 'wreiddiol'. Nid oeddent yn derbyn fy ateb ac roeddent yn pwyso arnaf am fwy o wybodaeth. Dechreuodd wawrio arnaf nad oedd y byd wedi'i drefnu fel yr honnai Grandma, ar linellau crefydd a chenedl, ond yn fwy rhanedig o ran dosbarth a hil. A minnau teimlo'n ddryslyd, trown at Mam am atebion. Mewn un ymarfer pêl-droed, fe wnaeth bachgen honni bod fy enw i'n estron a fy mod i'n estron oherwydd fy mod i'n frown. Gofynnais i Mam pam y rhoddodd yr enw Malachy – enw estron – arnaf. Dywedodd hithau ei fod e'n Wyddelig, yn enw prydferth, ac yn enw ar fy ewythr ym Muineachán – ac y dylwn i fod yn falch ohono. Atebais innau fy mod i'n ddu ac yn amlwg eisoes, ac felly pam fy magu gydag enw Gwyddelig yng Nghymru? Dywedodd ein bod yn hanu o Iwerddon ac na ddylem guddio na gwadu ein gwreiddiau er mwyn plesio eraill. Mynnodd fod yr enw yn addas i mi. Ond nid oeddwn wedi fy narbwyllo. Penderfynais ollwng yr '-achy' am gyfnod yn ystod f'arddegau ac ugeiniau cynnar a chyfeirio a chyflwyno fy hunan fel 'Mal' yn unig. Do'n i ddim eisiau'r drafferth o esbonio fy enw, ddim eisiau sefyll allan ac roeddwn am osgoi tynnu rhagor o sylw at f'estroniaeth a minnau eisoes yn smotyn brown ar gynfas wen Cymru.

* * *

Derbyniais alwad yn y cwt gan Mam i ddweud eu bod nhw wedi stopio i gael hoe yn Llanfair-ym-muallt ar eu taith i fyny atom. Agorais fy llyfr a rhoddais fy nhraed i fyny i geisio gwneud rhywfaint o ddarllen cyn iddynt gyrraedd. Roedd yr holl sôn am enwau wedi f'annog i roi cynnig ar Fuchedd Malachy Sant (*Bywyd a Marwolaeth Esgob Gwyddelig, Malachy Sant*). Cafodd Buchedd Malachy Sant ei hysgrifennu gan gyfoeswr a chyfaill rhyw ddegawd yn unig ar ôl iddo farw ac nid canrifoedd fel yn achos nifer o fucheddau seintiau amlwg eraill (fel buchedd Dewi Sant gan Rhygyfarch). Yn y bwlch yna mae'r fytholeg yn tyfu ac yn esblygu – bwlch nad oedd yn bodoli pan aeth cofiannydd Malachy at ei waith. Ond ar y llaw arall, mae'r cofiannydd (Bernard Sant o Clairvaux) yn medru cynnig portread real o'r Sant canoloesol sydd wedi'i wreiddio mewn ffeithiau a'i sylwadau ei hun am bersonoliaeth a chymeriad ei destun fel na allai neb ond cyfaill wneud.

Roedd cyfnod Malachy (1094–1148) cyn concwest y Normaniaid. Fe'i penodwyd yn Archesgob Ard Mhacha yn 1132 ac roedd ei gymynrodd yn cynnwys cyflwyno Ewrop i Iwerddon (cyflwynodd y gymuned grefyddol Sistersaidd gyntaf yn Iwerddon, yn Lú yn 1142) a Rhufeinio'r Eglwys Geltaidd. Mae'r bywgraffiad yn canolbwyntio'n bennaf ar y gwrthdaro sylweddol a brofodd gan ei gydwladwyr wrth ei waith yn ogystal â'r gwyrthiau a briodolid iddo. Byd Malachy Sant oedd y byd Cristnogol a'i gorwelion yn Ewrop. Bu farw yn Clairvaux, Ffrainc, ar bererindod i Rufain ar 2 Tachwedd yn 1148 ym mreichiau ei gofiannydd, Bernard Sant. Ym marn ei gofiannydd, roedd dylanwad ac effaith Malachy ar Rufeinio'r Eglwys yn Iwerddon yn ysgytwol a gwerthfawr:

'Gwnaeth reoliadau yn llawn cyfiawnder, yn llawn cymedroldeb ac uniondeb. Ym mhob eglwys, efe a ordeiniodd sancsiynau apostolaidd a gorchmynion y tadau sanctaidd, ac yn enwedig arferion yr Eglwys Rufeinig sanctaidd. Felly y mae hyd heddiw lafarganu a salmau yn yr eglwysi ar yr oriau canonaidd fel yng ngweddill y byd Cristnogol. Oherwydd nid oedd y fath beth o'r blaen, hyd yn oed yn y ddinas… Yna sefydlodd Malachy o'r newydd y defnydd mwyaf iachusol o Gyffes, Sacrament y Conffyrmasiwn, y Cytundeb

Priodas – pob un ohonynt yr oedd [y Gwyddelod] naill ai'n anwybodus neu'n esgeulus yn eu cylch.'

Llwyddodd i osod yr Eglwys yn Iwerddon ar seiliau cadarn a sicrhau bod ei dull gweithredu, ei defodau a'i harferion yn unol â chyfarwyddyd y Fatican. Yn gydnabyddiaeth o'i gyfraniad a'i bwysigrwydd yn natblygiad yr Eglwys Rufeinig Gatholig yn Iwerddon, Malachy oedd y Gwyddel brodorol cyntaf i gael ei ganoneiddio yn 1190.

* * *

Ac eto, nid Malachy oedd ei enw gwreiddiol. Pan ddychwelaf at y llun hwnnw o fy hen ewythr a minnau o flaen y cerflun o'r Sant yng Nghadeirlan San Padrig yn Ard Mhacha, ei enw eglwysig, Malachias, sydd wedi'i gerfio ar y plinth. Ei enw bedydd oedd Máel Máedóc Ua Morgair. Ystyr ei enw cyntaf, 'Máel Máedóc', yw 'un sy'n ymroddedig i Máedóc', hynny yw mae'n debyg y cafodd ei enwi ar ôl Máedóc Sant, Esgob Fearna (558–632).

Yr hyn sydd yn neilltuol am y Sant Gwyddelig Máedóc yw iddo dreulio cyfnod yng Nghymru yn ddisgybl i nawddsant Cymru, Dewi. Yn Iwerddon, fe'i hadwaenir fel Máedóc neu Aedan, ac yng Nghymru, fe'i hadwaenir fel Maydawc neu Aeddan. Fel y dywed Buchedd Dewi, a ysgrifennwyd gan y clerig Rhygyfarch (m.1099), sy'n cyfeirio ato gyda'r naill enw:

'Sef a oruc Dewi yna, bot yn llawen vrthaw a mynnet ddwylaw mynwgyl idaw, ac amouyn ac ef am anssawd <u>Maydawc sant</u>, y disgybyl; a mawr y carei Dewi y disgybyl.'

Felly, enwyd Malachy Sant ar ôl esgob Gwyddelig-Cymreig; sant Celtaidd sydd â phresenoldeb a mytholeg barhaol ar ddwy ochr Môr Iwerddon (sefydlodd Eglwys Aeddan Sant yn Llanhuadain). Ond sut daeth yr enw Malachy i ddisodli ei enw bedydd? Mae'n ddigon posib, ar sail Celtigrwydd yr enw Máel Máedóc, nad oedd yn rhwydd ei Ladineiddio, ac felly, cymerodd enw cwbl newydd o'r Beibl yn hytrach – o Lyfr Malachi / Malachias. Yn ôl Beibl Douay-Rheims, mae'r enw Malachias yn golygu 'Angel yr Arglwydd', ac mae ei gofiannydd yn chwarae ar gysylltiad ei enw ag angylion ym Muchedd Malachy Sant:

'Gan ei fod yn un o'r fath, felly, yn annwyl gan Dduw a dynion, nid yn anhaeddiannol y derbyniwyd Malachy ar y dydd hwn i gwmni angylion, wedi iddo gyflawni mewn gwirionedd yr hyn a ddynoda ei enw. Ac yn wir, yr oedd efe eisoes yn angel nid llai mewn purdeb nag mewn enw, ond y mae ystyr ei enw gogoneddus yn cael ei gyflawni yn fwy dedwydd ynddo yn awr fel y mae yn gorfoleddu mewn cyfartalwch a dedwyddwch â'r angylion.'

* * *

Roedd fy rhieni wedi cyrraedd. Rhoddais y gorau i fy ngwaith, diffodd y switshis trydan, cau fy laptop a gadael y cwt. Bûm yn edrych ymlaen at yr ymweliad gan nad oeddwn wedi eu gweld nhw ers parti dyweddïo fy mrawd a'i ddyweddi, Catrin, ym mis Mawrth. Ac roedd cymaint wedi digwydd ers hynny – yn y byd, yn bersonol – teimlwn fod y parti'n perthyn i oes gynharach.

Agorodd Enlli'r drws a chamodd yn ôl wrth iddynt ddod i mewn i'r stafell efo gwenau mawr a breichiau agored. Aeth Enlli atynt i hel mwythau ond cuddiodd Iddon tu ôl i goes Celyn.

'Tyd 'laen, Iddon. Groc a Taid 'dyn nhw,' anogais.

'Ydw i'n gallu cael cwtsh?' gofynnodd Mam-gu yn daer efo breichiau agored i'r crwtyn bach.

Siglodd Iddon ei ben wrth sugno ar ei fawd yn anniddig a dal gafael yn nhrowsus Celyn. Camodd Mam-gu yn nes ato ac achosodd hynny i ddagrau ffurfio yn ei lygaid mawr.

'Bydd o'n iawn mewn chydig, 'sdi. Beth am i ni ymlacio gyntaf ac wedyn dwi'n siŵr ddaw o atoch chi?' cynigiais.

'C'mon, tegell 'mlaen,' gorchmynnodd Mam-gu.

Cyfarchom ein gilydd a chofleidio'n lletchwith. Roedd Mam a Dad yn edrych yn iach ac yn drwsiadus. Roedd Mam wedi clymu ei gwallt trwchus du a gwisgai gôt Barber a bŵts mynydda, yn barod am antur.

'Dwi'n gobeithio dwyt ti'n dal ddim yn cerdded gormod, Malachy – mae'n galed ar dy draed a'r cluniau,' meddai Mam.

'Ti'n gwybod bod cerdded yn dda i'r iechyd, dwyt?' chwarddais.

'Dwi ddim yn hoffi meddwl amdanat ti yn cerdded ar hyd lonydd cefn efo'r holl geir.'

'Does gen i fawr o ddewis o gwmpas fan'ma.'

'Wel, bydd yn ofalus, mae'r teulu wedi bod trwy ddigon eisoes.'

Daeth Celyn allan o'r gegin efo paneidiau o de ar hambwrdd a'u gosod ar ein bwrdd. Gallwn weld fod Dad wedi blino wedi'r gyrru a llymeitiai ei de yn ddistaw. Roedd llygaid Mam wedi eu hoelio ar Iddon oedd yn eu gwylio nhw'n chwilfrydig o du ôl y soffa. Ar ôl te, aeth Dad yn ôl i'r car i nôl fy etifeddiaeth. Daeth yn ôl gyda dwy ffon gerdded bren a llyfr, a'u cyflwyno i mi.

Roedd y ffyn yn perthyn i Grandma. Roedd un ffon bren olau ei lliw gydag olion te ar y fraich, ac roedd y llall yn ddu wedi'i gwneud yn arbennig i Grandma gan ewythr Dad, y Comiwnydd Yncl Bob. Cymerodd Enlli ffon Grandma o 'nwylo a dechreuodd ei swingio hi o gwmpas yn beryglus, yn union fel ro'n i'n arfer gwneud yn blentyn.

'Be 'di hwn?' gofynnais wrth i mi dderbyn y llyfr.

'Pan o'n ni'n clirio tŷ Anne daethom o hyd i ddyddiadur fy chwaer Joan,' meddai Mam.

Aeth gwefr drwof wrth i mi fyseddu'r llyfryn A4 Folio Society a'i glawr lledr coch gyda phatrymau deilen aur.

'Oedd Anne yn gwybod am hwn?' gofynnais gan fy mod wedi gofyn i Anti yn flaenorol oedd ganddi ddogfennau Joan ac roedd hithau wedi dweud na.

'Dwi ddim yn gwybod – roedd gymaint o stwff yn y tŷ, ella ei bod hi wedi anghofio amdano,' awgrymodd Mam.

Roedd Anti Joan wedi llenwi wyth a thrigain ochr A4 heb linellau mewn llawysgrifen daclus las mewn Ffrangeg a Saesneg.

'Wyt ti wedi darllen hwn?' gofynnais.

'Dwi wedi, ond paid â'i ddangos e i neb,' rhybuddiodd, yn awyddus i amddiffyn preifatrwydd ei chwaer – hyd yn oed ar ôl iddi farw.

'Paid poeni, wna i edrych ar ei ôl o,' atebais.

Mae'r dyddiadur yn dechrau ar y seithfed o Fai 1980 ac yn gorffen ar y trydydd o Awst yr un flwyddyn. Cadwodd y dyddiadur tra oedd yn fyfyrwraig ugain oed yn astudio Economeg a Ffrangeg yng Ngholeg Bedford, Prifysgol Llundain. Roeddwn yn ddiolchgar ei bod wedi cadw cofnod – roedd hi'n destun chwilfrydedd i mi a nawr gallwn ddarllen amdani yn ei geiriau ei hun.

'Mae'n iawn fod e'n mynd i ti, ti'n gwerthfawrogi pethau fel'na,' sylwodd Mam.

'Dwi'n falch fod gennym ni rywbeth yn llaw Joan. Mae'n siom na sgrifennodd Anne rywbeth hefyd. Fwy o sgwrsiwr na sgwennwr, wedwn i,' dywedais yn brudd.

Tapiodd Mam ewin pinc ei bys brown ar glawr y dyddiadur coch a dywedodd, 'Os edrychi di yng nghefn y llyfr, mae llythyr gan Anne ynddo.'

Estynnais y llythyr a'i agor allan ar y bwrdd. Drafft neu ohebiaeth heb ei hanfon at ei thad, Kenrick, oedd e. Roedd y cynnwys yn gariadus ac yn ymgais gan Anne i fynegi ei theimladau, a magu perthynas newydd gyda fe. Mae'n peri tristwch i sylweddoli nad oeddent mewn cysylltiad pan fu farw Dad-cu yn Barbados. Joan, Anne, Kenrick – mae llawer o dor calon a bywydau toredig rhwng y cloriau hynny. Caeais y llyfr a'i roi ar y silff.

'Mae gen ti gasgliad da o ohebiaeth teulu nawr,' sylwodd Dad wrth gyfeirio'n gudd at lythyrau'r hen fam-gu, Agnes. 'Dyw dy fam di ddim yn hoff o sôn am y gorffennol.'

Cytunodd Mam.

'Ond trwy beidio myfyrio ar y gorffennol rwyt ti'n anwybyddu rhan helaeth o dy fywyd di,' pregethais.

'Swnio fel Anne! Roedd hi'n byw yn y gorffennol,' wfftiodd Mam.

'Ti 'di cofiannydd y teulu nawr,' chwarddodd Dad.

* * *

A hithau'n byw ar lwfansau, adawodd Anne fawr o ddim o werth ariannol ar ei hôl. Ei heiddo mwyaf gwerthfawr oedd ei chi, y cocer sbaniel, Maloney, a aeth at Sinéad. Ond rhyw saith wythnos ar ôl i Anne farw, aeth Maloney yn ddifrifol sâl hefyd a marw'n ddirybudd. Mi oedd hyn yn ergyd arall i fy nghyfnither gan fod y ci'n bont gyswllt rhyngddi hi a'i mam.

'Trueni ein bod ni wedi colli'r tŷ – roedd fan'na yn gartref i dair cenhedlaeth, rili,' sylwais, wrth fyfyrio ar ba mor gyflym y gorchuddiwyd olion ei bywyd.

'Ro'n i'n teimlo fel yna ar y dechrau,' cytunodd Mam. 'Ond wedyn, ro'n i'n cofio sut wnaethon ni ddathlu pan symudon ni i Ffordd Seren. Cyn hynna, roedden ni'n byw mewn tai bach cyfyng a damp, yn symud o le i le. Ond pan gawsom ni'r tŷ mawr tri llawr cynnes yna, ro'n ni i gyd mor hapus. Dwi methu deud wrthat ti pa mor hapus oedden ni! Dwi'n cofio sut gafon ni barti pan symudon ni fewn, a Grandma yn dawnsio. Ti'n gwybod, efo fy ysgyfaint drwg i ac afiechyd Anne, dwi'n meddwl wnaeth y tŷ cyngor achub ein bywydau ni – yn llythrennol. Pe bawn i wedi gorfod aros yn y tŷ bach damp – dwi'n amau y buaswn i wedi marw yn y pen draw.'

'Pawb angen cartref call a chynnes.'

'Wir i chi,' meddai Mam yn ddifrifol. 'Wnaeth y tŷ cyngor yna adael i ni, fel teulu, mam sengl efo pedwar o blant, fyw efo parch ac urddas. Ro'n ni'n dlawd o hyd, ond roedd to dros ein pennau, y tŷ yn gynnes a stafelloedd i'r plant i gyd. Wnaeth e newid bywyd pawb, dy fywyd di hyd yn oed. Mi oedd yn drobwynt. Aeth Joan i'r coleg, ninnau i waith. Dwi'n meddwl y gwnaeth y tŷ achosi i ni deimlo'n well amdanom ein hunain – teimlo ein bod ni'n gallu bwrw 'mlaen.'

'Mi roddodd sylfaen i chi.'

'Do, a dyna pam dwi ddim yn siomedig bod y tŷ wedi dychwelyd i'r Cyngor. Dwi'n meddwl, na, mae'n beth da, oherwydd caiff teulu ifanc arall y cyfle i symud mewn yno ac efallai y bydd e'n gwneud gwahaniaeth mawr iddyn nhw hefyd – fel y gwnaeth i ni.'

Daeth Iddon o du ôl y soffa a chynigiodd gar coch i Mam. Cymerodd Mam y gwahoddiad i chwarae yn awyddus a chydiodd yn ei law; aethant allan i'r ardd lle'r oedd Dad ac Enlli yn chwarae yn yr haul.

* * *

Roedd fy rhieni yn ceisio gwneud iawn am yr amser coll gyda'u hŵyr a'u hwyres. Er hynny, teimlwn yn rhwystredig. Dyma'r tro cyntaf iddynt weld y plant mewn hanner blwyddyn ond dyma hefyd y tro cyntaf i mi eu gweld nhw ers marwolaeth Anne ac ro'n i'n dyheu am gael trafod yr hyn ddigwyddodd mewn dyfnder. Wnes i geisio codi marwolaeth Anti dros ginio ond rhaid cydnabod bod hynny wedi anesmwytho fy rhieni. Plethodd Mam ei breichiau'n dynn a dartiai ei llygaid duon o gwmpas yn chwilio am allanfa.

'Roedd e'n erchyll,' grwgnachodd. 'Ond dwi angen bod yn ofalus i beidio meddwl yn ormodol am be ddigwyddodd gan ei fod yn fy ngwneud i'n sâl.'

'Bu bron i straen y farwolaeth roi dy fam yn yr ysbyty,' ychwanegodd Dad yn amddiffynnol.

Roedd breichiau Mam fel gwasgod dynn yn ei hamddiffyn. Ro'n i'n deall fy mod i wedi cael gorchymyn i newid y pwnc ond roeddwn yn anfodlon. Ro'n i 'di dychmygu'r cyfarfod hwn droeon. Yn ystod yr argyfwng, ro'n i'n hiraethu am gysur a chymorth Mam, ond roedd cyfyngiadau Cofid wedi'n rhwystro. Mae Ynys Môn a Ffynnon Taf yn nau begwn Cymru ond, yn ystod cyfyngiadau Cofid-19, teimlai fel petai'r Môr Tawel rhyngddynt. Roeddwn yn gobeithio y gallwn drafod amgylchiadau marwolaeth Anne y diwrnod hwnnw mewn modd fyddai'n helpu pawb i wella, ond gwrthodwyd yr abwyd.

Llusgodd y prynhawn yn ei flaen ond nid oeddwn am fân siarad neu drafod cynlluniau am y dyfodol – ro'n i jest eisiau siarad trwy fy nheimladau am Anne gyda fy rhieni. 'Rydyn ni angen siarad am hyn!' hoffwn fod wedi cyhoeddi. Hoffwn fod wedi dweud wrthynt fy mod yn cael hunllefau amdani wedi'i chloi mewn stafelloedd. Hoffwn fod wedi dweud fy mod yn teimlo eisiau crio pan dwi'n gweld menywod canol oed du ar y teledu sy'n fy atgoffa ohoni. Ond wnes i ddim, oherwydd do'n i ddim eisiau gorfodi'r sgwrs arnynt, felly, wnes i gario ymlaen fel petai'n ymweliad cyffredin. Cefais ryw deimlad wedyn, argoel ddrwg, bod y cyfle wedi pasio eisoes – wedi'i rwystro a'i gymhlethu gan gyfyngiadau Cofid a threiglad amser – a bod Anne wedi diflannu o dan y don cyn i mi allu talu teyrnged gall iddi, cyn i ni gynnal dathliad o'i bywyd a gwerthfawrogiad o'r person arbennig roeddem wedi ei golli.

Slapiodd Dad ei lin. 'Www, be 'di hwnna?' gofynnodd.

Roedd wedi sbotio cofiant yr ysgolhaig a'r llenor, Syr O M Edwards (1858–1920) ar ein silff lyfrau. Cododd ar ei draed a rhyddhau'r bloc gwaedcoch o afael fy llyfrau eraill. Byseddodd y tudalennau claerwyn yn ofalus a datgelodd, 'Bu bron i ti gael dy enwi ar ôl O M: Owain Malachy Edwards oedd dy enw yn wreiddiol.'

'Gyda'r Owain gyntaf?'

'Ro'n i'n hoffi sut fyddai dy lythrennau blaen yr un peth â rhai O M Edwards. A'r Owain hefyd,' eglurodd gan eistedd wrth y bwrdd bwyd gyferbyn â Mam, y plant a finnau, a'r llyfr yn ei law.

'Pam O M?'

'Roedd e'n bwysig yn ei ddydd. Ysgolhaig a wnaeth lawer i ddeffro ymwybyddiaeth y Cymry,' meddai'n ddifrifol, gan drin y llyfr fel petai'n sanctaidd.

'Digwydd prynu'r llyfr wnes i, dwi ddim yn gwybod fawr amdano fe,' sylwais am y llyfr newydd, oedd wedi bod ar fy rhestr ddarllen.

'Owain yn enw da – roeddem yn meddwl am Owain Glyndŵr hefyd. Ro'n i'n disgwyl pethau mawr gen ti,' dwrdiodd yn ddireidus.

'Roedd Glyndŵr dros ei ddeugain cyn y daeth yn rebel. Pwyll piau hi,' ymatebais.

'Hoffwn i ddarllen hwn,' meddai gan fyseddu'r cynnwys.

'Pryd ddaeth y newid i drefn yr enw?' gofynnais.

'Wel,' ebychodd gan sbio ar ei wraig yn nerfus efo gwên gyfrwys. 'Roedd dy Grandma a Mam eisiau'r Malachy gyntaf – ar ôl dy ewythr yn Iwerddon.'

'Nid oedd gan dy ewythr blant a ti oedd ŵyr cyntaf Grandma. Ro'n ni eisiau'r enw Gwyddelig,' ychwanegodd Mam.

'Wnes i fynnu y byddai gen ti enw Cymraeg yn gyntaf gan y bydden ni'n byw yng Nghymru, ac ro'n i jest eisiau enw Cymraeg. Ac felly, i gadw'r heddwch, wnaethom gyfaddawdu i dy enwi yn Owain ac wedyn, pan ddaeth y bedydd, cefaist dy fedyddio'n Malachy, i blesio Grandma,' eglurodd Dad.

'Am fy wythnosau cyntaf, ro'n i'n Owain?' sylwais yn syn.

'Owain oedd dy enw di gyntaf,' mynnodd Dad.

'Be ddigwyddodd?' gofynnais gan sylwi ar Mam yn gwyro ei phen.

'Gest ti dy fedyddio yn Malachy cyn i ni gofrestru'r enedigaeth ac wedyn pan geisiom gofrestru'r enedigaeth yn Owain, fe wnaeth y swyddog fynnu na allem gofrestru enw swyddogol gwahanol i'r enw bedydd.'

'A ydi hynna'n iawn?' gofynnais. 'Wir?'

'Dyna be ddywedon nhw.'

'Felly ges i fy nghofrestru yn Malachy?'

'Do,' atebodd yn chwerw.

'A sut oeddet ti'n teimlo am hynna, Dad?' pwniais, yn eu cynhyrfu i ailgydio yn y ddadl ddeg ar hugain mlwydd oed.

'Yn lloerig,' meddai'r llyfrgellydd addfwyn.

'Dyna be oedd Grandma eisiau – ei alw fe yn 'wee

Mal' ar ôl fy mrawd sydd heb blant ei hunan. Does dim plant yna nawr. Wnaeth e wneud hi'n hapus. Roedd e'r peth iawn i wneud,' meddai Mam yn gadarn gan aileirio dadleuon ein diweddar fam-bennaeth Wyddelig.

'A dwi'n cymryd mai syniad Grandma oedd sicrhau fy mod yn cael fy medyddio cyn fy nghofrestru?' dywedais, yn synnu dim os oedd cynllwyn ar waith.

'Ie,' meddai Mam yn ddrwgdybus. 'Ti'n gwybod, roedd baban Anne wedi marw ac ro'n ni'n awyddus i gael bedydd cynnar. Ro'n ni wedi bod trwy ddigon. Roedd pawb angen dathliad. Ac roedd e'n achlysur llon a dedwydd. Mi oedd Mam yn iawn – Malachy oedd yr enw gorau i ti ac roedd y bedydd yn berffaith. Buaswn i'n newid dim byd,' cyhoeddodd yn benderfynol wrth gymryd Enlli ar ei phen-glin i greu atalfa rhyngddi hi a'i gŵr.

Ac fel y cafodd enw brodorol Maél Máedóc ei ddisodli gan yr enw Eglwysig Malachias, felly y cafodd fy enw innau, Owain, ei ddisodli gan fy enw bedydd, Malachy.

O sylwi ar y llyfrau babanod ar y llawr wrth y soffa, gofynnodd Dad, 'Oes gennych chi enw i'r baban eto?'

'Mae gennym enw os ydi'n ferch,' dywedais, gan edrych draw at Celyn am ganiatâd i rannu.

'Beth yw e?' gofynnodd Mam yn gyffrous.

'Annes,' cyhoeddais.

'Annes? Dyna enw prydferth,' atebodd Dad.

'Annes. Ar ôl Anti Anne.'

'Dyna chdi hyfryd – petai hi ond yn fyw i gael gweld hyn,' sylwodd Mam yn brudd, gan edrych arnaf yn gydymdeimladol.

Braslun o Anti Joan gan Anti Anne, 1981

Y DATGUDDIAD

Cychwynnodd fy sgeptigaeth tuag at grefydd un funud wedi canol nos ar y cyntaf o Ionawr 2000. Roedd Grandma wedi proffwydo dyfodiad yr Alffa a'r Omega, y dechrau a'r diwedd, a honnodd y byddai'n cyrraedd yn brydlon toc wedi hanner nos yn y flwyddyn 2000, a gwobr 'i'w rhoi i bob un yn ôl ei weithredoedd' (Datguddiad 22:12). Ro'n i wedi mynd gyda 'mherthnasau – fy rhieni, fy mrawd, modrybedd, ewythrod a chefndryd fel llwyth i Glwb Rygbi Ffynnon Taf i ddathlu'r flwyddyn newydd. Bûm yn dal dwylo mewn cylch mawr gyda fy nghâr wrth i'r DJ gyfri lawr i'r trydydd mileniwm ar y meicroffon a gallwn weld yn wynebau meddw'r oedolion a wynebau blinedig y plant nad oedd neb yn becso dim am y Datguddiad – neb ond fi. Roeddwn yn un o'r etholedigion a dderbyniodd rybudd ymlaen llaw gan Grandma i roi trefn ar fy mhethau – ac fe wnes i hynny. Cymerais yr offeren, gwnes gyffes i'r offeiriad a gwnes fy mhenyd yn yr eglwys. Er hynny, nid oedd gwybodaeth ymlaen llaw am y Farn Olaf na'r amser ychwanegol i baratoi fy enaid wedi lleddfu fy mhryderon o gwbl. Ac felly, roedd fy nghalon yn drom wrth i'r DJ gyfri lawr i'r flwyddyn newydd: 'Deg, naw, wyth, saith, chwech, pump, pedwar, tri, dau, un...' a chymerais anadl ddofn.

* * *

1997
'Fedri di gyfri i ddeg?' gofynnodd Grandma.

Roeddem yn eistedd yn yr ystafell fyw yn wynebu darlun wedi'i fframio o ddynes gydag affro mawr byrlymus. Edrychais o gwmpas. Fel cysegr, roedd pob dim yn yr ystafell fyw wedi'i drefnu i wynebu'r canolbwynt – y darlun o ddynes du anhysbys – ac nid teledu fel yn y rhan helaeth o dai.

'Un, dau, tri, pedwar, pump, chwech, saith, wyth, naw, deg,' meddwn yn araf.

'*Ya said tree there – it's a trí in Irish too,*' mynegodd yn gyffrous. 'Deud o eto wnei di?'

'Un, dau, tri, pedwar, pump, chwech, saith, wyth, naw, deg,' ailadroddais.

Roedd Grandma yn rhannu'r soffa gyda fi ac roedd ei llygaid mawr gwyrdd fel poteli wedi'u hoelio ar fy ngwefusau bach wyth oed wrth i mi gyfri yn y Gymraeg. Pan fyddai oedolion eraill yn siarad â mi, gwrandäwr oeddwn i a dim i'w gynnig, yr un oedd yn cael ei ddysgu, yn derbyn y wybodaeth neu'r gorchymyn. Ond gyda Grandma roeddwn dan yr argraff ei bod yn ceisio dysgu gen i neu o leiaf yn mwynhau dysgu gyda fi. Roedd diddordeb Grandma mewn iaith wedi dechrau ers i mi symud i Gymru. Dechreuais ar y Gymraeg yn Llundain wedi i mi fynychu Ysgol Gymraeg Llundain unwaith yr wythnos am flwyddyn. Symudais i Ffynnon Taf yn ystod yr haf cyn i mi ddechrau addysg lawn amser yn Ysgol Gynradd Gwaelod y Garth ac felly pan fyddwn yn dychwelyd i Lundain, roedd Grandma yn chwilfrydig ynghylch sut oedd fy sgiliau iaith wedi datblygu yn y cyfamser.

'*A dó / dau that's similar too. Count wit me wud ya: a haon, a dó, a trí…*'

'A hein, a dó, a trí,' atebais.

'*Isn't that good now. Wud ya like a cup of tea?*' gofynnodd.

Cyn aros am fy ymateb, roedd Grandma wedi dechrau codi. Gafaelodd yn ei ffon bren golau ac wrth ddal gafael ym mraich y soffa felynllwyd, gwthiodd ei hunan i fyny o'i sedd. Ar ôl codi ar ei thraed, rhoddodd y ffon yn ei llaw dde a cherdded yn llipa i lawr y coridor i'r gegin. O'r cefn, gallwn weld pa mor hyllgam oedd hi, gan fod y rhan uchaf o'i chorff yn pwyso i'r dde gyda dim ond y pwysau a roddai ar ei ffon yn ei rhwystro hi rhag syrthio.

'Be am i ni drio rhywbeth arall? Be 'di hon?' gofynnodd wrth sefyll a phwyso ar ei chadair oren yn y gegin.

'Cadair,' atebais.

'*We say cathaoir… that's fairly similar too. What was it again?*'

'Cadair.'

'*Yes cathaoir. Say cathaoir.*'

'Cad-her.'

'*No cathaoir.*'

'Ca-heer.'

'*Isn't that great, ya can speak the Welsh. And a wee bit of Irish now too!*' gwenodd.

Trodd ei chefn arnaf a rhoddodd y tegell ymlaen yng nghornel y gegin. Agorodd y llenni o'i blaen i adael yr haul i mewn. Roedd hi'n gynnar yn y bore. Llifodd golau'r dydd i'r gegin gan wneud i'r cysgodion yng nghrychau niferus ei hwyneb edrych yn ddyfnach nag oedden nhw yng ngwyll yr ystafell fyw. Roedd Grandma yn hen. Roedd dafaden flewog amlwg ar gornel ei cheg, roedd ei dannedd yn ffug, ei chroen yn llac a'i gwallt yn lliw haearn. Gwisgai ffrog hir werdd flodeuog gyda chardigan werdd olau. Mi oedd ei thraed chwyddedig glas ar lawr oer y gegin yn fy nychryn ac roedd arna i ofn ei chyffwrdd. Dywedai Mam fod Grandma yn brydferth yn ei hieuenctid ond roedd yn amhosib i mi ddychmygu hynny.

Paratôdd Grandma ddwy banad ac arllwysodd lond llwy o siwgr i 'nghwpan i. Rhoddodd y paneidiau stemllyd ar hambwrdd gyda phaced hanner llawn o McVities Rich Tea a daeth at fwrdd y gegin lle'r oeddwn yn eistedd. Wrth gymryd y fisged olau, meddai hi'n bwyllog: *'They're Celts like us you know? The Welsh. Wales was a great Catholic country once, a land of Saints and martyrs. A holy country like Ireland.'*

* * *

Cysgwn ar wely soffa yn yr ystafell fyw. Roedd gan Grandma a fy ewythr, Peter, stafelloedd ar y llawr cyntaf a byddai Grandma yn pwyso arnaf i gymryd un o'r gwlâu ar y llawr uchaf ond byddwn yn gwrthod. Roedd Grandma yn credu mai'r rheswm y dewiswn wely soffa oedd oherwydd ryw odrwydd ac ystyfnigrwydd plentyn, o fod yn *'funny old thing'* ond y gwir reswm oedd fy mod i'n ofni cysgu ar fy mhen fy hunan ar y llawr uchaf. Roedd ei chartref yn gwichian, Hammersmith yn swnllyd a theimlwn fod y posteri a'r lluniau crefyddol ym mhob ystafell o'r Fair Wyryf a'r Iesu yn rhythu arnaf yn y tywyllwch. Roeddwn yn rhy falch i gyffesu fy ngwendid ac os oeddwn yn dychryn, o leiaf yn yr ystafell fyw gallwn droi'r teledu ymlaen yn isel i gael cwmni a'i ddiffodd eto cyn iddynt ddeffro.

Fe ddihunai Grandma ar doriad y wawr, gwneud panad i'w hunan ac eistedd ar stepen waelod y grisiau i weddïo'r rosari. Yn cogio cysgu, byddwn yn ei gwylio o'm gwely soffa. Eisteddai a'i choes ddrwg fymryn o flaen y chwith a'i phen wedi'i gladdu yn ei llaw chwith fel yr angel *Melancolia* yn engrafiad copr Albert Dürer. Gyda'i llaw rydd, byseddai'r gleiniau fesul un nes iddi gwblhau cymal o'r rosari. Stopiai bob hyn a hyn i gymryd llymaid o'i phanad. Gweddïai yn uchel a llanwai'r tŷ gyda'i griddfan ysgafn. Dechreuai'r rosari, efo'i bys ar y groes, gyda chredo'r apostolion:

'Credaf yn Nuw Dad Hollgyfoethog,
Creawdwr nef a daear:
Ac yn Iesu Grist, ei un Mab ef, ein Harglwydd ni;
yr hwn a gaed trwy'r Ysbryd Glân,
a aned o Fair Forwyn,
a ddioddefodd dan Pontius Pilatus,
a groeshoeliwyd, a fu farw, ac a gladdwyd;
a ddisgynnodd i uffern;
y trydydd dydd y cyfododd o feirw;
a esgynnodd i'r nefoedd.'

Cynigiai ei gweddïau mewn modd prudd a galarnadol, fel petai'n dihoeni am gariad coll neu'n hiraethu am fro ei mebyd. Roedd poen yn ei llais a chawn yr argraff fod ei chalon yn hynod drwm wrth fyfyrio am faterion sanctaidd. Mewn gweddi, roedd Grandma'n filwr mewn rhyfel sanctaidd, yn ymgodymu efo'r gelyn ac yn ysgwyddo baich pechodau ei theulu. Erfyniai ar yr Arglwydd yn ei gweddïau i drugarhau pan ddeuai i feirniadu ei rhieni, ei phlant a'i hwyrion ac wyresau, ac i faddau ein camweddau. Âi drwy beth oedd yn teimlo i mi fel cant o weddïau, yn ailadrodd Gweddi'r Arglwydd a'r Henffych Fair. Roedd Grandma yn dadlau ein hachos iddo Ef, ac roedd yn galonogol imi fod gennyf oedolyn oedd yn brwydro fy nghornel mor galed gyda'r Tad. Trwy fy rhoi yn ei gweddïau, teimlwn fel petawn yn ganolbwynt ei byd. Ymddangosai i mi mai ei hunig ffocws oedd achub ei henaid ac achub eneidiau ei theulu – a gwneud hynny drwy weddi, yr Eglwys a gweithredoedd da. Efallai mai oherwydd y sicrwydd hwn yr oeddwn yn hoff o orwedd a gwrando ar ei rosari boreol. Ar ôl tipyn byddai ei hymbilion yn sŵn cefndirol cysurol a phan ddôi i stop, roedd distawrwydd y tŷ yn llethol a chodwn o'm gwely soffa.

'Malachy, be ti isio i frecwast? Mae gen i ryscs neu geirch,' cynigiai.

'Ryscs os gwelwch yn dda, Grandma.'

'Efo llaeth twym? *Right you are,*' cyn aros am fy ymateb.

Fe âi i'r gegin a pharatoi brecwast ar fy nghyfer – dysgled o ryscs cynnes a phanad o de gyda lwmp o siwgr. Eisteddai wrth y bwrdd ond ni chymerai frecwast ei hunan, jest panad arall o de. Gwyliai fi'n bwyta bob tamaid a f'annog fel petai'n awyddus i rannu'r pryd gyda fi. 'Bachgen da,' dywedai, ar ôl i mi orffen.

* * *

Ar ôl i fy ewythr fynd i'w waith un dydd, es i'w ystafell ac estyn ei sglefrfwrdd brown o'r saithdegau. Roedd yn fach ac wedi'i siapio fel bwrdd syrffio gydag olwynion trwchus. Es ag e lawr llawr a sefais arno efo traed noeth a sglefrfyrddiais mewn llinell syth o'r drws ffrynt i'r sinc yn y gegin. Ni wnaeth Grandma fy rhwystro gan fod y llawr o'r ystafell fyw yn llyfn, trwy'r coridor, i'r gegin a phrin ddim byd i'w dorri ar y ffordd. Wedi rhyw awran o sglefrfyrddio, dringais ganllaw'r staer. Roedd yn dŷ tri llawr, ac yn boen i fy rhieni, roedd bwlch gwag yng nghanol y tŷ lle'r oedd y canllaw mewnol yn troelli hyd at yr ystafell dop. Byddwn yn dringo'r canllaw peryglus hwn o'r llawr gwaelod i'r trydydd llawr – lan a lawr. Fel arall, byddwn yn gollwng teganau – yn enwedig Barbies fy nghyfnither – rhwng y bwlch yn staer y grisiau jest i'w gwylio yn disgyn a tharo'r llawr islaw.

'Lawr o fan'na, Malachy, ti'n mynd i gael *poor old* Grandma i drwbl mawr!' meddai, wrth fy nal i'n dringo'r canllaw eto.

Neidiais dros y banister i gyrraedd yn ôl ar y grisiau a cherdded i lawr. Rhoddodd Grandma'r tegell ymlaen ac arhosom mewn distawrwydd nes iddo ferwi. Arllwysodd y dŵr berwedig i fy nghwpan, gwasgodd y bag rhydlyd yn galed yn erbyn yr ochr. Rhoddodd un lwmp o siwgr, ac wedyn ail lwmp.

Llymeitiais. Roedd y te mor felys â'r sierberts mefus a brynwn o siop gornel John Mills yn y pentref.

'Diolch, Grandma.'

'Yf di'r banad boeth 'na – mae rhaid edrych ar ôl dy

gorff, *ok*, a ddim gwneud pethau gwirion i gael Grandma i drwbl.'

'Wna i ddim,' atebais.

Llymeitiodd hithau ei phanad.

Cymerodd seibiant i feddwl a dywedodd wrthyf, 'A rhaid gwarchod dy enaid hefyd – paid byth anghofio hynny,' gan bwyntio i gyfeiriad fy nghalon.

Enaid, meddyliais. Roedd yn derm yr oeddwn wedi ei glywed cymaint o weithiau ond yn dal i fethu â'i amgyffred. 'Beth ydy enaid, Grandma?' gofynnais.

'Yr enaid yw pwy ydan ni, y rhan ohonom sy'n dragwyddol,' atebodd.

'Beth ydy tragwyddol?'

'Mae'n golygu am byth, pan mae'r corff yn marw, mae'r enaid yn para am byth.'

Roedd 'am byth' yn teimlo fel amser hir iawn, yn enwedig ar y diwrnodau chwilboeth hynny yn ystod gwyliau'r haf pan fyddwn yn gorwedd ben i waered ar y soffa yn gwylio'r teledu, yn cyfri'r oriau nes i Mam ddychwelyd o'i gwaith.

'Ond lle mae'r enaid yn mynd am byth?'

'Aiff naill ai i'r nefoedd, y purdan, lymbo neu i uffern – yn dibynnu os ydych yn derbyn Crist ac yn dibynnu ar eich ffordd o fyw neu os ydych wedi'ch bedyddio neu beidio.'

'Uffern yw lle mae'r diafol yn byw,' cynigiais.

'Ie. Does dim byd gwaeth na phoenedigaeth dragwyddol yn uffern; a does dim byd pwysicach yn y bywyd yma na sicrhau nad ydym yn cael ein hanfon i'r lle arswydus hwnnw,' datganodd yn llym.

'Grandma, oes 'na ddydd a nos yn uffern?'

'Mae'n dywyll a myglyd efo 'chydig iawn o olau am wn i, heblaw am y tanau gloyw.'

'A yw dydd yn uffern mor hir â diwrnod yn fan'ma, 'te?' ymholais yn meddwl am ffyrdd i gyflymu diflastod tragwyddoldeb.

'Yn gwmws yr un peth,' eglurodd Grandma.

'Pa oedran wyt ti'n gorfod bod i fynd i uffern?' gofynnais, yn wyth oed ac felly'n methu derbyn damnedigaeth fel reid na allwn gael mynediad iddi mewn ffair oherwydd fy nhaldra.

'Fedri di fynd i uffern unrhyw oedran,' atebodd yn llon.

'Unrhyw oedran?! Gall hyd yn oed Gwil fynd i uffern?' ebychais fel petai yn fraint yr oeddwn yn ei gwrthod.

'*Oh sure, you can go to hell ANY age,*' cadarnhaodd.

Dychmygais ogof danllyd lle'r oedd creigiau du'n mudlosgi a lle'r oedd creadur main â chroen du llosgedig gyda charnau yn lle traed yn llygadrythu arna i. 'Ond os dwi'n ddrwg, mae'r enaid yn mynd i uffern?'

'Yn enwedig os ti'n gneud un o'r saith pechod marwol ac yn gwrthod edifarhau, aiff dy enaid i uffern.'

'Hynna'n iawn, 'te,' dywedais mewn rhyddhad.

'Iawn?! Dydy damnedigaeth dragwyddol ddim yn iawn!' ebychodd Grandma

'Os dwi'n ddrwg, caiff yr enaid fynd i uffern a galla i aros yma.'

'Dydy hi ddim yn gweithio fel 'na, pwt. Ti yw dy enaid. Pan ti'n marw, os yw dy enaid yn mynd i uffern, ti'n mynd i uffern.'

Ac mi oedd hwn yn newyddion hynod siomedig.

* * *

A'r prynhawn hwnnw, fel oedd ein harfer, aethom i grŵp gweddi Grandma yn Siop Lyfrau Padre Pio ar Ffordd Bont Vauxhall. Cerddon ni ar hyd Ffordd Seren i orsaf tiwb Gorllewin Kensington. Ar ein ffordd i'r orsaf, aethon ni heibio'r siopau papurau newydd ar y gornel lle'r oedd y colomennod a'r bechgyn ifanc du yn ymgynnull a heibio'r siopau electroneg a ffrwythau lle'r oedd pobl a edrychai fel petaen nhw o'r dwyrain canol yn gweithio. Ond fy hoff siop o ddigon oedd yr asiantaeth deithio. Yn ei ffenestr, roedd baner fawr werdd gyda chwarter lleuad a seren wen arni. Wyddwn i ddim enw'r wlad, dim ond mai'r faner oedd yr hyfrytaf a weles erioed. Pwyntiais at y faner a dywedais wrth Grandma, hoffwn i ymweld â gwlad y lleuad. '*I'll not have you going to that ôl' country, you stop it now,*' twtiodd wrth fy llusgo bant o'r ffenestr.

Cymerom y tiwb ar linell District i Victoria. Byddai Grandma yn hoff o fy nghadw yn agos ati ar y tiwb oherwydd pan oeddwn yn bump oed wnes i neidio bant wrth i'r drysau gau, gan fy ngadael i ar y platfform a hithau'r ochr arall i'r gwydr yn mynd ymlaen i'r orsaf nesaf. Arhosais lle'r oeddwn ac fe wnaeth dyn ar y platfform gadw llygad arnaf nes iddi ddychwelyd. Cododd dau ŵr o'u seddi pan ddaeth Grandma a finnau ymlaen.

Eisteddodd Grandma i lawr ar sedd goch ac anogodd fi i gymryd y sedd wrth ei hymyl, ond ro'n i am sefyll a dal gafael yn y polyn fel y dynion eraill. Ond, mynnodd, 'Eistedd fan hyn ar bwys fi, dwyt ti ddim yn mynd i gael Grandma mewn i drwbl eto.'

Tro byr ar droed o orsaf Victoria oedd Siop Lyfrau Padre Pio. Pio da Pietrelcina (1887–1968) oedd hoff ddyn sanctaidd Grandma ac yn ei chartref, dim ond delweddau crefyddol o'r Iesu a Mair oedd yn fwy niferus nag wyneb llydan melynddu, barf laes wen a menig yr Eidalwr Pio. Gwisgai Grandma liain brown o gwmpas ei gwddf gyda delwedd o Padre Pio arni pob amser, hyd yn oed tra byddai'n ymolchi gan ddweud, 'Fydd y diafol ddim yn medru gwneud i mi lithro yn y gawod tra mae Pio arnaf.'

Roedd pawb yn gwybod pa mor sanctaidd oedd Pio, wedi'r cyfan yr oedd e wedi derbyn y stigmata oedd yn dystiolaeth ddiwrthdro o'i sancteiddrwydd. Dangosodd Grandma luniau ohono i mi gyda chreithiau fel hoelion yn ei ddwylo; yr un clwyfau ag a dderbyniodd Crist pan gafodd ei hoelio ar y groes. Does dim ffordd waeth i farw na chroeshoelio, meddai. Ceisiais ddychmygu'r syniad anghysurus o hoelen yn mynd trwy gledr fy llaw a meddyliais a fyddai'r hoelion trwy'r traed yn waeth. Tybed a oedd gan Pio greithiau ar ei draed hefyd? Ystyriai Grandma ei stigmata e'n anrhydedd ac roedd hi am i Pio gael ei ganoneiddio. Ymhellach, roedd y stigmata ar ei gorff yn arwydd pendant o Dduw ar waith yn y byd. Roedd y dyn yn wyrth.

Roedd Siop Lyfrau Padre Pio yn lle hapus i Grandma a byddai'n sgipio bron ar hyd y pafin wrth i ni nesáu. Roedd y waliau'n llawn llyfrau, cerfluniau crefyddol ac, wrth gwrs, lluniau o Padre Pio. O dan y ddesg wydr, roedd casgliad hynod o gleiniau amrywiol, o bob lliw. Roedd rhai yn aur, eraill yn arian a byddent yn gwibio o dan y gwydr fel casgliad o chwilod yn yr Amgueddfa. Câi'r siop ei rhedeg gan Wyddeles o'r enw Mrs Kelly, dynes roedd Grandma yn hoff iawn ohoni, a'r unig enw a ddôi lan yn gyson tu hwnt i aelodau'r teulu yn ei sgwrs.

Canodd y gloch wrth i ni gerdded mewn a chawsom ein cyfarch gan Mrs Kelly.

'Dwi'n gweld dy fod wedi dod â *wee* Malachy eto. Dyna hyfryd,' meddai Mrs Kelly yn ei hacen Wyddelig.

'Mae'n weddïwr da,' meddai Grandma yn ddifrifol.

'Mae'n dysgu e gan ei Grandma. Ewch lawr staer byddwn gyda chi mewn moment,' atebodd efo gwên lydan.

Roedd grisiau cul yn mynd â chi i lawr stryd y siop islawr i ystafell dan ddaear. Ac roedd yr ystafell hon wedi ei throi'n gapel gyda rhesi o feinciau ac allor, yn cynnwys cysegr i'r Forwyn Fair. Cymerom ein seddi yn y canol lle'r oedd y ffyddiog eisoes wedi ymgasglu gan eistedd mewn distawrwydd llethol. Roedd y gynulleidfa yn gasgliad rhyngwladol o hen fenywod, Gwyddelod fel Grandma, Pwyliaid, Philipiniaid, ambell Saesnes ac ambell leian yn eu plith.

Penliniodd i weddïo. Grandma oedd yng ngofal arwain gweddïau'r rosari. Sibrydodd Grandma wrthyf tra oedd dynes arall yn gweddïo, 'Ar ôl i mi orffen, dwi isio i ti fy nilyn i efo llais cryf a chlir, ti'n dallt?'

A wnes i nodio i gydnabod fy mod wedi derbyn y neges.

Llefarodd Grandma ei Henffych Fair hi yn ei harddull alarnadol arferol ac wedyn roedd yn amser i mi neidio i mewn. Cymerais gip o gwmpas, roedd oddeutu pymtheg o fenywod yn yr ystafell. Pob un â golwg wedi ymgolli – nid fel cynulleidfa yn canolbwyntio ar rywun yn siarad ond pawb mewn swigen fach eu hunain.

> Fi: 'Henffych well, Mair, llawn o ras yr Arglwydd
> sydd gyda thi, Bendigedig wyt ti ym mhlith
> merched, a bendigedig yw ffrwyth dy groth di Iesu.'
> Pawb: 'Sanctaidd Fair, mam Dduw, gweddïa drosom
> ni bechaduriaid yr awr hon, ac yn awr ein hangeu.
> Amen'

Dywedais y weddi ddeng gwaith wedi'i dilyn gan 'Glory Be' i orffen degawd o'r rosari.

'Da iawn,' sibrydodd Grandma yn wrid o falchder.

Wedi i ni gwblhau'r rosari, aethom yn ôl i fyny'r grisiau ar gyfer panad a chacen. Roedd Grandma yn dawel yng nghwmni'r menywod eraill. Gwenai a rhythai arnaf gyda'i llygaid oedd fel y gwyrdd ym maner Iwerddon a nodio bob tro y byddai un o'r menywod yn canmol sut roeddwn yn gweddïo efo llais cryf a chlir o ystyried fy mod yn blentyn mor ifanc.

'Ydy o'n fachgen allor eto, Doreen?'

'*Oh, yes*, mae 'di bod ers rhyw flwyddyn, draw yng Nghaerdydd.'

'*Isn't he great now*? Dysgu gan ei Grandma,' meddai'r hen ddynes yn fy mrolio a chydnabod dylanwad mam-gu.

Wrth i ni adael, stopiodd Grandma tu allan i'r siop i siarad â lleian oedd hefyd wedi mynychu'r grŵp gweddi. Ro'n i'n methu tynnu fy llygaid bant oddi ar y lleian oherwydd er fy mod yn mynd i eglwys, roedd gweld lleian mor agos yn brofiad anfynych. Roedd hi'n ddynes fain a thal gyda gwallt tenau melynwyn a rhuban mawr du yn ei glymu. Nid oedd ei hwyneb crintachlyd yn cyd-fynd â'i chorff heini, ac nid oedd y sigarét oedd yn mygu rhwng ei bysedd yn cyd-fynd â fy nelwedd o leian. Roedd gwên gyfrwys ar ei hwyneb wrth siarad â Grandma a golwg ddireidus yn ei llygaid bach glas.

Cerddom am adre o'r Grŵp Gweddi, a wnes i droi yn ôl i sbio arni eto. Yn dal i lygadrythu arnaf, chwifiodd efo'i llaw rydd wrth dynnu'r sigarét o'i gwefusau pensil.

'Grandma…'

'Ie?'

'Ydy smygu yn bechod?'

'Hmmm,' oedodd yn ansicr.

'Ydy smygu yn ddrwg?'

'Maen nhw'n deud bod e'n ddrwg i'ch iechyd,' atebodd.

'Ydy e'n bechod?'

'Ella – mae'n dibynnu faint ti'n smygu,' rhesymodd.

'Pam?'

'Dyw e ddim yn bechod i fwyta teisen ond buaset yn bechadur taet ti'n bwyta teisen bob dydd – yn farus 'lly.'

'Mae'n iawn smygu weithiau, 'te,' cesglais.

'Fuaswn i ddim yn dweud hynna! Dwi ddim yn siŵr, Malachy… Ti'n mynd i fy nghael i drwbl eto!' chwarddodd Grandma.

Roedd fy meddwl yn troi o gylch y syniad yma o bechod. Os oeddwn i am gyrraedd y nefoedd, byddai'n rhaid ufuddhau i'r Deg Gorchymyn ac osgoi'r saith pechod marwol, ac felly roedd angen crap go gadarn ar y rheolau. Roedd rhai ohonynt yn haws i'w dallt na'r lleill. Fel barusrwydd – gan y byddwn yn methu helpu fy hunan rhag bwyta paced o fisgedi McVities siocled tywyll. Ymhellach, datganai Mam fy mod yn ddiogyn pan ruthrwn oddi wrthi rhag gorfod ei helpu i nôl y bagiau siopa o'r car. Tybed beth mae balchder yn ei olygu? Ai balch yw'r bachgen ar yr iard ysgol sy'n hawlio mai ef yw'r chwaraewr pêl-droed gorau pan dyw e ddim? Neu beth am y bachgen *sydd* y chwaraewr gorau ar y cae? Ai pechod yw tynnu sylw at yr hyn sydd yn wir? Doeddwn i ddim yn siŵr. Ond sgwn i, beth ydy'r pechod gwaethaf? Bod yn farus neu'n ddiogyn? Yn falch neu'n grac? Neu ydyn nhw oll cynddrwg â'i gilydd?

Ro'n i wedi blino'n lân pan gyrhaeddom adref. Rhoddodd Grandma'r tegell ymlaen. Panad ffres iddi hi a phanad i mi, jest un lwmpyn o siwgr y tro hwn. Wrth newid o fy nillad i byjamas patrymog coch yn yr ystafell fyw, gofynnais, 'Beth ydy'r pechod gwaethaf?'

Fflachiodd ei llygaid ataf â gwep laes. Ciledrychodd ar lun o'r ddynes gydag affro mawr byrlymus ar y wal o'n blaen a throi'n ôl ataf fel petai yn fy astudio.

'*The sin of despair*,' sibrydodd yn sydyn, wrth ddal fy nhrowsus imi gamu mewn iddynt.

'Be mae hwnna'n golygu?'

'Tyd 'laen, cama mewn i dy drowsus,' meddai â'i phen ar dro.

'Beth yw e?' mynnais.

'Pobl sy'n lladd eu hunain…' sibrydodd eto.

'Pam maen nhw'n gwneud 'ny?'

'Dwi ddim yn gwybod. Pawb â'u helbul… Oherwydd mae bywyd yn anodd ella.'

'Ond pam y pechod gwaethaf?'

Tynnais fy nhrowsus fyny ac eisteddais yn ôl ar y soffa. Edrychodd Grandma i'r pellter gan bigo'r ddafaden ar ochr ei cheg. Ymbwyllodd a llymeitiodd ei phanad yn araf.

'Duw a roddodd ein bywyd i ni, a Duw ddylai benderfynu amser ein marwolaeth, nid ni. Nawr, tyrd i'r gwely.'

'Ond pam base lladd dy hun yn bechod gwaeth na lladd rhywun arall?'

'Ti'n gofyn lot o gwestiynau, fachgen,' meddai'n flin, wrth gladdu ei hwyneb yn ei llaw.

'Ond pam?'

'Mae *suicide* yn anobeithiol. Wedi gwrthod cariad Duw yn y modd mwyaf terfynol!'

'Beth am y llofrudd?'

'Mae'n dal â chyfle i edifarhau efallai.'

'Mae'r anobeithiol yn mynd i uffern, 'te?'

'Dyna be nhw'n ei ddweud…' meddai Grandma, wrth

gymryd cip ar y llun eto. 'Duw sy'n penderfynu'r pethau hyn, Malachy. Dwi ddim yn gwybod.'

Dringais i 'ngwely yn yr ystafell fyw. Daeth Grandma â phanad o lefrith poeth roedd hi wedi ei baratoi mewn sosban. Penliniodd wrth fy ymyl a dywedodd weddi fach gyda'r gleiniau yn ei dwylo, gan ddiolch i Iesu a'i angylion am warchod drosom heddiw.

'Nos da, *wee* Mal,' meddai, wrth gau'r drws.

'Grandma.'

'Ie?' oedodd.

Edrychais i fyny at y llun o'r ddynes efo affro byrlymus, oedd jest yn ddirnadwy trwy'r golau a ddeuai o'r gegin drwy gil y drws. Pwyntiais ati, 'Pwy ydy'r ddynes yn y llun?'

Sythodd Grandma wrth y drws fel petai wedi deffro.

'*That would be your Aunty Joan,*' ei llais yn crynu fel petai wedi gweld ysbryd.

'Ble mae hi?'

'*Been dead and gone this three years,*' atebodd yn ddi-lol ond efo prudd-der yn ei llais.

'O…'

'*The poor thing went too soon, we'll say a wee prayer for Joan,*' meddai, wrth ddod â'i dwylo at ei gilydd mewn gweddi. '*Rest in peace, our Joan.*'

'*Rest in peace, Aunty Joan…* Nos da.'

'Nos da, *wee* Mal.'

A chaeodd Grandma'r drws.

* * *

1998

Un dydd pan oeddwn yn naw mlwydd oed, sefais ar y soffa, gorffwys fy mhenelinoedd ar y silff ffenestr ac aros am olwg o Grandma. Er nad oedd ganddi gar a bod ganddi glun ddrwg, teithiai'n rhwydd ar fws, trên a llong rhwng ei pherthnasau yng Nghymru, Lloegr ac Iwerddon. O'i chartref yn Llundain, cymerai'r trên i Gaerdydd ac yna o orsaf Ffynnon Taf cerddai i fyny'r rhiw serth i'w chyrchfan, ein cartref yn Nhy-Rhiw. Teimlwn gyffro wrth ddisgwyl am ei dyfodiad ac roeddwn wrth fy modd pan welais hi'n llusgo ei siwtces coch ar hyd llwybr yr ardd. Wrth adnabod fy wyneb bach brown hapus yn y ffenestr, derbyniais wên lydan lawn chwerthin ganddi.

Cyfarchom a daeth i'r ystafell fwyd lle dadbaciodd. Ar ôl tollti dŵr sanctaidd o amgylch yr ystafell, tynnodd gerflun sylweddol o'r Fair Wyryf o'i bag a'i osod ar y bwrdd fel milwr yn plannu baner ar dir estron. Roedd ei bag yn llawn papurau. Roedd Grandma yn casglu pamffledi oedd yn trafod gwyrthiau mewn rhannau eraill o'r byd fel llyfr bach gwyrdd o broffwydoliaethau Sant Malachy a thoriadau am wyrth Fátima neu'r *Milagre do Sol*, pan ymddangosodd Mair i blant ym Mhortiwgal ac achosi i'r haul ddawnsio i dorf o ddegau o filoedd yn 1917. Yn cynnwys gleiniau, pasbort Gwyddelig, ei llyfr pensiwn a manylion ei banc, Allied Irish, roedd ei handbag fel cist o ryfeddodau.

Gwreiddiodd ei hunan yn ei hoff gadair wrth y rheiddiadur o dan lun o galon agored yr Iesu ac edrychodd allan yn heddychlon ar yr adar yn ymolchi yn ein pwll gardd.

'Pa mor hir y'ch am aros gyda ni?' gofynnodd Dad.

'Jest yr wythnos,' atebodd Grandma gyda gwên ddireidus.

'Gawn ni weld,' chwarddodd Dad yn amheus. 'Croeso i chi aros mor hir ag y dymunwch.'

Caem wybod pryd fyddai hi'n dod i ymweld â ni, ond ni wyddem pa bryd y byddai'n gadael, weithiau ar ôl wythnos, weithiau dau fis. A phob tro, teimlwn fel yr hoffwn iddi fod wedi aros am byth.

* * *

Un dydd, daeth Dad adref o'i waith yn y llyfrgell efo copi o *Harri Potter a Maen yr Athronydd*. Roedd gan Gwilym a minnau welyau bync; fi ar y top a fy mrawd pedair oed ar y gwaelod. O'r noson honno ymlaen, gorweddai Dad yng ngwely Gwilym a darllenai'r llyfr inni. Byddai'n pasio'r llyfr i fyny i mi gael darllen pennod neu ddwy, a byddwn yn pasio fe'n ôl lawr iddo ddal ati.

Ond wedyn, pan aeth Mam a Dad i'w gwaith yn gynnar un bore, wnes i ddal Grandma yn cerdded lawr y grisiau gyda'r llyfr *Harri Potter* o dan ei chesail.

'Beth ti'n wneud efo hwnna, Grandma?'

Cerddodd yn benderfynol gyda'i ffon i'r gegin. Camodd ar bedal y bin sbwriel i agor y caead a gollyngodd y llyfr i'r düwch, gan ddatgan yn gyfiawn, 'Mae er gwell.'

'Na, Grandma, llyfr Dad yw e!'

'Dwi ddim am i ti ddarllen am hen gythreuliaid a dewiniaid!' taranodd.

'Na, does dim diafol ynddo fe.'

'Dwi wedi clywed pethau mawr am y llyfr atgas hwn, yn dysgu swynion, dewiniaeth a phob math o bethau paganaidd i blant. Plant yn galw a gwadd Satan. Pob math o bethau!'

'Llyfr plant yw e!'

'Dwi ddim am i ti a dy frawd lenwi eich pennau *with this 'ol muck*!'

Roedd fy rhieni yn llyfrgellwyr – roedd llyfrau yn wrthrychau a gâi barch ac urddas ar ein haelwyd a theimlais ysgogiad i'w achub. Ceisiais gael mynediad i'r bin; camais ar y pedal i geisio'i agor, ond roedd Grandma yn pwyso ar y caead i'w gadw ynghau. Daeth fy mrawd, Gwilym, o'r ystafell fyw ac roedd yn chwerthin wrth wylio'r cythrwfl.

Roedd Grandma yn benderfynol. Enciliais draw o'r bin sbwriel – gallwn ddychwelyd ato pan nad oedd Grandma yn fy ngwylio.

Cyn hyn, doedd *Harri Potter* ddim wedi gwneud fawr o argraff arnaf, ond nawr bod ganddo'r label 'deunydd hereticaidd' daeth y llyfr coch â'r ddelwedd o fachgen gyda sbectols crynion a chraith ar ei ben yn ddengar. O'r holl lyfrau ar ein silffoedd, pam roedd Grandma yn gwrthod *Maen yr Athronydd*?

'Mae gan y bachgen nod y bwystfil ar ei dalcen,' meddai Grandma.

'Does dim chwech chwech chwech ar ei ben,' atebais.

'Ond ydyn nhw'n ddewiniaid?' gofynnodd Grandma yn gwybod yr ateb eisoes.

'Maen nhw'n gwneud swynion, ond ffuglen ydi e. Cogio 'lly.'

'Cogio?! Does dim cogio! Dyna be mae'r diafol eisiau i ti feddwl!' mynnodd.

Doeddwn i ddim wedi fy narbwyllo fod ffuglen J K Rowling mor beryglus i'm henaid ag y credai Grandma. Wedi'r cyfan, ro'n i wedi darllen y llyfr – yn gwybod ei gynnwys – a doedd e ddim. Roeddwn yn amheus ynglŷn â phwy oedd yn credu fod *Harri Potter* yn llyfr atgas. Ai'r Eglwys? Ni ddywedwyd gair yn ei erbyn yn Eglwys Teilo Sant.

Dychwelais i'r ystafell fyw a synhwyrais symudiadau Grandma. Arhosais iddi bicio i'w stafell a thynnais y llyfr o'r bin a sychu'r baw oddi arno. Rhedais i fyny'r grisiau a chuddiais lyfr yr Anghrist o dan fatres fy ngwely.

* * *

Âi Grandma i'r eglwys yn ddyddiol yn Llundain ac ni fyddai'n gadael i ddyletswyddau gofal plant ei chadw o'r offeren, ond pan ddôi i Ffynnon Taf, dim ond ar y Sul yr âi i'r eglwys. Fel ei brawd yn Iwerddon, prin y gwyliai'r teledu heblaw am y newyddion am chwech o'r gloch ac arhosai yn yr ystafell fwyta ar ei phen ei hunan gyda'i meddyliau a phanad boeth yn ei llaw. Y dydd Sul hwnnw yn yr hydref, gwisgodd ei dillad ac eisteddodd ar ei chadair yn aros i Dad fynd â ni i'r offeren. Roedd yn rhaid i ni adael yn gynnar gan fy mod yn fachgen allor ac angen gwneud paratoadau cyn i'r gwasanaeth ddechrau. Roedd y baich o'n danfon ni'n ôl ac ymlaen i'r eglwys wedi syrthio ar yr anffyddiwr, Dad, ac nid ar ei wraig Gatholig, gan fod y bechadures yn gweithio yn Asda (ei hail swydd) ar y Saboth.

Nid oedd Dad yn galw ei hunan yn anffyddiwr ond disgrifiai ei safbwynt athronyddol fel 'dynoliaethwr', sydd yn deip o bagan yn ôl Grandma. Roedd hyn yn gwneud synnwyr ac yn egluro pam roedd Dad yn casglu cerrig efo tyllau ynddyn nhw ac yn eu clymu gyda rhaff er mwyn gosod penglogau adar ar y wal yn yr ardd.

Roedden ni i gyd, Grandma, Gwilym a finnau, yn cydymdeimlo gyda Dad oherwydd, mae'n debyg, fel anffyddiwr diedifar oedd yn gwrthod derbyn yr Arglwydd ac awdurdod yr un eglwys sanctaidd Gatholig ac apostolaidd – er yn anffyddiwr da – ei ffawd e fyddai llosgi mewn tân a brwmstan. Roedd hyn yn siomedig a byddai Gwilym gyda'i dafod llac yn procio ac yn ei atgoffa o bryd i'w gilydd, yn blwmp ac yn blaen, 'Ti'n mynd i uffern, Dad.'

Yn ôl Grandma, roedd yna haenau gwahanol i uffern, a rhai yn waeth na'i gilydd. Felly fel anffyddiwr da, efallai y câi ei osod ar haen lai erchyll nag anffyddwyr eraill yn eu damnedigaeth. Ond y gobaith tawel, yn y pen draw, oedd y byddai'n dod yn aelod cyflawn o'r eglwys a chychwyn ar achub ei enaid fel y gallen ni dreulio ein hôl-fywyd yn y nefoedd gyda'n gilydd.

Er bod Dad yn gwrthod yr Iesu a'i achubiaeth, y dydd Sul hwnnw gwisgodd grys a gwnaeth ei ddyletswydd i'r

gweddill ohonom. Roedd yn coelio mewn 'dyletswydd'.
Aethom yn ei gar i floc o fflatiau yn Eglwys Newydd i
nôl Anti Nansi (chwaer fy hen dad-cu, Frank Edwards)
a fyddai'n mynychu'r eglwys efo ni. Eisteddai Nansi a
Grandma yn y cefn gyda fi yn y canol a Gwilym yn y blaen.
Gwyliwn y ddwy ddynes. Do'n i ddim yn gwybod ar y
pryd fod mam Anti Nansi, Ellen (fy hen hen fam-gu), a
aned yn Radur yn 1877, yn Wyddeles Gatholig. Ganed
pob un o neiniau a theidiau Ellen yn Iwerddon (Corcaigh
yn bennaf) a'u claddu yng Nghymru wedi i ddwy ochr
ei theulu, Mead a Driscoll, ymfudo i Gaerdydd yn
neugeiniau'r bedwaredd ganrif ar bymtheg (mewn ymateb
i newyn Iwerddon, mae'n debyg). Roedd Grandma a
Nansi yn Babyddion ac yn aelodau anffurfiol o'r *diaspora*
Gwyddelig, ond dyna lle'r oedd y tebygrwydd yn gorffen.

Eisteddodd wrth fy ochr, yn ddynes fer ac eiddil gyda
gwallt hir taclus, lliw arian.

'*Morning*,' meddai gan edrych arnaf o dan ei sbectol.

'*Good morning, Aunty Nansi*,' atebais.

'*And a good morning to you, Doreen.*'

'*And you, Nansi. Tis a lovely morning*,' atebodd
Grandma.

Ac eisteddom mewn distawrwydd tan i Dad droi Radio
4 ymlaen. Eisteddai Anti Nansi gyda chefn syth a'i dwylo
wedi'u plethu fel yr oedd yr offeiriad wedi fy nysgu sut i
eistedd rhag cael fy ngweld yn gwingo ar yr allor. Gwisgai
got wlân hir, nefi, modrwy fawr werdd ar ei llaw chwith, a
broets werdd gyda phatrwm Celtaidd ar ei bron, ynghyd
â ffrog hir a sodlau uchel. Roedd ganddi amrywiaeth o

ddillad a byddai wastad yn drwsiadus a pheraroglus ar y Sul. Ro'n i wedi ymddiddori yn Nansi ac yn chwilfrydig am bwy oedd hi a'i hanes, ond yn rhy swil i'w holi – er ei chyfarfod bob Sul. Efallai mai ei chot botwm a'r wedd o barchusrwydd a hunanreolaeth oedd ar fai. Nid oedd fel Grandma efo'i hwyneb annwyl a chynnes, yn llyfr agored ac yn hawdd codi sgwrs efo hi.

Cyrhaeddom ein cyrchfan a pharcio ym maes gwag yr eglwys. Camodd Nansi o'r car ac arhosodd yn amyneddgar am bawb arall, gan wylio Dad yn rhoi ei fraich i helpu Grandma. 'Diolch, Chris,' meddai Grandma, dan giledrych efo gwên nerfus tuag at Anti Nansi wrth gamu allan o'r car ar fraich fy nhad.

Er fy mod i'n eu hystyried hwy i gyd yn 'hen bobl' gyda gwallt gwyn, roedd fy nhad (a aeth yn benwyn yn ei dridegau) yn llawer agosach at fy oedran i na Nansi. Ymhellach, roedd Anti Nansi yn ei nawdegau, genhedlaeth yn hŷn na Grandma oedd yn ei chwedegau.

'Taswn i ond ag iechyd fel eich un chi, Nansi,' sylwodd Grandma yn chwithig wrth gael ei helpu gan Dad.

'Chi'n iawn, Doreen,' atebodd Nansi oedd yn sefyll yn syth heb ffon.

Es drwy ddrws cefn yr eglwys i mewn i'r sacristi ac i'r cwpwrdd pren tywyll moethus. Gwisgais fy ffrog wen gan adael dim ond fy sgidiau duon lledr yn y golwg. Âi'r bechgyn allor eraill i'r Ysgol Gatholig efo'i gilydd, nid yr Ysgol Gymraeg, ac yn ogystal â bod y bachgen fengaf, nid oedd y bechgyn allor yn eu harddegau yn cydnabod fy modolaeth. Pan gyrhaeddes y sacristi, roeddent wedi ymgolli yn y gwaith o baratoi'r thuser aur oedd yn gorwedd ar agor. Roeddent yn llosgi arogldarth ynddi ac yn mwmian yn gyfrinachol â'i gilydd. Fy mhrif swydd i oedd gosod yr allor yn barod i'r offeiriad ar gyfer yr offeren. Nid oedd Mam yn gadael i mi wneud panad o de yn y tŷ, ond yn yr eglwys, roeddwn yn gyfrifol am gynnau'r canhwyllau, gosod a chlirio bwrdd yr allor a'i baratoi i'r offeiriad gynnal yr offeren. Roedd ffordd bendant i'w wneud a lle penodol i'r cyfarpar ac roedd yn swydd fanwl. Er hynny, y cyfrifoldeb o siglo'r thuser neu ganu'r gloch oedd y swyddi gorau yn fy marn i. Ymhyfrydwn yn yr arogldarth ac roedd y profiad o weld y bechgyn yn dal cadwyn y thuser yn un llaw a'i rheoli ac ysgwyd yr offer myglyd gyda'r llaw arall – gan chwalu mwg llwyd cyfoethog ymhobman – yn gwneud cryn argraff arnaf. Ar y pryd, roeddwn yn dyheu am gael tyfu nid er mwyn cael cerdyn banc, ond i gael ysgwyd y thuser. Ro'n i eisiau'r cyfrifoldeb hwn, ond byddai gollwng y thuser hir, neu ei siglo yn rhy awchus wrth gerdded lawr yr eil yn berygl tân ac felly, gan amlaf, y bechgyn hŷn yn unig a gawsai'r anrhydedd o wneud. Daeth yr offeiriad i mewn i'r stafell mewn ffrog werdd ac aur. Gwyddel barfog byr, praff a chyfeillgar oedd e. Dywedodd ei bod yn amser i ni fynd. Cymerais groes fawr aur yr Iesu – bron yr un taldra â fi fy hunan – ac arweiniais y garfan i'r gwasanaeth yn fuddugoliaethus.

Dois allan o'r sacristi i gyfarfod môr o lygaid. Cerddais yn gefnsyth ac urddasol gan gymryd camau mawr a phwyllog a fy wyneb yn ddifrifol tra oedd llygaid y dorf arnaf. Roedd yr offeiriad y tu ôl i mi yn lluchio dŵr sanctaidd dros y plwyfolion a gwnaeth arwydd y groes. Roedd y bachgen allor yn siglo'r thuser o ochr i ochr yn gyson a hypnotig i ledaenu'r arogldarth peraroglus ymhlith y ffyddiog. Roeddem, fel carfan, yn drên stemllyd, yn poeri dŵr a mwg wrth iddo lywio ei ffordd ar hyd yr ael mewn siâp pedol tuag at ein gorsaf, yr allor. Roeddwn wrth fy modd gyda'r pasiant ac yn llawenhau yn fy rhan yn y dathliad.

Ond pan gymerais fy sedd ar yr allor, buan yr ymgollais mewn breuddwyd. Meddyliais am fy nghasgliad o gardiau Pokemon, am ba gardiau o'r casgliad y byddwn yn fodlon eu cyfnewid er mwyn cael gafael ar Charizard fy ffrind, Scott, a meddyliais am gael mynd yn ôl at fy Gameboy porffor.

Dywedai Dad fy mod i'n freuddwydiwr, yn wingwr ac yn ddwdler ofnadwy, fel y dywedai f'athrawon ysgol hefyd wrth fygwth fy martsio'n ôl i'r ysgol yn ystod gwyliau'r haf i sgrwbio fy nesg bren yn lân gan ei bod wedi'i gorchuddio â lluniau.

Cymerodd yr offeiriad ei le ar y llwyfan. Ceisiais wrando ar ei bregeth ond crwydrai fy meddwl. Pregethodd am waith da a gwyrthiau'r Iesu – ond nid oedd y testunau yma'n cadw fy sylw. Drygioni Satan a phoendod uffern a âi â 'mryd – dyna be ro'n i eisiau'i glywed. Meddyliais pa mor hawdd fyddai peidio â phechu, yr oll fyddai'n rhaid ei wneud fyddai cloi fy hunan mewn ystafell am weddill fy oes neu ymuno â'r brodyr. Roedd Grandma wedi ystyried ymuno â'r lleianod pan oedd yn ifanc. 'Y ffordd hawdd i'r nefoedd,' dywedodd. Roedd fy nychymyg fel darlun Hieronymous Bosch, *Y Farn Olaf*, lle mae'r gwaith wedi'i lenwi gan gythreuliaid a thirlun uffern gyda dim ond cornel fach o olau aur rhwng y cymylau yn nhop chwith y panel canol i ddynodi'r nefoedd. Mae'r nefoedd yn amhosib ei hamgyffred. Roeddwn yn dyheu am i'r offeiriad ymhelaethu a disgrifio erchyllterau uffern gyda min yn ei lais – petai ond i gynnal fy niddordeb yn ystod yr offeren.

Gwelswn raglen deledu lle'r oedd pregethwr Americanaidd chwyslyd a gorffwyll yn llawn hwyl yn peri gofid enbyd i'w blwyfolion yn rhefru am uffern a'r diafol. Roedd e wedi dal fy sylw. 'Maen nhw'n Prods, Malachy,' dywedodd Grandma yn ddidaro, wrth i aelod o'r gynulleidfa lewygu mewn braw yn sgil neges ofnadwy'r pregethwr. Ond gyda gair am ddarlun y Pregethwr o'r uffern, ychwanegodd, 'Ond mae ganddo bwynt. Dwi'n amau bod y lliaws *yn* wynebu damnedigaeth. Dwi'n gobeithio dydyn ni ddim!'

Pam nad yw'r offeiriad byth yn trafod uffern? Ar y Sul o leiaf, roedd yr eglwys yn fud am holl hoff destunau Grandma: stigmata Padre Pio; pobl yn gwerthu eu heneidiau i gythreuliaid; Harri Potter; byrddau Ouija; erthyliadau. Dim gair am broffwydoliaethau Sant Malachy neu am ddyddiad y Datguddiad. Dyddiad a oedd yn agosáu.

Ro'n i wedi sylweddoli fod Pabyddiaeth Grandma yn wahanol rywsut i'r Babyddiaeth roeddwn yn gyfarwydd â hi yn yr eglwys… Ac yn wahanol i Babyddiaeth barchus Anti Nansi. Yn straen wahanol o bosib?

Canodd bachgen gloch yr allor a deffrois o'm synfyfyrdod. Edrychodd arnaf yn feirniadol i'm hatgoffa i glirio bwrdd yr allor.

* * *

Yn y tŷ, wedi i mi orffen fy mhryd parod penfras a saws phersli o M&S, estynnodd Grandma dâp VHS.

'Be 'di o, Grandma?' gofynnais wrth edrych ar y tâp llwyd-ddu heb label yn ei llaw.

'Mae'n rhaid i ni wylio hwn,' cyhoeddodd, wrth dapio ar y bocs plastig. 'Ond dim sôn wrth dy rieni, iawn? Dwi ddim eisiau i ti cael *poor old* Grandma mewn i drwbwl eto,' sibrydodd yn gynllwyngar.

'Be sy arno fe?' gofynnais yn chwilfrydig.

'Yr Apocalyps,' atebodd mewn llais cryf a chrynedig.

Aethom â'n paneidiau poeth i'r stafell fyw ac eistedd ar ein soffa foethus werdd.

'Nawr, sut wyt ti'n gweithio'r teledu yma?' gofynnodd.

Rhoddais y tâp VHS yn y chwaraewr fideo a throi'r sianel oddi ar y *Chuckle Brothers* i'r fideo.

Americanwr oedd yn adrodd yn y ffilm a defnyddid mapiau a chyfeiriadau Beiblaidd a phroffwydoliaethau seintiau i hawlio y byddai'r Datguddiad yn dechrau ar drothwy'r mileniwm newydd. Galwai Grandma yr apocalyps hwn yn, '*the chastisement*', y dyddiau tywyll neu ddiwedd y byd. Dywedodd y cyflwynydd yn sobor fod Satan yn llywodraethu eisoes a bod erthyliadau anfaddeuol yn arwydd pendant o'i deyrnas ef. A sut, yn y flwyddyn 2000, y byddai Crist yn dychwelyd i drechu ei elynion ac i farnu'r holl genhedloedd:

> 'Fe gesglir yr holl genhedloedd ger ei fron, a bydd ef yn eu didoli oddi wrth ei gilydd, fel y mae bugail yn didoli'r defaid oddi wrth y geifr, ac fe esyd y defaid ar ei law dde a'r geifr ar y chwith.' (Mathew 25:31)

Ymddangosodd darlun Hieronymus Bosch, *Y Farn Olaf*, ar y sgrin i roi cig ar yr armes. Gyda'i law dde, mae'r Iesu – sy'n barnu'r cenhedloedd o'r awyr – yn gosod rhyw hanner dwsin o'i ddilynwyr yn y nefoedd. A chyda'i law chwith, mae'r lliaws yn derbyn damnedigaeth a chreulondeb a phoendod ar law neu bawennau cythreuliaid lledrithiol. Achosai'r ddelwedd uffernol bryder i mi oherwydd cyn lleied o bobl yr oedd Iesu yn eu hachub a rhybuddiodd y cyflwynydd mai tynged mwyafrif dynoliaeth yw uffern yn unol â gweledigaeth Bosch.

Cynhyrfais pan welais ffoetws yn cael ei drywanu â nodwydd a phryderais pan welais fap o'r byd a phla marwol melyn yn lledaenu allan o Tsieina ac yn gorchuddio'r Ddaear. Dywedodd y cyflwynydd y byddai pobl yn derbyn nod y bwystfil, '666', ar eu talcen, a rhybuddiodd am ddyddiau o dywyllwch pur.

Nodiodd Grandma ei phen gan gytuno'n ofnus â geiriau'r cyflwynydd, a datganodd, 'Y tri diwrnod tywyll.'

'Be ti'n feddwl?'

'I ddechrau, bydd hi'n dywyll, ddydd a nos, am

dridiau, ond paid â gadael y tŷ – jest aros i mewn gyda dy rieni ac adrodd y rosari o flaen cannwyll sydd wedi'i bendithio,' gorchmynnodd.

'Be fydd yn digwydd os af i tu allan?'

'Bydd y cythreuliaid yn mynd o gwmpas yn ceisio denu pobl o'u cartrefi.'

'Ond sut?'

'Byddant yn defnyddio pob math o driciau a swynion, yn cogio bod yn rhywun ti'n nabod, neu'n cogio bod yn rhywun ti'n nabod sydd wedi marw eisoes.'

'Fel Little Granny (mam Nanny)?'

'Ie, fel hi. Efallai y byddi di'n clywed dy hen fam-gu, Little Granny wrth y drws, yn erfyn arnat i "Gad fi i mewn, plîs, agor y drws? Malachy? Chris? Agor y drws wnei di, mae'n oer a dwi angen llety". Perfformiodd mewn llais ymbilgar. Wedyn, pwyntiodd ei bys ataf, 'Ond paid â gwrando arni, iawn? Nid Little Granny ydyw ond y diafol.'

Yn awyddus i gael golwg ar gythraul, gofynnais, 'Ydw i'n gallu edrych ar y diafol drwy'r ffenestr?'

'Na! Os edrychi di ar wyneb y diafol, mi fyddi'n marw ar unwaith o fraw!'

'Ac yw hyn yn mynd i ddigwydd flwyddyn nesaf?' gofynnais yn syn.

'Ydi. Yn y flwyddyn 2000. Gweddi a chyffes, dyna be rydyn ni angen nawr. Dyna'r arfau sydd gennym,' datganodd yn sobor wrth wneud arwydd y groes.

Gorffennodd y ffilm gydag Americanes oedd yn eistedd ar draeth yn chwarae gyda'i phlant yn esbonio sut roedd hi'n difaru cael plant o gwbl gan y byddent yn gorfod wynebu'r apocalyps a phetai'n ymwybodol o'r broffwydoliaeth cynt, ni fyddai wedi dod â bywydau newydd i'r byd.

Wedi i'r ffilm orffen, neidiodd Grandma ar ei thraed. Roedd hi wedi bywiogi a chael ei sbarduno gan ofn y Farn Olaf oedd wedi adnewyddu ei ffydd. Dywedodd bod rhaid cadw'r rosari a gwneud ein paratoadau cyn y Datguddiad er mwyn paratoi ein hunain ar gyfer y dyddiau tywyll oedd i ddod. Clywais y drymiau yn curo – roeddem yn filwyr mewn rhyfel sanctaidd.

* * *

1999

Yn Awst '99, pan oeddwn yn ddeg oed, aethom fel teulu niwclear ar wyliau gwersylla i Gernyw. Roeddem wedi ymgynnull mewn cae gyda thorf o ymwelwyr eraill, pan gyrhaeddodd cysgod yr eclips solar. Gwisgais sbectol haul i gael rhythu ar y lleuad lawn wrth iddi groesi'r awyr gymylog i'w chyrchfan o flaen yr haul. Roeddem yn berffaith dawel. Syrthiodd cysgod dros y ddaear a chlochdarai'r adar yn swnllyd wrth iddynt encilio ar fyrder i'r goedwig. Gostyngodd y tymheredd yn chwim a chanfyddais fy hunan mewn nos yng nghanol dydd o haf. Arhosodd felly am ychydig funudau. Roedd yn brofiad ysgytwol a dieithr, rhaid mai dyma'r hyn roedd Grandma wedi sôn amdano'n ddiweddar: y dyddiau tywyll oedd i ddod? Gadewais y fro Geltaidd wedi fy narbwyllo bod pethau rhyfedd ar droed ym misoedd olaf yr ail fileniwm ers genedigaeth Crist.

Yn ystod gweddill fy ngwyliau ysgol, arhosais yn Llundain gyda Grandma a Peter, gan ymweld o bryd i'w gilydd ag Anti Anne a'm cyfnither, Sinéad, yn Hammersmith; roedden nhw wedi dychwelyd o Chicago y flwyddyn cynt wedi i berthynas Anti a Ray fethu.

Un dydd, wedi'r offeren, dychwelodd Grandma a finnau o Victoria ac aethom i Blockbusters yn Hammersmith a llogi'r *Omen* – ffilm nad oeddwn wedi clywed amdani cynt. Nid oedd Grandma yn ffan neu â fawr o ymwybyddiaeth o adloniant poblogaidd, ond byddai'n awyddus i wylio unrhyw ffilm oedd yn cynnwys offeiriad yn arwr y stori. Gwnaeth yn hysbys mai'r *Exorcist* oedd ei hoff ffilm, ffilm yn sôn am offeiriad yn straffaglu i fwrw cythraul allan o ferch fach. Dywedodd wrthyf fod ei hoffeiriad wedi annog ei blwyfolion i wylio'r ffilm er mwyn cael syniad o'r heriau mae allfwrwyr dewr yr Eglwys yn eu hwynebu wrth eu gwaith.

Serch ei phen-glin drwg, roedd Grandma yn medru cerdded yn annisgwyl o gyflym ar ei ffon, a brysiom adref i wylio'r ffilm. Roeddwn yn chwilfrydig a gofynnais gwestiynau am yr *Omen* wrth i mi ruthro ar hyd y pafin gyda'r bagiau siopa. Dywedai fod y gyfres yn ymdrin â'r Datguddiad a dyfodiad yr Anghrist. Roedd set y ffilm wedi'i melltithio, medden nhw, ac roedd y diafol ar waith yn ystod ei chynhyrchiad; yn ceisio stopio a lladd y criw rhag creu ffilm am fab Satan. Rhaid bod e'n dda i'r diafol geisio ymyrryd. Roedd fy niddordeb wedi'i ennyn!

Yn y tŷ, paratôdd Grandma frechdanau tiwna a chiwcymbr mewn bara Ffrengig ar ein cyfer. Panad o de iddi hi a photel beint o lefrith glas o M&S i mi. Suddodd y Wyddeles flinedig ar y soffa wrth i mi weithio'r chwaraewr fideo ar y teledu. Clywais hi'n cnoi ei brechdan yn uchel a llepian y te yn awchus wedi oriau ar yr heol. Roedd eisiau bwyd arnaf innau hefyd, ond collais fy archwaeth ar gychwyn y credydau agoriadol ar sail y gerddoriaeth ddrwgargoelus. Sylweddolais pe bawn yn parhau i wylio'r ffilm na fyddwn yn medru cysgu gyda'r nos, ond roedd gennyf awydd cryf i aros yn fy unfan. Ro'n i eisiau gwybod sut fyddai hyn – y rhyfel sanctaidd – yn gorffen. Ciledrychais ar Grandma pan wnaeth y nain grogi ei hunan ond llymeitiai ei phanad o de yn ddibryder. Roedd fy nghalon yn rasio – rhoddais fy mrechdan hanner orffenedig yn ôl ar y plât – lle arhosodd yn anorffenedig ar y llawr o'm blaen.

Ni allai Grandma gadw'n llonydd yn ddigon hir i wylio ffilm o'r dechrau i'r diwedd. Cododd i wneud panad, golchodd y llestri a sgubodd y llawr. Dychwelodd i gymryd ei lle o flaen y sgrin gyda phanad boeth a gwnaeth arwydd y groes yn ymatebiad i'r plentyn, Damian, yn ymosod ar ei fam yng nghysgod yr eglwys.

Gyda'r nos, wrth orwedd ar y gwely soffa, y golygfeydd a'm poenydiai fwyaf oedd marwolaeth yr offeiriad arwrol a geisiodd rybuddio Mr Thorn mai ei fab mabwysiedig oedd yr Anghrist a broffwydwyd yn llyfr Datguddiad y Beibl. Sef a ganlyn:

'Gwelais fwystfil arall yn dringo allan o'r ddaear, ac yr oedd ganddo ddau gorn fel oen, ond yn llefaru fel draig. Yr oedd ganddo holl awdurdod y bwystfil cyntaf, i'w arfer ar ei ran. Gwnaeth i'r ddaear a'i thrigolion addoli'r bwystfil cyntaf, hwnnw yr iachawyd ei glwyf marwol' (Datguddiad 13:11–12).

Mae'r offeiriad unig yn cael ei hela gan yr elfennau, gan y gwynt sy'n ei wthio a'i ddrysu yma a thraw; gan y mellt sy'n cael eu defnyddio fel taflegryn i gwympo canghennau coed yn ei lwybr a'i saethu. Ceisia'r offeiriad am loches yn yr eglwys fel rebel canoloesol ond pan gyrhaedda'r fynedfa, darganfydda fod y drysau ar gau. Wrth gamu allan ar y tir cysegredig, caiff y dyn crefyddol ei drywanu gan bolyn wedi'i daflu o frig yr adeilad gan fellt y diafol. Yn fy hunllefau, meddyliwn am goedwig Ty-Rhiw, sydd â nant ar un ochr a mynwent ar y llall. Dychmygais fy hunan yn ffoi ar hyd y llwybr anghyfannedd hwn o dan gysgod y cerrig bedd gyda'r diafol yn fy ymlid fel y barfog Iau efo corwyntoedd a mellt. Roedd y syniad o'r diafol yn defnyddio'r elfennau yn fy erbyn yn frawychus ac ni allwn ysgwyd y ddelwedd.

Treuliais y noson gyda'r teledu ymlaen yn difaru gwylio'r *Omen* a wnes i addewid i fyth wylio ffilm arswyd eto! Er yr hunllefau niferus, aeth hi'n arfer arnom i ymweld â Blockbuster a llogi ffilmiau arswyd yn cynnwys rhagor o ffilmiau o gyfres yr *Omen*. Yn ogystal ag arswyd Rottweilers yn ymosod ar Robert Thorn yn *Omen I*, nawr roedd gennyf ddelwedd o gigfran yn pigo a dallu newyddiadurwraig yn *Omen II* i'm cadw'n effro gyda'r nos. Dywedais eto, dim mwy o ffilmiau arswyd nawr! Ond gan fy mod wedi gwylio dwy ffilm o'r gyfres eisoes, man a man i mi wylio *Omen III*.

Roedd y ffilm yn cynnwys saith offeiriad yn ceisio hel a llofruddio'r Anghrist oedd yn awr yn oedolyn ac yn rhedeg cwmni rhyngwladol. O sylweddoli bod rôl amlycach i offeiriaid, eisteddodd Grandma i wylio'r ffilm gyda mi. Ond nid oedd delwedd y ffilm o'r Datguddiad yr hyn roeddem yn ei ddisgwyl. Doedd yna ddim smic am y tri diwrnod tywyll na sôn am gythreuliaid yn ceisio denu pechaduriaid o'u cartrefi a'u gyrru i uffern.

Cefais fy nychryn ond i gymharu ag armes Grandma, roedd cyfres yr Omen wedi methu oherwydd nad oedd yn *ddigon* arswydus.

* * *

Wedi i mi lenwi fy meddwl â ffilmiau'r *Omen* a phroffwydoliaethau o'r apocalyps, doedd dim modd i mi gysgu. Yn yr ystafell fyw, gyferbyn â'r llun o Anti Joan, roedd llun glas o'r Fair Wyryf. Er pa mor dynn y byddwn yn cau'r llenni, byddai wastad 'chydig o olau oren y stryd yn llywio ei ffordd trwodd i'r ystafell – digon i ddirnad amlinell Mair ar y wal. Â'm dychymyg yn wenfflam, roeddwn yn rhag-ddisgwyl i Mair ddyfod yn nes a chamu allan o'r ffrâm i'm hwynebu. Yn ôl Grandma, roedd cerfluniau o Fair yn crynu a siglo yn Iwerddon ac yn crio dagrau o waed yn yr Eidal oherwydd yr holl erthyliadau oedd yn digwydd. Wnes i fwrw'r teledu ymlaen a gwyliais raglen am Tsieina a phlant yn dorfeydd anferth yn dawnsio gyda'i gilydd. Meddyliais am y pryd blasus o chwadan a nwdls a gefais mewn bwyty gyda fy mam yn China Town, ond allai hyd yn oed atgofion melys a'r rhaglen liwgar ac egnïol ar y tiwb ddim lleddfu fy mhryderon. Gallwn deimlo a chlywed fy nghalon yn curo'n orffwyll yn fy mrest. Neidiais o'm gwely soffa yn benderfynol ac es i fyny'r grisiau, a chnocio ar ddrws stafell wely Grandma.

'Grandma, dwi wedi dychryn,' cyhoeddais yn hy.

'Beth sydd wedi dy ddychryn di?' gofynnodd Grandma'n syn o'i gwely.

'Dwi ofn.'

'Ofn beth?' gofynnodd â llais pryderus wrth godi ar ei thraed.

'Ysbrydion,' cynigiais, yn ansicr ynghylch beth yn union oedd yn achosi'r fath ofid.

'Welist di ysbryd?' gofynnodd yn obeithiol.

'Naddo.'

'Fedr ysbryd mo dy frifo ti. Baswn i'n dwli gweld ysbryd.'

'Beth os yw e'n ddiafol?'

'Jest dal ati efo dy weddïau, gweddïo i'r Archangel Mihangel a Gabriel; byddan nhw'n dy helpu di.'

'*Ok.*'

'Paid poeni dy ben bach. Jest deud dy weddïau, *ok*,' meddai, wrth droi'n ôl i gysgu.

'*Ok*,' dywedais, yn anfodlon gyda'i chyngor ac yn dal i sefyll wrth y drws.

Wrth sylweddoli nad oedd ei geiriau wedi fy lleddfu, cododd ar ei thraed ac fe'i cofleidiais yn dwymgalon. Roedd lliain Padre Pio yn amlwg ar ei gwddw a gwthiodd fi i ffwrdd i gael rhythu arnaf. Edrychodd i fyw fy llygaid, a dywedodd, 'Does gen ti ddim byd i boeni amdano, *wee* Mal, jest dweud dy weddïau a bydd pob dim yn iawn, ti'n clywed?'

Cerddais yn ôl i lawr y grisiau yn araf deg ac oedais ar y stepen waelod, yr un stepen ag y byddai Grandma yn gweddïo arni bob bore. Ciledrychais i'r dde, i'r ystafell fyw dywyll – yr ystafell lle'r oedd y ddelwedd o Fair a'r braslun wnaeth Anne o Joan a fu farw yn llawer rhy ifanc. Yr Anti gyda'r affro y bûm yn rhwystredig na allwn ei chofio; chwaer Mam oedd yr un oedran â Christ pan wnaeth hi farw ond na wn o beth. Ro'n i'n ofni dychwelyd i'r stafell honno ac yna fe wnaeth y syniad godi yn fy meddwl. Oni fyddai'n braf pe na fyddai'r fath beth ag uffern, ysbrydion a chythreuliaid? Pe na fyddai rhyfel sanctaidd yn digwydd a barn lem yn aros amdanaf wedi fy marwolaeth? Oherwydd, os nad oedd byd ysbrydol neu ôl-fywyd, fyddai gen i ddim rheswm i deimlo pryder annioddefol a gallwn fod wedi cysgu.

* * *

Y bore wedyn, daeth Grandma i'r ystafell fyw a chyhoeddodd fod pethau dwys ar fy meddwl a'n bod ni am fynd i Eglwys y Carmeliaid i mi gyffesu.

Wrth sefyll yn aflonydd ar y tiwb, gofynnais be ddylwn i ei ddweud. Dywedodd fod yn rhaid bod yn onest gyda'r offeiriad a datguddio fy mhechodau iddo'n iawn. Ni allai'r offeiriad ddatguddio'r hyn ddywedid wrtho ar boendod uffern. Ro'n i'n hyderus na fyddai'r offeiriad yn rhannu fy nghyffes ond ni wyddwn beth i'w ddweud!

'Atgoffa fi beth yw'r saith pechod marwol eto?' gofynnais.

'Balchder, trachwant, llid, cenfigen, chwant y cnawd, barusrwydd a diogi,' ynganodd yn alarnadol. Ar ôl seibiant, dywedais, 'Dwi methu meddwl am esiampl.'

'Meddylia'n galetach – rydym yn bechaduriaid oll,' atebodd yn brudd.

Es i drwy'r rhestr yn ceisio meddwl am esiamplau o'r pechodau hyn. Balchder? Beth yn union oedd balchder? A oeddwn yn falch? Ro'n i'n amau. Trachwant? Ro'n i wastad yn pwyso ar Dad i brynu cardiau Pokemon newydd i fi. Llid? Weithiau... Cenfigen? Methu meddwl am enghraifft o hynny ychwaith. Chwant y cnawd? Do'n i ddim yn siŵr. Barusrwydd. O bosib? Diogi. O bosib?

Erbyn i ni gyrraedd drysau Eglwys y Carmeliaid, teimlwn yn annifyr – braidd yn anfodlon mynd i mewn i flwch bach caddug pren a chyfaddef fy ngwendidau wrth ddieithryn.

Eisteddom ar fainc a phwyntiodd Grandma at y bocs. '*Go on*, mewn â chdi – cyffes lawn, cofia.'

'Ti'n mynd i aros fan hyn, ie?'

'Wna i ddisgwyl amdanat ti.'

Codais ar fy nhraed a sylwodd Grandma fy mod yn nerfus.

'Does gen ti ddim byd i boeni amdano. Bydd dy enaid yn ysgafnach wedi i ti gyflawni'r gorchwyl yma. Cer, i ffwrdd â ti nawr,' sibrydodd yn uchel, wrth bwyntio eto at y blwch cyffesu.

Cymerais gam ac wedyn troais o gwmpas a gofynnais i Grandma, gan weiddi sibrwd, 'Sut dwi'n ei gyfarch e?'

'Cer i mewn a dweud, Bendithia fi, Tad, oherwydd dwi wedi pechu.'

'*Ok.*'

Agorais y drws ac eisteddais ar fainc bren a chau fy hunan yn y stafell fach dywyll. Roedd sgrin fel llurigau yn fy ngwahanu fi a'r offeiriad ar yr ochr arall. Offeiriad na allwn ond dirnad ei amlinelliad – amlinelliad wnes i osgoi edrych arno rhag achosi nerfusrwydd. Ailadroddais y geiriau roedd Grandma wedi eu dweud wrthyf.

Atebodd yr offeiriad, 'Yn enw'r Tad, y Mab a'r Ysbryd Glân.'

A wnes i ddilyn ef gydag arwydd y groes. Gofynnodd yr offeiriad mewn llais soniarus, prudd, fel y dychmygwn y byddai llais Duw yn y nefoedd, i mi ddatgelu fy mhechodau.

Darparais bechodau maddeuol: ffraeo a pheidio â gwrando ar Mam a Dad, rhegi, colli tymer, bod yn amharchus, galw enwau ar fy mrawd a gwneud iddo fo grio, a sbio ar fronnau noeth menywod mewn papur newydd.

Fe ddaeth seibiant. Ymbwyllodd yr offeiriad a thraethodd yn araf, 'Ti'n ifanc, nawr... Ond un dydd, byddi di'n dad gyda phlant. Meddwl am sut fyddi di eisiau cael dy drin gan dy blant dy hunan. Gyda pharch. Mae pawb yn bechadur ac mae gennym oll wendidau, ond gwerthfawroga dy rieni a'u haberth drostot. Oherwydd, yn y pen draw, byddi di'n hen ddyn fel fi a heb rieni. A byddi di'n edrych yn ôl ac yn asesu dy fywyd. Yn gofyn i dy hunan a oeddet yn fab da, yn frawd da, yn ŵr da, yn dad da. "A gedwais i'r Deg Gorchymyn? A wnes i edifarhau a gofyn am faddeuant pan oeddwn ar gyfeiliorn? A fûm yn gyfiawn a moesol – yn ddyn da?" Yn dy henoed, dyma'r cwestiynau mawr. Nid llwyddiant bydol. Cyn i ti gael dy farnu, dyma'r hyn fydd yn bwysig i ti. Cymoda efo dy rieni a dy frawd a dos yn enw'r Tad, y Mab a'r Ysbryd Glân.'

Rhoddodd ddwy Henffych Fair i mi fel penyd.

Dois o'r blwch cyffesu yn ysgafnach fy enaid i ddychwelyd at Grandma ond chwifiodd hithau ei llaw arnaf i mi aros draw ac i beidio mynd yn ôl ati hi nes fy mod wedi cyflawni fy mhenyd. Es at y fainc agosaf a phenliniais wrth i mi ddweud fy ngweddi a rhythais ar gerflun o'r Fair Wyryf wrth wneud. Meddyliais am sut roedd yr offeiriad wedi siarad am y dyfodol. Ond beth am y Datguddiad? Ro'n i eisiau gofyn i'r offeiriad ond doedd gen i mo'r hyder i wneud – yn teimlo efallai nad y blwch cyffesu oedd y lle iawn i ofyn y fath gwestiwn. Es i'n ôl at Grandma ac roeddwn yn awyddus i ddweud wrthi be ddywedodd yr offeiriad ond daeth a'i bys at ei gwefus yn glou. *'That's between you and the Priest and I'll not hear tell of it.'*

Byseddom y dŵr sanctaidd wrth ddrws y fynedfa

a gwnaethom arwydd y groes yn enw'r Tad, y Mab a'r Ysbryd Glân. Gadawom yr eglwys mewn distawrwydd a dychwelom yn ôl i'r goleuadau a'r temtasiynau ar y stryd fawr yn ninas Babilon.

* * *

Roedd fy nghalon yn drom wrth i'r DJ gyfri lawr i'r flwyddyn newydd. 'Deg, naw, wyth, saith, chwech, pump, pedwar, tri, dau, un' a chymerais anadl ddofn.

'Blwyddyn Newydd Hapus i chi gyd!' bloeddiodd y DJ dros y seinydd.

Edrychais allan ar y dorf o wynebau llon yng Nghlwb Rygbi Ffynnon Taf a gwrandewais am ryw fwrlwm tu fas. Mellt a tharanau efallai. Daeargryn o bosib? Corwynt yn rhwygo'r to bant uwch ein pennau?!

'Blwyddyn Newydd Hapus, Malachy!' cyfarchodd fy nghyfnither yn llawen.

'Blwyddyn Newydd Hapus i tithe hefyd,' ymatebais yn ansicr.

Roedd y parti ar ei anterth a doedd dim byd annisgwyl wedi digwydd. Sefais yn ôl o'r hwyl yn brudd a chymerais sedd wrth Mam ar y bwrdd wrth i gân Robbie Williams, 'Millennium', chwarae'n uchel ar y seinydd.

Roeddwn yn stond am y caneuon dilynol ac ar ôl i gân Take That, 'Could It Be Magic', orffen, dywedodd Mam, 'Ti wedi blino'n lân… C'mon, amser i ni fynd adref,' gorchmynnodd, wrth godi o'i sedd.

Aethom allan i'r awyr agored. Roedd y sêr yn gwibio yn y ffurfafen a welais i ddim byd anarferol. Cerddom adref yn ofalus drwy'r goedwig i Dy-Rhiw ar noson oer a llonydd gyda fy Nhad yn defnyddio tortsh i oleuo'r ffordd. Brasgamom yn ofalus trwy'r llwybr distaw, mwdlyd, gyda'r nant ar un ochr a'r cerrig beddi uwchben. Nid oedd y diafol yn ein hymlid gyda mellt a tharanau fel y gwnaeth yn fy hunllefau. Nid oedd y coed yn cwympo o'n blaenau na'r nant yn byrlymu wrth ein hymyl. Nid oedd cigfran yn pigo fy llygaid na Rottweiler yn cnoi fy nghoes. Dim byd anarferol.

Es i'm gwely yn yr ystafell leiaf efo rhyw obaith y byddwn yn deffro i'r diwrnod tywyll cyntaf. Ond cododd yr haul y bore hwnnw ar ddyfodiad y mileniwm newydd, fel y gwnaeth bob dydd ers erioed. Cawsom gnoc ar y drws ond dim ond Nanny oedd yno. Eisteddais i gael brecwast – wyau a bacwn gyda fy nheulu yng ngolau dydd. Doedd dim byd wedi digwydd a gwawriodd arnaf, doedd dim byd yn mynd i ddigwydd.

Ni siaradais â Grandma am y Datguddiad-na-ddaeth ar y ffôn ond ro'n i'n gwybod y byddai'n rhaid i mi ei hwynebu hi yn y cnawd ynglŷn â'i phroffwydoliaethau rywbryd. Y tro nesaf y gwelais hi, ro'n i newydd ddod adref o'r ysgol ac roedd hi'n eistedd wrth y rheiddiadur yn ein hystafell fwyta o dan lun o'r Iesu gyda'r ci Jack Russell, Milly, yn cwtsio ei thraed glas swrth. Ciledrychodd arnaf yn swil, a wnes i ei holi'n syth am y Datguddiad. Ro'n i'n disgwyl y byddai'n diweddaru'r dyddiad, yn ei ohirio a'i symud i ryw bwynt penodol arall yn y dyfodol a oedd yn gysylltiedig efo Sant neu ryw bwtyn allan o'r Beibl. Yn y bôn, roeddwn yn disgwyl y byddai'n dweud unrhyw beth er mwyn cadw'r broffwydoliaeth yn fyw.

Pigodd ei hwyneb fel y byddai'n gwneud pan oedd yn nerfus ac atebodd, 'Dwi ddim yn gwybod, Malachy,' â golwg ar goll arni. Edrychodd arnaf gyda'i llygaid prudd gwyrdd a dywedodd, 'Wnaethon nhw ddweud y byddai'n digwydd.'

'Ond wnaeth e ddim,' datganais yn chwerw.

'Ond wnaeth e ddim,' ailadroddodd Grandma gan sibrwd, cyn ychwanegu, 'Pam na allai Duw jest rhoi arwydd i ni? Rho arwydd i mi, Dduw!' wylodd.

Roedd Grandma â'i phen yn ei phlu, a synhwyrais ei bod hi'n brwydro amheuon.

Nid diwedd y byd roedd hi'n dyheu amdano, ond arwydd o fodolaeth Duw. Stigmata Padre Pio; toriadau o'r *Milagre do Sol*; proffwydoliaethau Sant Malachy; cerflun Mair Wyryf yn crio dagrau o waed; ysbrydion; Faust yn gwerthu ei enaid i'r diafol; y Datguddiad – arwyddion oeddent i gyd. Roedd hi eisiau arwydd gan Dduw. Arwydd i gadarnhau ei ffydd oes. Gwyrth fach gan Dduw i gadarnhau ei chredoau, ei hunaniaeth a'i holl athroniaeth bywyd. Arwydd na ddaeth.

Yn amhendant nawr, fe'i gwelais mewn goleuni gwahanol.

Honnai Grandma fod pawb yn bechaduriaid ond ni wn ei phechod hi. Doedd ganddi hi ddim o'r chwant a welwn yn yr oedolion eraill o'm cwmpas – dim trachwant materol. Doedd hi ddim yn smygu nac yn yfed alcohol. Nid oedd yn bwyta bwyd moethus nac yn gwario pres ar ddillad crand. Yn dlawd ond yn gyfforddus ei byd, hi oedd y person mwyaf hael adeg pen-blwydd a Nadolig. Magodd bedwar o blant ar ei phen ei hunan wrth weithio dwy swydd. Doedd hi ddim yn ddiog, ddim yn farus, ddim yn gybyddlyd. Beth oedd ei phechod? Nid oedd yn llidiog, ni fyddai'n gweiddi neu'n bwrw pobl. Roedd yn asgetig ond hefyd yn annwyl, yn dwymgalon ac yn hoff o jôc.

Cydnabyddodd Grandma ei bod hi'n anghywir am y Datguddiad. Mae'r Eglwys Gatholig yn dysgu mai dim ond Duw sy'n gwybod dyddiad ac awr y Farn Olaf – dim ond Efe sy'n penderfynu pryd y daw. Ond roedd Grandma, trwy ddarbwyllo ei hunan a darbwyllo eraill ei bod hi'n gwybod y dyddiad hwn, fel Icarws, wedi hedfan yn rhy agos at yr haul ac wedi llosgi ei hadenydd. Fel pobl Babel a geisiodd adeiladu Tŵr i'r nefoedd. Fel Faust oedd wedi gwerthu ei enaid er mwyn dod o hyd i wybodaeth gyfrin sy'n hysbys i Dduw yn unig. Mae pobl sy'n mynd yn rhy agos at y dwyfol yn cael eu cosbi. Roedd hi wedi disgyn yn awr a gallai'r ci wrth ei thraed synhwyro ei thristwch. Balchder oedd ei phechod.

'Wyt ti'n maddau i mi?' gofynnodd Grandma yn ddagreuol. Roedd ei hymateb i'm hymholiadau wedi fy anesmwytho.

Roedd hi'n gwybod ei bod hi wedi colli fy ymddiriedaeth ddigwestiwn. Es i lan ati a'i chofleidio, 'Paid bod yn drist, Grandma. Wrth gwrs dwi'n maddau i ti.'

Llifai dagrau o'i llygaid mawr gwyrdd a gafaeliais yn dynn ynddi.

Roedd ein mam bennaeth yn mynd trwy rywbeth arwyddocaol, fel roeddwn i, a'r hyn a deimlais tuag ati oedd cariad – cariad rhyngom ni, y pechaduriaid oll.

Fi yn chwarae Iesu yn nrama Eglwys Teilo Sant, 2002

DISGWYLIADAU MAWR

Soniodd Grandma am farwolaeth gymaint, fe gafodd ddwy angladd. Yn ei hoes, ni ddarganfu hedd gyda'i phenderfyniad i ymsefydlu yn Llundain. Treuliodd y rhan helaethaf o'i bywyd yn Llundain, ond roedd yna wastad gynllun ar droed iddi ddychwelyd i Iwerddon.

'Dwi ddim am aros yma,' cyhoeddai am brifddinas Prydain â dirmyg yn ei llais, cyn datgan, '*I'm a go on back to Ireland!*'

Wedi iddi ymddeol, treuliai fisoedd bob blwyddyn yn Iwerddon gyda'i brawd ac roedd wastad addewid i fynd yn ôl am byth. Roedd cynsail wedi'i osod i symud adref i farw eisoes, wedi i'w hewythr a modryb ddychwelyd i Ard Mhacha yn eu henoed ar ôl treulio'u holl fywydau bron yn Efrog Newydd. Dyma oedd y peth i'w wneud, ond pan gafodd gynnig tŷ cyngor clyd yn nhref Muineachán, gwrthododd. Roedd yn gyfle euraidd ac er mawr syndod ac anghrediniaeth i ni – gwrthododd. Ac felly, er y degawdau o ddatganiadau crand, addewidion cyhoeddus a chynllunio, ni ddigwyddodd hynny.

Mae'n debyg ei bod hi'n llawer mwy hoff o Lundain nag yr oedd yn fodlon cyfaddef wrthym ni nac wrthi'i hunan. Yn rhy hoff o'r cyfleusterau fel y tiwb, y bysys, y grŵp gweddi, Eglwys y Carmeliaid, M&S ac, wrth gwrs, ei theulu. Mae'n debyg fod y syniad o ddychwelyd yn barhaol i'w mamwlad hefyd yn ei gwneud yn annifyr am resymau nad oedd ond yn hysbys iddi hi. Fodd bynnag, roedd Grandma'n ddynes oedd yn perthyn i ddau le, yn rhannu ei hamser a'i chalon yn bennaf rhwng Llundain a Muineachán – a dau fywyd ganddi. A gan nad oedd hi'n medru setlo ar un lleoliad terfynol, na ninnau ychwaith, trefnwyd dwy angladd ar ei chyfer – un yn Llundain a'r llall yn Iwerddon.

Ni wnaeth Grandma wireddu ei breuddwyd o ymgartrefu yn ei hen fro, ond roedd yr holl sôn am Iwerddon wedi fy ngadael ag argraff ddofn fod Éire yn wlad hynod a chyfriniol, ac y deuai cosb seicig i'r rheiny sy'n cefnu arni – roedd ei chariad tuag at ei chenedl yn heintus. Roedd gan Grandma ddisgwyliadau mawr iddi hi a fi; y disgwyliad y byddai'n dychwelyd i Iwerddon ac y byddwn i'n aeddfedu'n offeiriad oedd yn feistr ar chwarae'r ffidl. Roedd yr offeiriad cerddorol rhithiol hwn yn rhyw fath o ddyn delfrydol yn nhyb Grandma. Wel, o ran yr amcanion cul hynny, bu'r ddau ohonom yn aflwyddiannus.

Pan oeddwn yn fy arddegau roeddwn yn grefyddol, yn fachgen allor brwd, yn ddarllenydd ac yn gyfforddus yn siarad yn gyhoeddus. Gallwn fod wedi dychmygu fy hunan yn yr urddwisgoedd, yn mwynhau dysgu Lladin, ac yn eistedd o gwmpas yn trafod materion diwinyddol yn y seminari. Dwi'n araf i wylltio ac wn i ddim beth yw teimlo'n ddiflas. Byddwn wedi gwrando ar bechodau fy mhlwyfolion yn amyneddgar a chynnig cyngor synhwyrol a chysurol. Byddai Grandma'n fy mrolio yn gyson, '*You'd make a wonderful priest, Malachy*.' Ac efallai, pe bawn i wedi fy ngeni ganrif neu ddwy ynghynt, wedi fy magu mewn gwlad Babyddol fel Iwerddon, y byddwn wedi aeddfedu'n ddyn llawer mwy crefyddol ac felly wedi fy nenu i rôl glerigol neu rywbeth cyffelyb. Es i mor bell â gofyn i offeiriad beth oedd y broses i ddod yn offeiriad. Ond dwi'n meddwl fod hyn fwy oherwydd chwilfrydedd nag o fwriad. Oherwydd er bod Grandma yn fy annog i fod yn offeiriad, deallais yn gynnar nad swydd ydyw ond galwad. Ro'n i eisiau fy rhyddid ac annibyniaeth, eisiau plant fy hunan, a chyfle i flasu danteithion y byd modern. Ac yn hynny o beth, y fi yn offeiriad? Amhosib.

Fyddwn i byth yn offeiriad, ond efallai y gallwn wireddu breuddwyd Grandma o fod yn chwaraewr ffidl medrus. Cefais wersi ffidl ers pan oeddwn yn bump oed, a gallwn ddarllen y gerddoriaeth yn rhugl. Er hynny, wnes i erioed ddatblygu arfer o ymarfer yr offeryn – yr unig adeg roeddwn i'n ymarfer y ffidl oedd cyn arholiad. Cawn wers awr bob wythnos a chwaraewn gyda cherddorfa bob dydd Sadwrn ym Mhontypridd. Yn sgil fy niffyg brwdfrydedd at yr offeryn, roedd fy nghynnydd yn araf – yn boenus o araf. Yn Ysgol Gyfun Rhydfelen, roedd yr ystafell gerddoriaeth, lle cawn fy ngwersi wythnosol, ar yr ail lawr ac yn edrych allan ar y cwrt chwaraeon islaw.

Roeddwn yn chwarae'r ffidl yn yr ystafell pan sylwodd dosbarth o fechgyn fy mlwyddyn arnaf, a dyma nhw'n stopio eu gêm i ddod fyny at y ffens rwyll wifrog ddur i'm gwylio. Nid oeddent yn chwerthin na gwatwar, nid oedd eu hwynebau yn hapus nac yn flin. Jest yn rhythu i fyny arnaf efo llygaid mawr ac yn gwrando mewn distawrwydd. Roedd golwg ddieithr yn eu llygaid. Beth oedden nhw'n feddwl ohonof fi? Sut roeddwn yn ymddangos iddynt? Wyddwn i ddim.

Cawn yr un ymateb ac edrychiadau pan fyddwn yn chwarae'r ffidl ar y bws. Byddai'r bechgyn hŷn yn pwyso arnaf i estyn y ffidl a chwarae tiwn iddynt, a byddwn yn gwneud. Ond eto, nid oeddent yn mwynhau nac yn chwerthin neu watwar – jest yn rhythu arnaf mewn distawrwydd, a phan fyddwn yn gorffen ac yn rhoi'r ffidl yn ôl yn y cês, ni ddywedai neb air. Dim clapio. Dim byd. Cawn ryw ymdeimlad fy mod i'n cael cyfleoedd ychwanegol nad oedden nhw yn eu cael. Ac felly, gan fy mod i'n cael gwersi ffidl, oedd hynny'n golygu nad oeddwn yn ddosbarth gweithiol ond yn ddosbarth canol? Roedd chwarae'r ffidl yn teimlo fel pwynt arall o arwahanrwydd rhwng fy nghyfoedion a finnau – ac ar y pryd, do'n i ddim eisiau bod yn wahanol. Oherwydd lliw fy nghroen, ro'n i'n sefyll allan digon fel ag yr oedd hi.

Ro'n i'n cael amheuon am chwarae'r ffidl nawr a theimlais ryddhad pan gefais wybod bod plant ysgol wedi dinistrio'r offeryn ar ôl i mi ei adael o dan y staer. Roedd y penderfyniad wedi ei wneud drosof – ro'n i am roi'r ffidl yn y to neu ei smashio ar y llawr. Ond pan ddes i adref a Dad yn cynnig prynu ffidl newydd i mi o siop feiolin yng Nghaerdydd, doedd gen i mo'r hyder i wrthod. Yn y siop, daeth dyn allan efo modeli gwahanol a rhoi llyfr gradd 4 i mi gael cynnig ar y feiolinau amrywiol. Chwaraeais sawl cân yn y siop i fy mrawd a Dad a dewisais ffidl newydd. Roedd llygaid Dad a Gwilym yn llawn chwilfrydedd wrth i mi chwarae a phan ddaethom allan o'r siop, meddai Dad mai dyna'r tro cyntaf iddo fe 'nghlywed i'n chwarae'r ffidl yn gall a daeth fel sioc fy mod i wir yn gallu gwneud. Er hynna, ro'n i'n teimlo fel methiant llwyr wrth chwarae. Doedd gen i ddim brwdfrydedd, dim disgyblaeth nac ysgogiad i wella a hynny ar sail fy ymdeimlad o hunaniaeth: nid oeddwn yn 'gweld' fy hunan fel chwaraewr ffidl. Y fi oedd yn hoffi sglefrfyrddio, rap, smygu ac yfed cans o Stella ar bwys Afon Taf efo'r arddegwyr gwrthryfelgar eraill. Wrth chwarae'r ffidl o flaen y drych, ro'n i'n methu cysoni fy nelwedd allanol, delwedd cymdeithas ohonof, gyda fy nelwedd fewnol.

Dechreuais rannu fy ngwers gerddoriaeth efo merch â gwallt brown oedd o leiaf dair blynedd yn iau na fi, gan fod y ddau ohonom yn paratoi at ein gradd 4. Roedd ei chynnydd yn gynt na fi a chymerodd ei harholiad o'm blaen. Ro'n i ar ei hôl hi ac yn methu gorfodi fy hunan i ymarfer. O ystyried yr holl flynyddoedd y bûm yn 'chwarae', dylwn i fod ar lefel gradd 7 neu 8 erbyn hynny, a minnau'n un ar bymtheg oed. 'Be ydi pwynt gwneud unrhyw beth yn wael? Ella mai dyma'r arwydd y dylwn roi'r gorau iddi.'

Roedd Grandma ar un o'i hymweliadau cyson â ni ac mi wnes i gynnig chwarae cân iddi fel prawf er mwyn gweld ei hymateb. Chwaraeais ddarn gan Bach ac ar ôl i mi orffen, dywedodd Grandma, 'Beth oedd hynna fuest ti'n chwarae?'

'Bach.'

'Bach? Ro'n i'n meddwl dy fod ti'n dysgu'r ffidl?'

'Dwi'n chwarae'r ffidl.'

'Dyw hwnna ddim yn y ffidl!' dwrdiodd.

Un ar ddeg mlynedd o wersi a do'n i ddim yn chwarae'r ffidl? Chwarae cerddoriaeth werin oedd gan Grandma mewn golwg, nid chwarae caneuon clasurol ar y feiolin.

Doedd dim amdani nawr. Os nad oedd fy chwarae yn plesio Grandma, ddim yn plesio'r arholwyr, ddim yn plesio gwrandawyr a ddim yn fy mhlesio fi, pwy oeddwn i'n ei blesio? Rhoddais y gorau i chwarae yn y fan a'r lle. Yn ddiweddarach, pan oeddwn ym Mhrifysgol Aberystwyth, cefais y newyddion trist fod y ferch roeddwn yn cael gwersi ffidl gyda hi wedi marw'n annisgwyl. Roeddwn yn brudd a theimlwn drueni drosti hi a'i theulu. Cefais ryw deimlad fod yr holl flynyddoedd o wersi yn wastraff ac yn destun dioddefaint. Byddwn yn dychwelyd at gerddoriaeth eto ond i mi, byddai'r ffidl bellach yn symbol o edifeirwch a methiant.

Ges i'r cyfle i siglo'r thuser a mygu'r eglwys gyda'r arogldarth. Ro'n i wedi bod yn fachgen allor am wyth mlynedd. Er hynny, yn fy arddegau, teimlais fy hunan yn raddol ymddieithrio oddi wrth ffydd. Yn f'arddegau, dois fwyfwy dan ddylanwad ffrindiau ar draul dylanwad y teulu. Sylwodd Grandma'n brudd ar y newid. 'Dwyt ti ddim am glywed straeon hen Grandma ddim mwy.' Roeddwn yn ymwybodol fod anghysondebau rhwng syniadau crefyddol Grandma a gwybodaeth wyddonol; roedd Grandma yn amau a oedd dinosoriaid yn bodoli a bod eu gweddillion ffosiledig yn rhyw fath o gynllwyn diafolaidd i geisio ein darbwyllo fod y cosmos yn ddibwrpas. Yn blant ysgol gynradd efo diddordeb brwd mewn dinosoriaid, byddai fy nghyfnither, Sinéad, a finnau'n chwerthin am ben y ddamcaniaeth hon. Do'n i erioed wedi arddel darlleniad llythrennol o'r Beibl; nid oedd y byd yn llythrennol wedi cael ei greu mewn saith diwrnod. Ond rhywle ar hyd y ffordd, fe wnaeth fy amheuon gynyddu ac aeth yr amheuon yn ddyfnach.

Ro'n i'n pryderu am uffern – am fy marnedigaeth – ac yn credu, fel Grandma, mai'r unig fodd i'w osgoi oedd ymweliadau cyson â'r Eglwys (âi Grandma i wasanaeth pob dydd) ond roedd Dad yn anffyddiwr ac nid oedd gan Mam yr amynedd i fynychu yn gyson. Er yn cael amheuon, ro'n i wedi darganfod fy hunan yn byw mewn cartref lle'r oeddwn yn llawer mwy crefyddol na fy mrodyr (Gwilym a fy mrawd maeth, Kyle) a fy rhieni. Os nad awn i'r eglwys ar ddydd Sul byddai'n chwarae ar fy meddwl a byddwn yn ei chael yn anodd cysgu gyda'r nos. Canlyniad hyn oedd y byddwn yn tynnu ac yn pwyso ar fy rhieni anfodlon i fynd â fi i'r eglwys er mwyn lleddfu fy mhryderon am wneud fy nyletswydd rhag i mi gael fy anfon i'r uffern. Wrth imi aeddfedu, gwawriodd arnaf beth fyddai hynny'n ei olygu – yr aberth – i beidio â chyflawni'r saith pechod marwol ar air na gweithred. A fyddai'n wirioneddol raid i mi aros nes priodi i gael rhyw am y tro cyntaf neu wynebu fflamau uffern? Âi un o fy ffrindiau ysgol uwchradd i eglwys Brotestannaidd a dywedodd nad oeddent yn ystyried rhyw cyn priodas yn bechod mawr yn ei eglwys e. Sylwais nad oedd cytundeb ymhlith Cristnogion ar yr agweddau sylfaenol hyn – hynny yw, rhwng y da a'r drwg. Ond os nad oedd y Beibl yn llythrennol gywir ac enwadau amrywiol Cristnogol yn dewis a dethol y rheolau i'w cadw, yna beth oedd y gwir? Oni fyddai'n well pe na bai uffern yn bodoli?

* * *

A minnau'n dioddef o glefyd y gwair, es i mewn i'r neuadd yn Ysgol Rhydfelen gyda phoced llawn hancesi. Cyn agor fy mhapur TGAU Mathemateg, cusanais fy nghroes aur a gweddïo ar i Dduw fy helpu i ateb y cwestiynau a chael canlyniadau addawol. Roedd Grandma wedi pwyso arnaf i beidio â phryderu am adolygu neu boeni am arholiadau ac i roi fy ffydd yn Nuw a'i angylion. O ystyried fy nghanlyniadau, roedd bai ar fy ffydd yn disgwyl i angylion roi'r atebion imi.

Roedd Grandma'n aros gyda ni pan gefais fy nghanlyniadau TGAU.

'Sut wnest ti?' gofynnodd.

'Wnes i basio.'

'Be gest ti yn dy arholiad crefydd?'

'Gradd A,' cyhoeddais.

Daeth gwên lydan ar wyneb Grandma. 'Buaset ti'n gwneud offeiriad bendigedig, Malachy, ti'n gwybod hynna, dwyt?'

'Dwi'n gwybod.'

'Mae'n wir,' mynnodd.

'Ond nid dyna yw fy llwybr i, Grandma, nid fy ngalwad,' sibrydais, yn gwybod y byddai'r newyddion yn ei siomi.

'Ond beth yw dy alwad di?'

'Dwi ddim yn gwybod – eto,' atebais.

Do'n i ddim yn gwybod. Ro'n i wedi treulio'r blynyddoedd blaenorol yn breuddwydio am fod yn sglefrfyrddiwr proffesiynol ond erbyn troi'n un ar bymtheg oed ac wedi dioddef cyfres o anafiadau a diffyg llwyddiant, roedd e'n amlwg i mi eisoes na fyddai'n opsiwn.

Roedd gennyf allu ac angerdd ym maes celf, ac ystyriais bensaernïaeth o'r herwydd. Wnes i brofiad gwaith yn y maes ond nid oeddwn wedi f'argyhoeddi. Trwy'r ysgol, wnes i hefyd brofiad gwaith yn Llys y Goron Caerdydd, ac mi wnes i fwynhau (os dyna'r gair) gwylio a dilyn bargyfreithwyr wrth eu gwaith gydag achosion difrifol. Gallwn ddychmygu fy hunan yn y rôl o leiaf. Ond a oedd y gwaith yn ddigon creadigol? Yr hyn ro'n i'n bendant amdano oedd na fyddwn yn ceisio am yr offeiriadaeth.

* * *

Yn 2006, aethom gyda Grandma ar wyliau teulu i ffarm fy ewythr, Malachy, ym Muineachán, a gyda'r nos, troai'r rhyngystafell yn gapel, a gweddïai Grandma a Malachy y rosari ar lafar yng ngolau cannwyll. Nid oeddwn yn teimlo fel ymuno, a safai fy nhad a finnau yn ôl yn y tywyllwch gan wylio'r ddau hen Wyddel yn eu cadeiriau yn ailadrodd Henffych Fair. Cefais deimlad gwresog ac ysbrydol. Ar un adeg, yn rhan yma'r byd, byddai'r olygfa hon o weddïo fin nos yng ngolau cannwyll yn dra chyffredin – ond ddim bellach. Ac ar hynny, sibrydodd fy nhad wrth fy ochr, 'Peint?'

'Beth am Gwil?' gofynnais, yn sbio ar fy mrawd bach a'i wyneb dryslyd wrth ymyl Grandma.

'Fydd o'n iawn, 'sdi,' sicrhaodd Dad fi.

Arhosom iddynt orffen cymal ac wedyn cyhoeddodd Dad ein bod ni am biciad i'r dafarn yn sydyn. Aethom i'r dref a chawsom ein peint cyntaf erioed efo'n gilydd – peint o Guinness, ac ni chymerodd hir nes i Dad ddechrau fy holi.

'Wyt ti wir yn credu'r holl stwff yna?'

'Be?' yn gwybod yn union am beth roedd e'n sôn.

'Ti'n gwybod – crefydd.'

'Wel…' oedais.

'Mae'n hyfryd a phob dim, ac yn hynafol, ond y pethau mae Grandma'n dod allan efo nhw… Wel, dyw e ddim yn wir, nac'di!'

'Nac'di,' cyffesais yn brudd.

Ro'n i wedi fy nghywilyddio. Doedd fy mhabyddiaeth ddim be ro'n i'n credu oedd e yn unig, ond roedd yn rhan o fy hunaniaeth a sut roeddwn yn meddwl amdanaf fy hunan. Yn rhan o fy niwylliant. Teimlwn fel Pedr yn gwadu Iesu o flaen yr anffyddiwr, Dad. Merthyron oedd arwyr Grandma a byddai'n sôn wrthyf gydag edmygedd am Sant Thomas Moore, y Cymro, Sant Richard Gwyn, Perpetua, a Felicity, a merthyron fel Pádraig Mac Piarais a fu farw dros Iwerddon – pobl oedd yn werth eu hefelychu. Ond nid oeddwn wedi amddiffyn y Ffydd a bellach roeddwn yn wynebu ymuno â Dad yn uffern. Ro'n i'n teimlo fel petawn wedi bradychu Grandma yn bersonol heb sôn am yr Eglwys ac Iesu.

O weld fy mod yn anghyfforddus, newidiodd Dad y pwnc. Ond a oeddwn i'n credu neu jest wedi plygu i farn fy nhad? Do'n i ddim rili yn credu. Nid oeddwn yn anffyddiwr argyhoeddedig megis Christopher Hitchens – fy nhad. Do'n i ddim eisiau meddwl amdano fo, ond roedd y siarad gyda Duw yn fy mhen wedi stopio. Y gweddïo wedi stopio. Y diddordeb wedi fy ngadael. Roedd fy meddwl wedi tawelu ac nid oeddwn yn cyfeirio fy anerchiadau a'm dyheadau at neb na dim byd.

Roedd newid mawr ar droed ond roedd yn anodd ac yn anghyfforddus cyfaddef hynny wrth fy nhad – a fy hunan. Ond erbyn i mi sefyll fy arholiadau Lefel A yn Ysgol Gymunedol Garth Olwg roeddwn yn gwybod cymaint â hyn – ni chynigiais weddi ymlaen llaw. Roeddwn ar fy mhen fy hunan, ac, felly, roedd angen astudio.

* * *

Ar fy mhen-blwydd yn ddeunaw oed, cefais Feibl Saesneg Douay-Rheims yn y post, yn anrheg gan Grandma. Rhyw fis yn ddiweddarach, daeth Grandma i ymweld â ni yn ein cartref teulu yn Nhy-Rhiw, Ffynnon Taf. Trwy ffenestr yr ystafell fyw gwyliais hi'n cerdded i fyny i'r tŷ gyda'i ffon yn ei llaw, fel y gwnaethai pan oeddwn yn blentyn. Cyfarfu'r ddau ohonom yn llon wrth y drws. Roedd hi newydd ddod adref o bererindod dramor. Cymerais y siwtces coch o'i llaw.

'Sut oedd Lourdes?'

'Bendigedig – y dŵr, bendigedig! Lle sanctaidd iawn!' meddai yn ddifrifol.

Ro'n i'n hapus drosti. Roedd ymweld â dŵr sanctaidd Lourdes yn Ffrainc yn draddodiad teuluol, ers i'w thad ymweld â Lourdes ar daith gyda'r eglwys yn y saithdegau ar ôl iddo dderbyn diagnosis o gancr.

Edrychais ar ei ffon a'i chorff hyllgam – doedd hi ddim wedi profi gwyrth hyd y gwelwn i. Wel, ddim eto o leiaf.

'Sut wyt ti'n teimlo?' gofynnais, yn ymwybodol o'r gwyrthiau cysylltiedig â dŵr Lourdes a'i bŵer i wella cleifion.

'Dwi'n teimlo'n dda ond ychydig yn flinedig nawr ar ôl yr holl deithio.'

'Mi wna i roi'r tegell 'mlaen – gwna dy hunan yn gyfforddus.'

'*A cup of tea wud be lovely*,' meddai Grandma.

Cymerodd ei lle wrth y rheiddiadur o dan lun o Iesu yn yr ystafell fwyta. Gwyliais hi yn ei ffrog werdd hir a threiners Puma yn llymeitian ei phanad.

'Diolch am y Beibl, Grandma,' cynigiais.

Heb godi ei phen o'i phanad, ymatebodd, 'Wnes i ddim cael Beibl i ti.'

'Do, mi wnest di. Wnest di ei anfon i mi drwy'r post.'

'Naddo, wnes i ddim,' mynnodd.

'Ar fy mhen-blwydd? Wnest ti anfon nodyn efo'r Beibl a phob dim,' ymatebais yn rhwystredig. Tynnais y Beibl o'r cwpwrdd i'w ddangos. Heb ei gyffwrdd, cododd ei llygaid at y llyfr du o'i blaen a dweud yn robotaidd, 'Nid fi roddodd hwnna i ti.'

Wnes i roi'r gorau i holi. Roedd rhywbeth rhyfedd ar droed. A chyn diwedd yr wythnos, byddai wedi rhoi reis ym mhanad fy mrawd maeth, Kyle, pan ofynnodd am siwgwr ac yn drysu rhwng fy nghefnder, Lewis, a finnau (nid ydym yn edrych yn debyg heblaw bod gennym ni'n dau wallt du). Bythefnos i mewn i'w hymweliad, dechreuodd hyd yn oed Grandma gwestiynu ei hymddygiad ei hun. Eisteddodd o dan lun yr Iesu ac edrychodd arnaf gyda'i llygaid hyfryd, gwyrdd, a sibrwd yn ofnus, '*Am I going a bit funny, Malachy*?'

'Dwi'm yn gwybod, Grandma. Ella dylset ti weld doctor,' cynigiais.

'O, Iesu!' galwodd dan grio. 'Gwelodd fy rhieni eu hwyth-degau,' meddai yn sobor. Saith deg a thair oed oedd hi.

'Mae'n iawn, Grandma. Gei di weld doctor.'

Roedd Mam newydd ddod adref o'i gwaith a daliodd gynffon ein sgwrs. 'Be ydi hyn am ddoctor?' meddai'n bryderus.

'*I'm going funny, Ella, I know it*,' datganodd yn sicr.

'*Well, you do need to see a doctor then.*'

'*My mother got funny like this… I'll never get back to Ireland now*,' meddai Grandma yn ddagreuol.

'*Oh, Mum, don't say that, you'll make me sad*,' meddai Mam gan ei chofleidio.

'*I've left it too late, Ella.*'

Ar ôl i Grandma gael diagnosis o glefyd Alzheimer, gwyddem na fyddai'n gallu gwireddu ei breuddwyd o ddychwelyd i Iwerddon. Ond byddem yn dod ag Iwerddon iddi hi. Ac felly, trefnodd Mam i'w brodyr a'i chwiorydd ddod i ymweld â hi cyn i'w chyflwr waethygu. Roedd ei brawd hŷn o Ganada, Kevin, yn methu dod, ond roedd yn brofiad i ddod adref o'r coleg a darganfod Grandma gyda'i brawd, Malachy, a'i chwaer, Una, o Efrog Newydd yn ein stafell fyw yn Ffynnon Taf. Cafodd Grandma wythnos hyfryd yn eu cwmni yn trafod yr hen ddyddiau yn ôl ar y ffarm yn Iwerddon, yn rhannu manylion am hen gyfeillion, ac yn hel atgofion am ei phlentyndod. Difyr oedd gwylio'r berthynas rhwng y brawd a'r chwiorydd. Yn adlais o berthnasau rhwng gwledydd, roedd Una, yr Americanes, y chwaer fengaf, yn siarp. Yn fyr a chadarn gyda llond pen o wallt melyn, roedd hi'n hyderus, yn drwsiadus ac yn siaradus – siaradai ar draw uwch na ni. Gwisgai ei chrefydd yn ysgafnach na'i brawd a'i chwaer, a chawsom drafodaethau difyr am wleidyddiaeth UDA wrth y bwrdd. Roedd hi'n addysgedig a phositif fel y byddwn yn disgwyl i Americanes fod, tra oedd Malachy yn ddistaw ac oherwydd ei dafodiaith, Hiberno-English, roedd yn anodd i ni ddilyn ei sgwrs. Ni siaradodd Grandma am wleidyddiaeth erioed gyda mi ac, felly, roedd cymeriad Una yn syndod ond hefyd, o gymharu acen Grandma a Malachy, roedd e'n amlwg bod Llundain wedi meddalu ei hacen Wyddelig hi'n sylweddol. Roedd Grandma yn hapus i eistedd 'nôl a gadael i'w chwaer 'bwerus', fel roedd hi'n ei ddweud, sgwrsio ar ei rhan. Roedd gwên ar ei hwyneb am yr wythnos gyfan.

Roeddem yn cadw llygad barcud ar Grandma rhag iddi ddianc pan aeth ei brawd, Malachy, ar goll yn annisgwyl. Dihunodd Dad am chwech y bore a sylweddoli fod Malachy eisoes wedi gadael y tŷ. Erbyn y prynhawn, roeddem yn holi a ddylem ffonio'r heddlu, ond fe ailymddangosodd cyn iddi nosi. Yn esboniad, dywedodd ei fod e'n chwilfrydig wrth edrych allan ar y mynyddoedd y mae Ty-Rhiw yn swatio rhyngddynt, a'i fod wedi mynd allan i geisio gweld a fyddai modd cerdded Mynydd-y-Garth a Graig-yr-Allt yn yr un diwrnod. Mewn ffordd, teimlwn bechod dros Grandma; roedd Malachy hefyd yn ei saithdegau ac Una yn ei chwedegau hwyr, ac roeddent yn gryf ac yn heini. Pam nad oedd Grandma – fy mam-gu i – fel hyn efo cymaint o flynyddoedd o'i blaen? Ar y diwrnod olaf yn teithio o gwmpas y de, aethom i dafarn Gwaelod-y-Garth ac am y tro cyntaf, gwelais Grandma'n yfed alcohol – gwydriad o sieri.

'Edrych ar ôl dy hunan, Doreen, dyweda dy weddïau,' meddai Una, wrth iddi adael. Yr hwyl fawr derfynol.

Yn ystod gwyliau'r haf, ar ôl i mi gwblhau fy ngradd israddedig yn Aberystwyth, es i ymweld â Grandma ac Anne yn Llundain. Yn ystod y cyfnod y bûm yn y coleg, roedd cyflwr Grandma wedi gwaethygu, roedd fflachiadau o'r hen hi ond, bellach, roedd Anne yn ofalwr parhaol iddi. Un dydd, roedd Anne a finnau'n edrych ar hen luniau o fy mhlentyndod ar y gwely pan agorodd Grandma'r drws yn ofalus. Edrychodd arnom yn ofnus a phryderus fel petaem yn dresmaswyr yn ei chartref.

'Mam, paid ag edrych arnon ni fel 'na – ti'n dychryn Malachy druan,' meddai Anne.

Parhaodd Grandma i rythu arnom efo gwep frawychus.

'Stop it, Mam, ti'n dychryn fi!' gorchmynnodd. 'O, Malachy, dyw hi ddim yn gwbod pwy ydan ni.'

Parhaodd Grandma i rythu arnom efo wyneb caled.

'Mam, wyt ti'n gwybod pwy ydan ni? O, Mam. Sbia ar ei llygaid, Malachy. Dyw hi ddim efo ni ddim mwy,' casglodd Anne.

Yn hwyrach, pan oeddwn lawr stâr yn darllen llyfr ar y soffa, daeth Grandma i'r stafell efo gwedd ddryslyd – ar goll.

'Grandma, wyt ti'n iawn?' Safodd yn stond yng nghanol y stafell, wedi'i gorchuddio yn ei baw ei hunan. Aeth gwefr o arswyd drwof. Dywedodd Grandma na chawn gyfiawnder yn y bywyd hwn ond yn y bywyd nesaf. Dywedodd fod bywyd yn llawn dioddefaint. Ac eto, teimlwn, nad oedd hi'n haeddu hyn.

Daeth Anne i mewn i'r stafell a mynd â hi i'w molchi.

Dois o Lundain gyda theimlad bod bywyd yn absẇrd heb ddim synnwyr na phwrpas. Rhoddodd ei gweld hi yn ei chyflwr truenus ergyd fawr i fy ffydd.

* * *

Yn Hydref 2010, roeddwn yn un ar hugain oed a dychwelais i fyw efo fy rhieni yn Ffynnon Taf tra oeddwn yn astudio ar gyfer gradd Meistr yn y Gyfraith ym Mhrifysgol Bryste. Y mis Tachwedd ar ôl i mi orffen shifft hwyr yn M&S, Croes Cwrlwys, daeth Dad i fy nôl, a phan droesom ar ffordd yr A4232 trodd Dad y seinydd lawr i'r lefel isaf ar y radio, a dweud, a'i lygaid ar y lôn, 'Mae gen i newyddion drwg.'

'Beth sydd wedi digwydd?'

'Mae dy dad-cu di wedi marw. Ken.'

'Do'n i ddim yn disgwyl i ti ddweud hynna,' atebais.

'Na fi. Mae'n newyddion siomedig,' mynegodd Dad yn brudd.

Bu saib.

'Doeddwn i ddim wir yn ei nabod e… Ro'n i'n edrych ymlaen at amser pan fydden ni'n gallu cynnal sgwrs gall fel oedolion.'

'Tydyn ni ddim yn gwybod pryd y bu farw.'

'Beth oedd ei oedran?'

'Saith deg pedwar, meddai dy fam.'

'Be ddigwyddodd?' gofynnais. Doeddwn i ddim yn ymwybodol o unrhyw broblemau iechyd difrifol ganddo.

'Yn ôl y sôn, roedd e'n gosod teils ar do ei gartref yn y gwres pan gafodd bwl o asthma. Daeth lawr oddi ar y to, aeth i mewn i'r tŷ, ond mae'n debyg na chafodd afael ar ei bwmp asthma mewn pryd, gan fod y droriau i gyd wedi eu gwagio pan oedd e'n chwilio'n orffwyll.'

'Diar mi! Sut mae Mam 'di cymryd y newyddion?' gofynnais.

'Mae'n galed ar dy fam druan. Roedd y ddau ohonyn nhw'n gyrru ymlaen yn dda, yn enwedig ers iddo ymddeol. Bydden nhw'n sgwrsio yn aml ar y ffôn. Roedden ni'n cynllunio trip i Barbados yn y flwyddyn newydd i'w weld e... Doedd neb yn disgwyl hyn.'

'Mae'n golled fawr yn tydi, am druenus,' mynegais.

Roeddwn yn ddigalon ar ôl derbyn y newyddion. Nid oedd gennyf berthynas ddigon da gyda fe i alaru ei farwolaeth, a theimlwn yn brudd am y diffyg hwnnw. Wedi'r cyfan, roedd e'n ddyn â hanes diddorol, yn enwedig ac yntau'n perthyn i genhedlaeth Windrush.

Pan oedd yn bedair ar bymtheg oed, yn ystod y pumdegau, mentrodd Kenrick i Brydain ar long o goloni Barbados – yn ddinesydd yr Ymerodraeth Brydeinig. Ymsefydlodd yn Llundain a phriododd Wyddeles. Roedd e'n deiliwr a'i freuddwyd oes oedd llwyddo yn Llundain ac adeiladu tŷ ei hunan yn Barbados, ac yn y pen draw, dychwelyd i'w famwlad. A dyna'n union a wnaeth. Mae'n rhaid bod ganddo straeon difyr i'w rhannu am ei brofiadau. Roedd stori Tad-cu yn rhan o fy stori innau, ond erys y pytiau o wybodaeth amdano yn rhai gan Mam, Anne a Peter, ac o ran y stori bersonol, nid ydw i'n ei gwybod. Aethom i ymweld ag e yn ei dŷ clyd ar yr ynys fechan pan oeddwn yn bymtheg oed, ond nid oeddwn wedi gweld na siarad gyda Tad-cu ers hynna. Sylweddolais, bryd hynny, yr hoffwn wybod mwy am hanes a diwylliant fy nghyndadau a'm cyn-famau yn y Caribî, ond gyda marwolaeth annisgwyl Ken, teimlwn fy mod wedi colli'r allwedd i'm gorffennol Caribïaidd am byth.

'Mae Mam 'di rhoi'r car yn dy enw di. Mae'n rhaid i ni hedfan i Barbados bore fory i roi trefn ar yr angladd a'r etifeddiaeth.'

'*Ok*. Am ba mor hir ych chi'n mynd?'

'Dwi ddim yn siŵr eto – gallai fod hyd at bythefnos gan fod gennym lawer o bethau i'w sortio allan – yn cynnwys ei ewyllys.'

Wnes i droi'r radio 'nôl fyny.

* * *

Ddiwrnodau ar ôl i fy rhieni ddychwelyd adref o Barbados, ar ôl iddynt gladdu fy nhad-cu, daeth yr alwad fod iechyd Grandma wedi gwaethygu. Gofynnodd Mam i mi ei gyrru hi i Lundain ar frys. Tair wythnos wedi i'w thad farw, roedd Mam mewn cyfnod o alar ac roedd wynebu marwolaeth ei mam ar ben hynny'n ormod. Ar ôl i ni gyrraedd es i'r tŷ yr un mor amharod â hi ar gyfer be fyddwn yn ei wynebu.

Roedd gwely Grandma wedi'i osod yn yr ystafell fyw, a honno'n ystafell dywyll heblaw am lamp yn y gornel lle'r oedd Grandma yn gorwedd o dan flanced. Es i ati. Roedd hi'n welw, ond fflachiodd ei llygaid yn fywiog gyda'i hen ysbryd a goleuodd gwên fawr annwyl ei hwyneb pan es i lan ati hi. Deallwn nawr, ac yn sydyn, yr hyn oedd eisoes yn amlwg, roedd hi ar ei gwely angau. Teimlwn yn amharod ac wedi fy llethu gan y sylweddoliad, felly enciliais i'r gegin lle'r oedd Peter, Anne a'i chariad, Bob, wedi ymgynnull.

Yn y gegin, roedd y dynion yn yfed cwrw ac roedd y trafodaethau yn afreal.

'Mae hi'n edrych yn well,' dywedodd Anne.

'Dwi'n amau ei bod hi'n gwella,' sylwodd Peter.

Edrychais o'r gegin at y claf yn yr ystafell fyw gan deimlo'n annifyr – yn ofni mynd i eistedd efo hi rhag torri i grio. Daeth Mam o'r ystafell fyw a dywedodd wrthyf, 'Cer mewn i weld dy Grandma. Eistedd efo hi, siarad 'da hi.'

Es i'n ôl i'r stafell a chaeodd Mam y drws i mi gael moment breifat gyda fy mam-gu. Eisteddais wrth ei hochr a dal ei llaw lipa wythiennog.

'Wyt ti'n iawn, Grandma?' gofynnais yn bryderus.

'Malachy,' atebodd. 'Malachy,' adleisiodd yn gariadus.

'Ti'n iawn, Grandma,' sibrydais. Roeddem yn arfer sgwrsio gymaint ac yn awr roedd fy llais yn methu.

'Y ffidl,' ynganodd yn wan.

'Ti eisiau i fi chwarae'r ffidl?' gofynnais yn ddigalon.

'Y ffidl,' mynnodd yn siglo ei phen.

Cymerais saib fer i ystyried sut i ymateb i'r cais annisgwyl.

Gwenodd hi pan ddywedais yn ddagreuol, 'Mi weli di, mae'r angylion yn chwarae'r ffidl ym mharadwys.'

A'r boen yn ormod, enciliais o'r stafell eto. Pan ddes i'n ôl i'r gegin, gwelodd Mam fy mod i'n cael fy llethu gan y sefyllfa. Cymerodd fy llaw ac aethom yn ôl at y gwely efo'n gilydd.

'Beth am i ni ddweud gweddi i Grandma?' meddai Mam.

Arweiniodd gymal o'r rosari ac wedyn treuliodd amser

yn ei hatgoffa o ddigwyddiadau hapus yn ei bywyd efo finnau'n cyfrannu.

Ar ddiwedd y noson, wnes i gofleidio Grandma, rhoi sws iddi, a datgan fy nghariad. Wrth ddreifio adref i Ffynnon Taf, roeddwn wedi ypsetio'n arw ac yn amau a oeddwn yn fy iawn bwyll i yrru ac yn difaru na wnes i drefnu i aros yn hirach. Ro'n i'n gobeithio cael ei gweld hi eto ond, yn fy nghalon, roeddwn yn poeni mai dyna fyddai'r tro olaf.

Y diwrnod wedyn, es i i'r coleg ym Mryste. Es i lyfrgell adeilad Wills i geisio gwneud rhywfaint o waith ar fy nhraethawd ond wrth agor fy ngwerslyfr, sylweddolais y byddai'n amhosib imi astudio dan y fath amgylchiadau personol, felly gadewais y llyfrgell a dal y trên adref. Pan gyrhaeddais, roedd y tŷ yn wag. Yn dyheu am gael bod yng nghwmni pobl eraill, es i i weld fy mam-gu, a oedd yn byw ar yr un stryd. Wrth agor y drws, edrychodd Nanny arnaf yn syn ag wyneb pryderus a chydymdeimladol.

'Ti wedi gweld dy dad eto?'

'Naddo.'

'Mae dy dad yn holi amdanat.'

'*Ok*, a' i lawr i'r tŷ i'w weld e.'

'Gwell i ti weld dy dad,' meddai Nanny wrth gau'r drws.

Doedd Dad ddim yn y tŷ ac roedd gennyf syniad go dda beth oedd yn mynd ymlaen, ond nid oeddwn eisiau rhoi Nanny mewn lle lletchwith. Yn y tŷ, estynnais ganfas newydd a dechrau peintio gydag olew.

Daeth cnoc ar ddrws fy ystafell wely.

'Malachy,' meddai Dad mewn llais cadarn.

Agorais y drws yn ofalus. Roedd e'n sefyll yno mewn siwt a thei. 'Mae gen i newyddion drwg.'

* * *

Cynhaliwyd angladd gyntaf Grandma yn Eglwys Ein Harglwyddes Mynydd Carmel a St Simon Stock. Aethom o'i chartref mewn hers i'r eglwys yn Kensington. Ar y troad cyn yr adeilad, stopiodd y car o flaen golau coch ac yno gwelais ffigur yn cerdded tuag atom. Roedd y person yn eithriadol dal, yn denau ac yn welw. Roeddwn yn eistedd yn y sedd gefn rhwng Mam, ar y chwith i mi, a Sinéad, ar y dde, pan ddaliais lygaid yr unigolyn. Wyneb hir ofnadwy a llygaid glas golau gorffwyll. Brasgamodd yn chwim heibio ffenestr Mam ac wedyn safodd yn stond o flaen yr arch tu ôl imi. Tarodd dair gwaith yn galed gyda'i ddyrnau ar ffenestr yr hers a bloeddio 'Ahhh!' ar arch Grandma.

'*What the fuck was that?*' bloeddiodd Peter yn y sedd flaen, gan edrych o gwmpas yn ddryslyd. Pan sylweddolodd fod person yn bwrw hers ei fam, neidiodd allan o'r car i'w wynebu. Mewn chwinciad, roedd y ffigur wedi diflannu. Parciodd gyrrwr yr hers ar ochr y ffordd ac aros i Peter ddod yn ôl i'r cerbyd cyn bwrw ymlaen i'n cyrchfan.

'*What the fuck?!*' ebychodd Peter yn lloerig, mewn anghrediniaeth am yr hyn oedd wedi digwydd.

'Y diafol,' sibrydodd Sinéad yn ofergoelus wrthyf.

'Fyddai Grandma ddim wedi hoffi hynna,' twtiodd Mam.

'Dyw Satan ddim yn poenydio'r drygionus,' dywedais, yn ceisio bod yn gysurlon o dan yr amgylchiadau anesboniadwy.

'Hynna'n wir,' atebodd Mam, yn hapus efo'r esboniad.

Cludom ei harch o'r hers a'i gosod yng nghanol yr eil yn yr eglwys. Roedd nifer wedi dod i'r angladd, yn enwedig carfan o Gymry a ddaeth i Lundain i dalu eu teyrngedau wedi i'r Wyddeles wneud cryn argraff arnynt. Darllenodd Anne y deyrnged ac aethom am bryd o fwyd wedi'r gwasanaeth.

Ond nawr, roedd gennym ail gynhebrwng i'w gynnal. Y syniad oedd cludo ei harch yn ôl i Iwerddon cyn gynted ag oedd yn bosib, ond yn ystod Rhagfyr ac Ionawr, cawsom dywydd garw gydag eira, ac felly, er iddi farw ar y nawfed o Ragfyr, ni chynhaliwyd ei chynhebrwng yn Iwerddon tan y deunawfed o Ionawr 2011.

* * *

Yn dawel bach, roeddem yn ansicr ynghylch pa fath o ymateb y byddem yn ei dderbyn yn Éire. Rhyw deimlad anesmwyth ynghylch pobl dduon – Mam, Anne, Peter, Sinéad, Gwilym a fi – yn dod â chorff Gwyddelig i'w gladdu yng nghefn gwlad. Er ein bod yn epil Erin, pa fath o ymateb fyddai'r wynebau estron hyn yn ei dderbyn gan y brodorion? Caem ein derbyn gan y teulu agos, ond beth fyddai agweddau'r werin ehangach? Lleisiodd Anne y farn a'n hatgoffa i Grandma gael ei gyrru i alltudiaeth hir gan yr Eglwys a'r gymdeithas hon wedi iddi eni plentyn a hithau'n ddibriod yn y pumdegau a sut y treuliodd weddill ei hoes yn *persona non grata* ym mro ei mebyd wedi iddi briodi dyn du o Barbados. Ond os oedd Grandma'n ddynes alltud, a fyddai unrhyw un yn dod i'w hangladd? Dywedodd Anne am i ni beidio â chael ein siomi pe na fyddai neb yn dod. Roeddwn wedi cynhyrfu ac nid oeddwn yn gwybod be i'w ddisgwyl, a phan oedd ansicrwydd, datblygai pryder.

Daeth pawb ynghyd tu allan i Gadeirlan Sant Macartan, Muineachán, ar ddiwrnod oer a heulog o dan awyr las ddigwmwl. Roedd Mam wedi derbyn neges gan ei hewythr, Malachy, i ddweud na fyddai'n medru mynychu'r gwasanaeth oherwydd salwch. Roedd y lle'n wag ac yn dawel a chadarnhaodd hynny ofnau gwaethaf Anne – roedd Grandma yn ddynes alltud. Cariodd Dad, Peter, Gwilym a finnau ei harch i'r eglwys ac wrth ddod drwy'r fynedfa, gwelsom dorf o bobl oedd eisoes wedi cyrraedd ar gyfer y cynhebrwng yn codi ar eu traed. Roedd y meinciau'n llawn hyd at y cefn, fel petai'r gymuned gyfan wedi troi allan. Llefodd Mam ac Anne pan welsant yr holl bobl. Roeddent wedi neilltuo meinciau i ni yn y blaen a chawsom groeso cynnes a chyhoeddus gan yr offeiriad. Wedi'r gwasanaeth, cariwyd ei harch yn ôl i'r hers a dilynodd y dorf ar droed ar hyd y lôn, gan stopio'r traffig, i'r fynwent gyfagos. Gyda fy ewythr, Peter, sydd dros chwe throedfedd, ar un ochr, a fy mrawd byr ar y llall, cawsom drafferth i gario'r arch anwastad i'r bedd oedd ar riw ac yn llithrig gan rew. Daethom yn agos i faglu sawl gwaith ac roedd rhyddhad yn amlwg ar wynebau cludwyr yr arch pan gyrhaeddom y bedd yn saff, a gostwng ei harch i'r pridd i orwedd yn ymyl ei mam, Agnes, a'i thad, Peadar. Cawsom ni'r teulu agos ein cyfarwyddo i sefyll ar bwys y bedd. Ffurfiodd y dorf linell a chymerasant dro i siglo ein dwylo a chynnig geiriau o gydymdeimlad i ni.

'*You must be the priest – sorry for your loss, father,*' meddai hen ddyn yn llawn cydymdeimlad.

'Dwi ddim yn offeiriad, ond diolch,' atebais yn syn.

Ac eto, ar hyd y llinell, daeth dynes arall i siglo fy llaw. '*Fine young priest you are – sorry for your loss, father.*'

'O, na, dwi ddim yn offeiriad, ond diolch,' chwarddais, yn meddwl fod hyn yn rhyw gynllwyn olaf roedd Grandma wedi'i roi yn ei le i bwyso arnaf i ymuno â'r offeiriadaeth.

'*Sorry for your loss. Doreen was a saint,*' meddai dynes arall.

'*Very holy woman, Doreen – sorry for your loss, father,*' sylwodd dynes arall.

'*I'm not a priest, but yes, she was.*'

Wedi i ni siglo dwylo, cawsom wylnos fawr yr oedd Malachy wedi'i threfnu ar ein cyfer mewn gwesty. Roedd y lle'n brysur ac roedd y brodorion yn groesawgar ac yn awyddus i siarad efo ni. Ro'n nhw'n gwybod yr hanes eisoes, yn gwybod pwy oedden ni i gyd, ac yn hapus i rannu eu profiadau o Grandma a chanmol ei duwioldeb a'i chymeriad annwyl efo ni. Yr hyn a ddaeth i'r amlwg oedd bod tras yn andros o bwysig iddynt, hynny yw, y dras Wyddelig, ac roeddent yn awyddus i egluro wrthym sut yn union roeddem yn perthyn a phwy oedd y bobl oedd gennym yn gyffredin. Nid oedd lliw yn ffactor o gwbl – nac yn destun chwilfrydedd chwaith.

Tra oeddwn yn bwyta, daeth dyn mawr byrlymus a chyfeillgar yn gwisgo sbectol i eistedd wrth fy ymyl.

'*You must be the young priest I've heard so much about.*'

'*Oh, I'm not a priest,*' eglurais.

'*I know you're not. I heard about the misunderstanding, and I was having you on!*' broliodd yn llon.

'*Oh, right!*' atebais gan chwerthin.

'*That'd be your Granny, telling people that you'd make a fine priest one day – they probably forgot and thought you were a priest.*'

'*Yes, she did used to say that, but it's not for me, I don't think.*'

Estynnodd ei law. '*I'm Seamus, a relative of ya Granny.*'

'*Malachy. Nice to meet you, Seamus.*'

Tynnodd ei sbectol i lawr i sbio arnaf. '*Edwards. Now, wud that be a Protestant name?*'

'*I don't think you can speak of a distinction between Protestant and Catholic names in Wales. There aren't many to choose from back home: Jones, Evans, Roberts, Davies, Thomas and a few others. We could probably do with some new ones,*' atebais.

'*Griffiths, that'll be a Welsh name too?*'

'*Oh, yes. Gruffudd as we'd say in Welsh.*'

'*Is that right? We got a few Griffiths' round here. And our man, Arthur Griffith, founded Sinn Féin – he was Welsh. Did you know that?*'

'*No, I didn't.*'

Cawsom sgwrs ddifyr. Siaradodd am berthnasau oedd wedi ymfudo i wledydd ar draws y byd, yn cynnwys rhai o'i blant ei hunan. Dois i ddeall fod Iwerddon yn wlad anarferol. Ymfudodd cymaint o'i phobl ac oherwydd hynny mae'r bobl a arhosodd ar ôl wedi hen arfer efo perthnasau o bob lliw a chenedl yn dychwelyd am ymweliad o bryd i'w gilydd. Er bod yr hyn a ddigwyddodd i Grandma yn ei hieuenctid yn erchyll, rhaid cydnabod fod y wlad geidwadol a gymerodd ei babi yn y pumdegau wedi newid yn llwyr erbyn ei chynhebrwng. Cawsom groeso cynnes gan y mynychwyr.

Wedi'r wylnos, aeth carfan ohonom yn ôl i'r gwesty a buom yn yfed a sgwrsio wrth y bar nes iddi fynd yn hwyr. Cefais y cyfle i gyfarfod perthnasau newydd a chlywed straeon difyr am Grandma yn ei llencyndod. Nid oeddwn yn drist nac yn ddagreuol. Ro'n i'n hapus fod Grandma wedi cael ei chladdu ym Muineachán – dyna be roedd hi ei eisiau. Roedd pobl yn siarad mor ganmoliaethus amdani, sut oedd hi'n garedig, yn ddynes grefyddol a thwymgalon. Teimlwn yn ddiolchgar i Grandma am y rôl flaenllaw a chwaraeodd yn fy mywyd a'r esiampl a osododd. Roeddwn yn ffodus ac roeddwn yn falch y gallwn ddibynnu ar fam-gu fel hi. Er yr holl sôn am Iwerddon, dwi'n meddwl, yn ei chalon, mai dynes a roddodd flaenoriaeth i'w theulu a ffydd oedd hi. Roedd Iwerddon iddi hi'n estyniad o deulu – pan soniai amdani, nid oedd yn cyfeirio at y llywodraeth yn y Dáil Éireann. Wn i ddim yn union pam na wnaeth hi ddychwelyd yn ystod ei hoes, ond o sylwi ar gymuned glòs ei hen fro ac wrth dreulio amser yng nghwmni siriol ei cheraint, cefais well mewnwelediad i'r rhesymau pam y gwnaeth Grandma hiraethu am Éire tan ddiwedd ei hoes.

Oherwydd yn Éire, roedd hi'n gyfan ac yno y byddai'n gorwedd mewn hedd gyda'i mam a'i thad hyd Ddydd y Farn.

VITA NOVA

Sibrydodd Celyn wrthyf fod ei dŵr wedi torri ac imi fanteisio ar yr oriau olaf o gwsg cyn inni fynd i'r ysbyty unwaith y byddai ei chwaer yn cyrraedd o Lanelwy i warchod y plant. Es yn ôl i gysgu, a phan ges i fy neffro eto, roedd hi'n hanner awr wedi tri. Gwisgais fy nillad. Dois lawr y stâr ac roedd Catrin yn cysgu ar y soffa. Gwnes i fflasg o goffi i'm hunan a llwytho'r car gyda siwtces Celyn a 'mhethau innau, gan geisio bod yn ddistaw i beidio dihuno'r cymdogion. Fe gafodd Celyn boenau geni drwg yn y car, ond nid yn rhy ddrwg i'n rhwystro rhag stopio yn y garej am betrol a Lucozade. Gweiniwyd arna i drwy ddrych plastig gan ddyn ifanc tal efo gwallt hir a barf. A minnau'n teimlo fy mod i eisiau rhannu'r newyddion gyda rhywun, dywedais wrtho ein bod ni ar fin cael babi.

'O, cŵl. Congrats,' ymatebodd.

Wrth yrru ar hyd y lôn, ces i fy atgoffa o'r amser pan es i ar yr un daith yn oriau mân y bore gyda Celyn ar gyfer Enlli. Ond, bryd hynny, roedd gennyf deimlad o banig; ofnwn i'r babi ddod cyn i ni gyrraedd ein cyrchfan neu i'r car dorri lawr neu y byddai rhyw anffawd yn ein rhwystro rhag cyrraedd mewn pryd. Y cyffro a'r nerfusrwydd. Roedd cyffro yn awr, ond nid nerfusrwydd. Roeddem yn gwybod y drefn a syniad go lew o be i'w ddisgwyl.

Aeth Celyn i Ysbyty Gwynedd am hanner awr wedi pedwar y bore, ond oherwydd rheolau coronafeirws, bu'n rhaid i mi aros tu allan nes iddi gael ei symud i'r ystafell esgor. Gorweddais yn ôl yn sedd ochr teithiwr y car gyda blanced drostaf ond roeddwn yn rhy effro a chyffrous i gysgu. Aeth rhyw ddeugain munud heibio heb unrhyw ymateb gan Celyn i'm galwadau a'm tecsts. Es yn ôl at y dderbynfa wrth y drws allanol a gofynnais am ddiweddariad ar ei sefyllfa. Atebodd y derbynnydd drwy'r seinydd bod Celyn wedi anghofio ei gwefrydd a bod batri ei ffôn yn fflat, ond y byddai'r ysbyty yn fy ffonio pan fyddai hi'n symud i'r ystafell esgor. Yr holl baratoi: y siwtcesys, y bwyd a'r snacs ac roeddem wedi anghofio gwefru ei ffôn! Duw a'm gwaredo, mae yna 'wastad rywbeth!

Dychwelais i'r car ac arhosais am yr alwad. Wnes i anfon neges at y teulu am bump y bore i ddweud ein bod ni yn yr ysbyty a bod y babi'n debygol o ddod heddiw a ges i alwad ffôn gan Mam am hanner awr wedi pump yn gyffro i gyd yn gofyn am ddiweddariad. Atgoffodd fy rhieni fi i fod yn ofalus ac i beidio â chyffwrdd unrhyw beth tra oeddwn yn yr ysbyty rhag dal Cofid am nad oedd y pla yn 'cytuno' efo ni. Cafodd Celyn ei symud i'r ward esgor oddeutu chwech o'r gloch y bore.

Cefais y caniatâd i fynd i mewn a dois â gweddill ein pethau yn cynnwys siwtces, diodydd a bwyd gyda mi i'r ysbyty. Cawsom yr un ystafell ar y ward â'r un ble daeth Iddon i'r byd brin bedwar mis ar ddeg yng nghynt, sef ystafell 5. Rhoddais ein pethau yn y cwpwrdd a chymerais banad o de. Roedd bylchau o hyd rhwng poenau Celyn ac felly nid oeddwn yn disgwyl i'r baban ddod ar frys. Eisteddais gyda mwgwd ar fy wyneb fel y nyrsys. Dim ond

Celyn a gâi'r 'fraint' o aros yn ddifwgwd. Rhoddwyd prawf Cofid iddi hefyd, a hwnnw'n negatif.

Eisteddais wrth ymyl fy ngwraig yn cynnig dŵr, bwyd a geiriau canmoliaethus iddi ac, yn bennaf, llaw i'w gwasgu'n dynn. Gofynnodd y nyrs i mi gadw monitor curiad calon y babi yn ei le ar fol Celyn. Torrodd ton ar ôl ton o boenau mawr gan gynhyrfu ei chorff. Nid oeddwn hanner ffordd drwy'r pecyn cyntaf o *beef jerky* pan ddaeth cri gan y nyrs i baratoi am y baban. Mi ddaeth yn annisgwyl o sydyn. Daeth merch fach gyda phen llawn o wallt brown ysgafn am 08:49 y bore. Criodd ar ddyfod – ei hwyneb bach tlws a'i chorff coch yn fain a holliach. Cyflwynodd y nyrs y llinyn bogail i mi ei dorri. Roedd yn wyn fel cwmwl ond gyda blotiau o las tywyll ynddo ac eisteddai fel darn o sgwid rhwng fy siswrn bach. Rhoddwyd y baban i'w mam ac ymgartrefodd ar ei bron yn braf. Anghofiais dynnu lluniau; yn hytrach, mi wnes i ei hamsugno hi i mewn â'm llygaid. Tynnais fy nghrys bant a'i chymryd i'w chwtshio hi'n llon. Tad am y trydydd tro! Teimlais gynhesrwydd a diolchgarwch. Roedd y baban yn fach a bregus rhwng fy mysedd, ac wrth sbio arni, teimlais foddhad a llawenydd. Wnes i swsio'r babi – roedd hi'n fendith. Yn ugain munud oed, rhythodd arnaf gyda'i llygaid glas tywyll. Roedd rhaid i mi fod ar fy ngorau i hon, meddyliais. Cymraes newydd i'r wlad, aelod newydd i'n teulu, a dechreuad newydd i mi.

Annes Iola Edwards.

Galwais fy rhieni ond wedyn oherwydd rheolau Cofid, ces i fy hel o'r ysbyty. Dywedwyd y byddai Celyn a'r baban yn aros ar y ward i gael eu harchwilio ac y byddent yn fy ngalw pan fydden nhw'n barod. Gyrrais adref yn llawn asbri ac awen. Roedd Catrin a'r plant yn gwylio *Wall-E* ar y teledu pan gyrhaeddais y tŷ. Roeddent yn ymlacio ar y soffa fel petai'n ddiwrnod arferol!

Amser cinio, es ag Iddon am dro yn y goetsh i Siambr Gladdu Bodowyr. Aeth fy mab i gysgu yn syth ond cerddais ymlaen i Fodowyr ta beth. Tair milltir yno ac yn ôl, ac roeddwn yn byrlymu. Wrth i mi gerdded, gwrandewais ar 'Isn't She Lovely' gan Stevie Wonder ac wedyn ar lyfr sain *Waiting for Godot* gan Samuel Beckett. Ar ôl ychydig, wnes i ddiffodd y ddrama am nad oeddwn yn gallu canolbwyntio ar ddeialog fympwyol Vladimir ac Estragon tra oedd cymaint yn mynd trwy fy meddwl.

Wrth sefyll ar bwys Siambr Gladdu Bodowyr, ystyriais yr amser oedd wedi mynd heibio rhwng codi'r Siambr a heddiw, a'r posibilrwydd bod siawns go dda bod fy mhlant innau (trwy fy ngwraig) yn perthyn yn uniongyrchol i'r bobl a gododd Bodowyr, a'r meirwon a gladdwyd yn y pridd. Teimlais gysylltiad dirgel â thirlun Ynys Môn, fy mod bellach yn integredig yn y fro gan fy mod i wedi profi gymaint ers dod i fyw yno.

Bu farw fy modryb a deg mis yn ddiweddarach, ganed fy merch. Pobl yn cael eu geni, yn marw, y planedau'n cylchredeg yn y nen ac amser yn bwrw yn ei flaen. Sylweddolais o ddifrif y byddwn i, ryw ddydd, o dan y ddaear ond, y diwrnod hwnnw, a'r haul yn goleuo, roeddwn yn llawn bywyd, ac yn byw llawnder gwirioneddol.

Daethom adref a thra oedd Iddon yn cysgu, rhannais y newyddion da gyda'r teulu ehangach. Ffoniais fy modryb sy'n nyrs yn ne Cymru a chawsom sgwrs am fabanod, ac fe wnaeth hi ein llongyfarch ar enedigaeth Annes. Roedd y newyddion am Annes hefyd wedi cynnig cyfle i mi holi am fy modryb achos roedd hi'n dioddef gyda'r coronafeirws ers wythnos. Roedd hi wedi ei chloi yn ei hystafell wely, gyda'i meibion yn rhoi prydau wrth y drws iddi. Ac er ei bod yn swnio'n brin ei hanadl ar y ffôn, roedd hi'n hapus iawn i gael yr alwad.

Yn y prynhawn, dychwelais i'r ysbyty i drosglwyddo gwefrydd i Celyn, ond daeth nyrs i'm cwrdd a'u cymryd oddi wrthyf i oherwydd na chawn fynd i weld fy ngwraig a'r baban.

Cyrhaeddais adref eto ac roedd Catrin yn dyheu am baned o goffi, ond doedd dim llefrith yn y tŷ, felly cerddais i'r siop gornel. Penderfynais brynu papur newydd *The Times* i'w gadw i'r baban, yn dystiolaeth o be oedd yn digwydd ar ddiwrnod ei genedigaeth. Ar flaen y papur newydd, roedd y penawdau:

Have you got cabin fever? How to beat boredom.

BRITAIN SHUTS ITS BORDERS – Travel corridors close on Monday – Ten days' isolation for all – Fears over new Covid variants.

A dyfyniad o'r dudalen flaen yn datgan,

'The worldwide coronavirus death toll has passed 2 million. The number of new cases in Britain was 55,761, with the seven-day average down 13.7 percent on the week before. There were 1,280 deaths, with

the seven-day average up 31.7 percent on the week
before.'

Wrth dalu, cyhoeddais wrth berchennog y siop imi gael baban y bore hwnnw.

'*Very good. Praise God,*' dywedodd, wrth roi fy mhres yn y til.

Gartref, cefais alwad gan Celyn o'r ysbyty. Dywedodd fod Annes wedi cael ei phrofion a gan fod pob dim yn iawn, roeddent yn barod i ddod adref.

Cyfarfuom wrth y lifft yn nerbynfa'r ysbyty – roedd rheolau Cofid Ysbyty Gwynedd yn caniatáu hynny – ac aethom yn syth am y car. Cysgodd y ddwy yn llon ar y siwrne adref, ac roeddwn yn ddedwydd i'w cael nhw efo fi.

Setlodd Celyn gyda'r baban ar y soffa a'i chyflwyno i Anti Catrin wrth i mi brocio'r tân. Dyma sut roedd pethau i fod, meddyliais, a phiciais allan am awyr iach. Codais fy llygaid i'r awyr a dilynais bwyntyddion yr Arth Fawr/ Ursa Major: roedd Seren y Gogledd yn sefyll uwchben ein cartref, ac roeddwn ar ben fy nigon.

Y DELYN AUR

Ar yr ail ar hugain o Fehefin 2021, cyrhaeddodd pasbort Gwyddelig trwy fy mlwch post. Disgynnodd ar lawr fy ystafell fyw tra oeddwn yn trafod opsiynau symud tŷ gyda gwerthwr tai. A hithau'n ddiwrnod heulog a braf, es â'r pecyn i'r cwt i'w agor. Clawr lliw gwin â thelyn aur yn ei ganol. Roeddwn yn Éireannach ac yn ddinesydd An tAontas Eorpach unwaith yn rhagor. Teimlais ryddhad o'i dderbyn o'r diwedd, a bod yr hirdaith fiwrocrataidd drosodd. Wnes i fwrw llofnod ynddo a'i osod yn fy nrâr. A dyna ni.

Wedi'r pla, roedd y refferendwm i ymadael â'r Undeb Ewropeaidd yn teimlo fel petai wedi digwydd yn niwl y gorffennol. Derbyniais y newyddion am y canlyniad mewn cyfnod pan oeddwn yn chwech ar hugain oed a heb blant, yn byw gyda fy ngwraig mewn fflat chwilboeth yn Nhre-Biwt. Mae cymaint wedi newid. Ond wrth edrych 'nôl, dwi'n cydnabod bod gennyf berthynas fwy cymhleth gyda Brexit nawr nag y gallwn fod wedi dirnad fyddai gennyf ar y pryd.

O ran y pasbort, ni fyddwn i wedi ceisio amdano pe bai'r cyhoedd wedi pleidleisio i 'Aros' yn yr Undeb Ewropeaidd. Ac yn bwysicach na'r pasbort, pe na bai'r Deyrnas Unedig wedi ymadael, fyddwn i ddim wedi adfer ac adfywio fy nghysylltiadau â fy mherthnasau yn Iwerddon a chydag Iwerddon yn gyffredinol fel y gwnes i yn y blynyddoedd wedi'r refferendwm.

Brexit oedd y catalydd i wynebu fy hunaniaeth. Brexit sbardunodd y syniad – a chreu'r angen – imi geisio am ddinasyddiaeth Wyddelig er mwyn adennill fy ninasyddiaeth Ewropeaidd. Brexit oedd y switsh ar drac rheilffordd fy mywyd a achosodd imi gymryd llwybr amgen ac ehangu fy ngorwelion.

Ond pwy a ddychmygai y byddai wedi cymryd mor hir i gael gafael ar basbort! Dechreuais ar fy nghais am ddinasyddiaeth yn 2018. Cymerodd amser i drefnu papurau. Amser yn aros i'r llywodraeth brosesu fy nghais dinasyddiaeth. Collais fy nhystysgrif ddinasyddiaeth gyntaf ar ôl tacluso'r cwt. Ro'n i wedi cael llond bol eisoes ar yr holl fiwrocratiaeth a hynny cyn gwneud cais am basbort!

Rhwystrwyd y broses ymhellach gan y pla. Llenwais y cais am basbort ar-lein ym mis Rhagfyr 2020, ond oherwydd cyfyngiadau'r coronafeirws, caewyd y swyddfa prosesu pasbortau. Anfonais fy mhapurau ym mis Chwefror, ond nid agorodd y swyddfa pasbort tan ddiwedd mis Ebrill a chefais fy rhybuddio y byddai oedi sylweddol.

Ac felly, bron ddau fis wedi i'r swyddfa pasbort ailagor, a thair blynedd ers i mi gychwyn ar lwybr hawlio dinasyddiaeth, a bron i bum mlynedd i'r diwrnod ers refferendwm Brexit, roedd y pasbort yn fy llaw; roeddwn yn Ewropead.

* * *

Y dydd Llun dilynol, roeddwn yn cael fy mhen-blwydd yn dri deg dwy oed. Cymerais y diwrnod bant o'r gwaith ac aethom draw fel teulu i dŷ fy mam-yng-nghyfraith yn Nwyran i gael cacen ben-blwydd. Bûm yn busnesu, a sylwais ar lun wedi fframio o fy mam-yng-nghyfraith, Ceri, a'i gŵr,

Freddie, yn eistedd ar y gwair o flaen camera. Holais ar ba set ffilm y cafodd y llun ei dynnu. Ro'n i wedi gweld y llun bob tro awn i mewn i'r tŷ, ond dim ond ar fy mhen-blwydd y bûm yn ddigon chwilfrydig i ofyn. Atebodd Ceri mai ar set ffilm *Omen III: The Final Conflict* oeddent, ac mai ar y set honno y gwnaeth hi a'i gŵr gyfarfod.

Meddyliais sut roedd Grandma yn dwlu ar ffilmiau'r Omen a sut roeddem wedi gwylio'r gyfres yn Hammersmith pan oeddwn yn blentyn; roeddem yn gweld ystyron crefyddol a dirgel yn y ffilmiau hyn. Roedd Ceri yn gyfrifol am *continuity* ar *Omen III*, a Freddie oedd y gweithredwr camera. Mi oedd hi'n deimlad rhyfedd sylweddoli bod yr hyn roedd Grandma a finnau yn ei weld wrth wylio'r ffilm arswyd, a'i darlun o'r Datguddiad, yn llythrennol yn bictiwr drwy lens y dyn a fyddai'n dod yn dad-yng-nghyfraith imi yn y dyfodol.

A chefais ail sylweddoliad. Er bod y ffilm yn

arwyddocaol i mi pan oeddwn yn blentyn, gan iddi roi darlun o'r apocalyps yn y cyfnod pan oedd Grandma yn fy mharatoi at Ddydd y Farn, roedd y ffilm yn bwysicach i Celyn; nid oherwydd ei rhinweddau artistig, ond oherwydd mai ar set *Omen III* y cyfarfu ei rhieni.

Roeddwn i'n gwybod fod Ceri wedi gweithio ar ffilmiau Harry Potter, ac wrth imi dacluso'r cwt yn ystod yr haf, des o hyd i lun cyfeillgar o Celyn ifanc gyda'r Antichristus ei hunain (Daniel Radcliffe) a dynnwyd mewn bwth lluniau. Yr Anghrist oherwydd byddai Grandma yn fy rhybuddio am beryglon Harry Potter. Hyn tra oedd Celyn yn treulio ei hafau ysgol gyda'i mam ar set Harry Potter gyda, wel, Harry Potter.

Roedd droriau yn ei chartref teuluol yn llawn dop o femorabilia ffilmiau yn cynnwys lluniau o actorion enwog wedi eu llofnodi a'u cyflwyno i Celyn. Mi oedd hyd yn oed anifail anwes y teulu, Puppy, yn ddarn o femorabilia ffilm gan mai e oedd y ci heb smotiau, Oddball (defnyddid sawl ci i chwarae'r rhan) yn y ffilm *102 Dalmatians* (gweithiodd Ceri ar y ffilm).

Roedd hanes teulu fy ngwraig yn y diwydiant ffilm yn tanlinellu'r gwahaniaethau rhwng y ffordd y cawsom ein magu: pan fyddai Grandma a finnau yn eistedd o flaen y sgrin yn cael ein hudo, byddai rhieni Celyn tu ôl i'r llen yn creu'r golygfeydd.

Doedd dim diafol wedi'r cyfan, jest actorion ac effeithiau arbennig.

* * *

A'r pasbort gennyf, ro'n i am gyflawni fy nyletswydd ac ymweld â bedd Grandma yn Iwerddon. Cefais fy nghyfle yn fuan wedyn gan inni drefnu i aros am wythnos ym Muineachán i ddathlu pen-blwydd Mam yn drigain oed. Cymerom dŷ mawr yn Carraig Mhachaire Rois, Muineachán, ac roedd Mam, Dad, fy mrawd, fy chwaer yng nghyfraith, Celyn a'n tri phlentyn i drigo o dan yr un to.

Ar y noson gyntaf yn Carraig Mhachaire Rois, jest cyn i ni ddechrau ar ein pryd o gawl, cyhoeddodd fy mrawd, Gwilym, a'i wraig, Catrin, eu bod yn disgwyl baban! *Vita nova*. Wedi dwy flynedd o bandemig, yr oedd yn braf cael profi achlysur hapus a llawen mewn cwmni siriol.

Ddydd Sul, roedd yr eglwys Gatholig gyferbyn yn cynnal gwasanaeth yn yr awyr agored a llais yr offeiriad yn cael ei daflunio dros seinydd. Wrth i mi eistedd ar stepen cyn-gartref offeiriad yn gwrando ar y gwasanaeth, teimlwn yn fwy na jest ymwelydd. Synhwyrais y gallwn fyw yn Éire ac addasu i'r diwylliant a rhythm bywyd yn rhwydd iawn – mewn ffordd, roedd fy magwraeth wedi fy mharatoi i fyw yma.

* * *

Euthum i Iwerddon gyda chynllun. Ro'n i wedi derbyn bag o lythyrau Grandma mewn llawysgrif fain gan Anne cyn i mi fynd i Hong Kong. Yn ystod haf 2021, bûm yn brysur yn trawsgrifio'r llythyrau ar fy nghyfrifiadur er mwyn cynhyrchu llyfr clawr caled o ohebiaeth y teulu. Roedd y llythyrau wedi dod gan chwaer Grandma yn Efrog Newydd a'i mam, Agnes, ym Muineachán yn bennaf. Ond yn y pecyn, roedd yna hefyd lythyrau gan ei brawd yng Nghanada, Malachy, a pherthnasau eraill. Roedd oddeutu 30,000 o eiriau i gyd, wedi'u hysgrifennu rhwng 1968 a 1988, a chynigiai hynny bortread lliwgar a chyfoethog o'u bywydau ynghyd â thoreth o wybodaeth deuluol.

Gyda'r llyfr gohebiaeth yn fy nghymell, dechreuais ar waith achyddol. Dois i Iwerddon gyda rhestr o gwestiynau ar gyfer fy ewythr, Malachy, a rhestr o'r llefydd y sonnid amdanynt yn y llythyrau yr oeddwn am ymweld â nhw i dynnu lluniau i'w cynnwys yn y llyfr.

Un o'r llefydd ar fy rhestr roeddwn am ymweld ag ef oedd man geni fy hen dad-cu, Peadar, a aned yn Ard Mhacha, Wlster, yn 1897. Roedd stori Peadar yn ddifyr a thorcalonnus. Yr ail hynaf o wyth o blant (a oroesodd), cafodd ei fagu nid gan ei rieni yng nghwmni ei frodyr a chwiorydd ond ar wahân, fel unig blentyn ei ewythr a'i fodryb. Rhyw ben yn 1903–1904, ymfudodd teulu fy hen dad-cu i Unol Daleithiau America, ond y diwrnod roedden nhw'n cychwyn, roedd y plentyn, Peadar, mor sâl fel na fyddai wedi gallu goroesi'r daith ar y llong. Penderfynodd ei rieni beidio â rhoi heibio eu tocynnau drud a rhoddwyd Peadar dan ofal ei ewythr a'i fodryb ym Muineachán, gyda'r amcan o ddod i'w nôl wedi iddo wella, ac i'r teulu sefydlu eu hunain yn America. Ond ni ddaethant i'w nôl e yn syth. Gweithiodd ei dad fel glöwr aur a ganed mab arall iddynt yn 1905 pan oeddent yn trigo yn Colorado. Ond, rhywbryd ar ôl hynny, achosodd y gwaith budr dan ddaear i'r tad fynd yn sâl, a phenderfynwyd dychwelyd i Iwerddon lle gallent ddibynnu ar gymorth a gofal gan eu perthnasau a'r gymuned. Ar ôl cyrraedd adref, daeth mam Peadar i'w nôl gan ei ewythr a'i fodryb, er mwyn iddo gael ailymuno â'i rieni a'i frodyr a chwiorydd yn Ard Mhacha, ond gwrthododd y mab fynd gyda nhw.

Yn ystod yr amser y bu Peadar yn byw ar y ffarm gyda'i ewythr a'i fodryb, roedd wedi ffurfio cwlwm cryf gyda nhw a chafodd ei drin yn dda. Dywedir hefyd fod ei fodryb yn anfodlon ei ildio i'w fam ac achosodd hyn gryn bryder a gwrthdaro. Er hynny, roedd y dewis gydag e a gallai fod wedi dychwelyd at ei rieni os dymunai.

Ganwyd iddo ddau frawd arall, un yn 1907 a'r llall yn 1910 yn Iwerddon, ond ychydig fisoedd cyn dechrau'r Rhyfel Byd Cyntaf, yn 1914, bu farw ei dad, o ddiciâu'r glowyr, neu'r *Miners Phthisis*, fel y nodwyd ar ei dystysgrif farwolaeth. Mae'n debyg fod hyn yn deillio o'i gyfnod gweddol fyr (dim mwy na phedair blynedd) yn gweithio fel glöwr aur, heb unrhyw offer i'w warchod yn Colorado. Roedd e'n bedwar deg saith mlwydd oed.

Cytunodd Malachy i ddangos imi lle ganed ei dad. Felly aeth Mam, Dad, Malachy a finnau dros y ffin i'r Deyrnas Unedig, ac wrth groesi i'r dalaith Brydeinig, sylwais ar arddull y tai yn newid, y lonydd yn culhau, a bod yr arwyddion yn troi'n uniaith Saesneg. A chymerais y cyfle yn ystod y daith i holi fy ewythr am effaith rhaniad Iwerddon ar ei dad yn 1920/1.

'O saith brawd a chwaer fy nhad, dim ond efe a Paddy oedd ar ochr y chwe sir ar hugain. Heblaw am y rheini a aeth i America, mae mwyafrif teulu ochr Dad yn byw yng Ngogledd Iwerddon,' eglurodd Malachy.

Nid oeddwn wedi deall cyn hynny fod gwreiddiau ei dad yn bennaf ar ochr Gogledd Iwerddon y ffin. Wrth yrru ceisiais ddychmygu'r sefyllfa roedd Peadar wedi'i hwynebu. Yn ystod y cyfnod chwyldroadol pan gafodd Éire ei rhannu a Gwladwriaeth Iwerddon Rydd ei sefydlu, roedd Hen Dad-cu yn ei ugeiniau (oddeutu 22–25 oed). Doedd ei deulu ddim ymhell, dim ond ryw bymtheg milltir i ffwrdd, ond roedd ffin yn ei rwystro a'i gadw ar wahân iddynt. Roeddent yn byw mewn gwledydd gwahanol eto – fel pan oedd Peadar yn blentyn yn Iwerddon a'i deulu yn America. Dwi'n amau y byddai annibyniaeth i'r chwe sir ar hugain wedi teimlo'n chwerw felys gan ei fod ef yn bersonol ar ochr gywir y ffin, ond roedd y mwyafrif o'i berthnasau oedd hefyd yn genedlaetholwyr Gwyddelig wedi eu cadw yn ôl yn nhiriogaeth Prydain. Doedd rhaniad Iwerddon ddim jest yn rhaniad llywodraeth ond yn rhaniad pobl – rhaniad cymunedau a theuluoedd.

'Sut oedd dy dad yn teimlo am gytundeb Eingl-Iwerddon a rhaniad y wlad?' gofynnais.

'Yn ei gasáu e! Roedd e'n meddwl y dylen ni fod wedi rhoi'r gorau i'r cytundeb a brwydro ymlaen nes bod Iwerddon i gyd yn rhydd.'

'Swnio fel cyfnod hynod o anodd,' meddwn i.

'Wel, cawsom ryfel wedyn ynghylch y cytundeb, ond cyrhaeddom bwynt lle'r oedd pobl wedi cael llond bol o ryfela, wedi blino'n lân, a jest eisiau heddwch a pharhau efo'u bywydau.'

Yn y llythyrau, roedd fy hen fam-gu, Agnes, yn sôn am bleidleisio yn y refferendwm i ymuno â'r Gymuned

Economaidd ar 10 Mai 1972: *'There was an election here yesterday. We all went to vote, yes or no for the EEC!'* Roedd yr ebychnod yn dynodi ei bod hi'n gyffrous i bleidleisio, ond ni wyddwn ym mha garfan oedd hi.

'Beth oedd dy rieni yn ei feddwl o'r Undeb Ewropeaidd?' gofynnais.

'Ro'n nhw o'i blaid e. Serch pob dim, Prydain oedd ein partner marchnata mwyaf, ac os oedd Lloegr am ymuno â'r EEC, man a man i ni wneud hefyd.'

'Gan fod Prydain nawr wedi gadael yr UE, be mae hynna'n golygu i ti?'

'Ddaw dim byd da i ni yn sgil Brexit. Mae'n siom oherwydd bod pethau'n mynd yn dda fan'na am gyfnod rhwng Prydain ac Iwerddon.'

Ro'n i'n gwybod bod Peadar wedi etifeddu'r ffarm gan ei fodryb a holais Malachy am natur eu perthynas.

'Roedd ganddynt berthynas gynnes ac er nad oedd ganddo gystal perthynas gyda'i rieni, cafodd fagwraeth hapus wedwn i. Mi oedd y ffarm yn berchen i'w ewythr, ti'n gweld. Mae'r bwthyn yna ers o leiaf dri chan mlynedd. Ond pan wnaeth ei ewythr farw, etifeddodd ei wraig, oedd yn chwaer i fy nhad-cu, y cyfan. A gan na chawsant blant eu hunain, gadawodd bopeth i fy nhad. Roedd yn fwy o berthynas mam-mab na modryb-nai, 'lly.'

'Hynna'n neis.'

Cymerodd Malachy seibiant fel petai'n meddwl.

Trodd o'r sedd flaen i edrych yn ôl i fyw fy llygaid yn y sedd gefn. *'I could leave it to you if you like?'*

'Be?' ebychais yn syn.

'*If you want to come to Ireland with the family to live. I could leave my land to you?*'

'*Ok.*' Atebais yn chwithig a mymryn yn ansicr.

'*Very well*,' dywedodd, wrth droi'n ôl a gorffwys ei lygaid ar y lôn o'n blaen.

* * *

Cyrhaeddom y safle lle ganed fy hen dad-cu yng Ngogledd Iwerddon, y ffarm lle bu cenedlaethau o'n teulu yn trin y tir ers canol y ddeunawfed ganrif o leiaf.

'Dyma ni,' meddai Malachy, wrth gamu allan o'r car.

Agorais ffenestr y car i dynnu llun o'r ffermdy a sylwi bod Malachy wedi dechrau cerdded i fyny'r allt. Trodd a gorchymyn i mi, 'C'mon.'

Roedd fy mrawd a'i wraig wedi cyrraedd yn y car arall, ond arhosodd pawb arall yn y ceir wrth i mi ddal fyny gyda fy ewyrth. Nid oeddwn yn disgwyl neu wedi paratoi fy hunan i gyfarfod y trigolion presennol – do'n i ddim yn gwybod dim byd amdanyn nhw. A chyn i ni gael cyfle i gnocio ar y drws, ymddangosodd dynes yn y fynedfa.

'*Hello, Malachy. Who is this?*'

'*This is my grand nephew, Malachy.*'

'*I'm Maeve. Welcome, Malachy. Paddy, relatives have come to see you,*' galwodd.

Daeth fy mrawd i ymuno â ni ac ymddangosodd dyn byr, moel gyda chorff llydan a nerthol.

'*Good to see ya, Malachy,*' meddai wrth fy ewythr, '*what can I get you lads to drink?*' Chwifiodd ei ddwylo'n gyfeillgar i gyfeiriad gweddill y teulu gan eu gwahodd i ddod allan o'u ceir ac ymuno â ni.

Aeth â ni i ysgubor roedd ef wedi'i throi'n far gyda bwrdd hir a chadeiriau, oergell llawn poteli cwrw, a silff o wirodydd.

'*You fellas drink?*' gofynnodd, am un ar ddeg y bore.

'*Why not?*' chwarddais.

'*I got some cold Coronas, Budweiser?*'

'*I'll take a Corona, please,*' dywedais, yn falch nad oeddwn yn gyrru fel fy mrawd.

Heb ofyn, rhoddodd beint o Guinness yn llaw fy ewythr.

Yn digwydd bod, mi oedd yn ŵyl y banc yng Ngogledd Iwerddon, ac felly roedd pawb bant o'u gwaith, yn cynnwys plant Paddy oedd yn eu hugeiniau cynnar.

'Ro'n i'n disgwyl perthnasau i droi fyny ryw ben. Rydych chi, fechgyn, wedi dod â'ch synwyryddion metel, dwi'n cymryd?' gofynnodd Paddy yn sobor.

'Synwyryddion metel?' adleisiodd Gwilym yn ddryslyd.

'Rhywbeth i wneud efo Frank, y glöwr aur?' dyfalais.

Gwenodd. 'Ti'n gwybod dy hanes. Beth ydy'ch enwau chi?'

'Malachy.'

'Gwilym.'

'Wyt ti'n gwybod y stori?' gofynnodd Paddy.

'Na, ddim rili.'

'Yn ôl y sôn, cyn i Frank farw, cymerodd gist o aur roedd e wedi'i gasglu yn America a'i chladdu yn y tir. Bu farw'n annisgwyl o sydyn cyn dweud wrth ei wraig lle y gadawodd y cyfoeth. Dwedodd Tad-cu fod ei fam e 'di dweud wrth y plant am chwilio, ond does neb wedi dod o hyd iddi yn unman. Ddrwg gen i, fechgyn, ond dwi wedi chwilio bob modfedd o'r tir hwn ond heb ddarganfod dim byd eto! Dewch â'ch synwyryddion metel tro nesaf,' chwarddodd, gan ein gadael mewn tywyllwch ynghylch a oedd hyn yn chwedl hwyliog neu o bosib yn stori wir.

Aeth Paddy i'r tŷ a daeth 'nôl gyda llun wedi ei fframio o frodyr a chwiorydd Peadar yn ugeiniau'r ugeinfed ganrif yn sefyll o flaen ffermdy.

'Sbia di ar eu dillad,' dywedodd wrthyf yn ddifrifol. Roeddent yn gwisgo siwtiau trwsiadus i gyd.

'Doedd pobl ddim yn gallu fforddio gwisgo fel 'na ffordd 'ma pryd 'ny. Sgidiau lledr, siwtiau smart. Coelia fi, roedd Frank 'di gwneud pres da yn America, ond wnaeth ei iechyd dorri wedyn.'

Roedd yn ysgytwol dod yr holl ffordd i Ogledd Iwerddon a sgwrsio â phobol oedd yn ddieithriaid i mi ac eto'n gallu rhannu cymaint o straeon a hanes oedd yn gyffredin.

'Atgoffa fi, sut ydyn ni'n perthyn?' gofynnodd Paddy.

Wnes i bwyntio at Mam, oedd yn eistedd wrth y bwrdd, a dywedais, 'Rwyt ti a Maeve yn ail gefndryd i Mam, ac mae eich plant a finne yn drydydd cefndryd.'

'Reit,' meddai yn ddryslyd.

'Mae gennych chi a Mam yr un hen dad-cu, Frank, a hen fam-gu, Rose,' esboniais.

'Paddy, aeth ein rhieni i angladd Doreen, mam Ella,' ychwanegodd Maeve.

'*We know Doreen, she was a very saintly woman,*' meddai Paddy mewn modd parchus.

'*Oh, yes,*' meddai Maeve.

'*We miss her every day,*' meddai Mam gyda gwydriad o Southern Comfort a Coke yn ei llaw.

'I gefndryd!' a chododd Paddy ei botel o Budweiser a chawsom lwncdestun.

Eisteddai Malachy yn y gornel yn ddedwydd a pheint o Guinness wedi llwyddo i ailuno dwy gangen o'r teulu.

* * *

Pan fyddwn yn meddwl am fy mherthnasau Gwyddelig, meddyliwn am y Weriniaeth, gan sylweddoli, mewn gwirionedd, bod fy mherthnasau Gwyddelig yn byw yn bennaf ar y gororau, ar y naill ochr i'r ffin, a'u bod wedi eu heffeithio a'u mowldio gan y ffin honno – o'u hacenion, i'w profiadau a'u hagweddau.

Ro'n i'n mwynhau fy hunan yng nghwmni llon y teulu. Fe ddaeth mab Paddy i mewn i'r ysgubor, bachgen tal a distaw, a rhoddodd gerddoriaeth ddawns ar y seinydd. Ac mewn un clic gan fysedd, roedd Malachy yn cysgu yn ei gadair yng nghornel y stafell am weddill y prynhawn, a minnau yng nghanol sesh o dan oleuadau disgo.

Trodd Paddy ataf a dywedodd, yn gynllwyngar dros beint o Guinness, 'Ti'n gwybod fod y brodyr, fy nhad-cu i a dy hen dad-cu di yn rebels. O'dd ti'n gwybod hynna, yn doeddet?'

Roeddwn yn gwybod fod Peadar yn gyn-filwr yn Rhyfel Annibyniaeth Iwerddon (1919–1921). Mae gennyf fanylion ei bensiwn o'r fyddin. Dywedodd Malachy y byddai'r Gwirfoddolwyr Gwyddelig yn cynnal eu cyfarfodydd ar ei ffarm ac wedyn yn ystod y rhyfel, roedd Peadar yn ymosod ac yn ffrwydro rheilffyrdd ac yn stopio a rhoi trenau ar dân er mwyn rhwystro gweithrediadau'r lluoedd Prydeinig. Ond roedd cwestiynau mawr gen i ynghylch ei rôl yn y Rhyfel Cartref. Roedd e'n erbyn y cytundeb Eingl-Iwerddon, ac felly, a gododd arfau yn erbyn Gweriniaeth Rydd Iwerddon? Dywedai Seamus fod dynion Michael Collins yn '*hard men*' a doeddech chi ddim am eu hwynebu nhw. Dyna'r pwynt lle roeddwn yn taro'r wal o ddistawrwydd. Beth am wedi hynny? Clywn sibrydion am gyrchoedd ar reolfeydd (*check-points*), ond dim byd cadarn a dim byd y gallwn ei ddyddio i wahaniaethu rhwng gweithredoedd a ddigwyddodd yn ystod y Rhyfel Annibyniaeth ac ar ôl hynny.

'Dwi wedi clywed rhywfaint ond ddim llawer,' eglurais yn awyddus iddo ddatgelu.

'Yn ystod y rhyfel, mi oedd fama'n dŷ diogel. Fel dwi'n deall, roedd 'na lawer o redeg drylliau rhwng fan hyn a'r chwe sir ar hugain.'

Ro'n i am iddo barhau.

'Roedd gan Michael Collins araith fawr i'w rhoi yn Ard Mhacha. O'dd hyn yn ystod y Rhyfel Annibyniaeth nawr, ac oedd e'n *wanted man*, felly roedd e angen llwybr diogel, lle gallai ymddiried yn y bobl, a phenderfynwyd ar fama. Dywedai'r hen fam-gu, Rose y gallai gofio'r wefr a'r cyffro a deimlodd wrth i Michael Collins a'i ddynion nesáu trwy'r caeau yn y tywyllwch tuag ati, am flynyddoedd wedyn.'

'Fe ddaeth Michael Collins trwy fan hyn?'

'Do! Digwyddodd ganrif yn ôl ac, o un genhedlaeth i'r llall, dyw'r stori erioed wedi newid. Roedd e yma. Dwi'n bendant o hynny,' meddai Paddy.

'Michael Collins?' sibrydodd Gwilym yn fy nghlust.

'Roedd e'n chwyldroadwr Gwyddelig a gwleidydd,' esboniais.

'Yn hwyrach, daeth y tŷ yn hysbys i'r awdurdodau, a chyda'r cyffindwyllo ac wedi'r rhaniad yn 1921, ni oedd yr unig deulu Catholig ar ôl yn yr ardal ac felly roedd yn rhaid i fy hen fam-gu, fy nhad-cu, a'r plant ymdopi efo *raids* di-ri. Dywedid y byddai fy hen fam-gu yn gallu synhwyro os oedd y *Black and Tans* yn dod, a byddent yn claddu arfau o gwmpas y tir ar fyrder. Iesgob, mae gan y pridd yma gyfrinachau, ond mae eto i ildio!' ebychodd.

* * *

Yn hwyrach yn yr wythnos aethom fel teulu niwclear i ymweld â Seamus a Magi yng ngogledd Muineachán. Roedd Seamus ar ei dractor pan gyrhaeddom eu cartref. Daeth Magi a'i hwyres i'n cyfarfod. Agorais ddrws y car a neidiodd Enlli ac Iddon o'n cerbyd yn llawn bywyd.

'Mae gennych chi ddau blentyn prydferth,' sylwodd wyres Seamus.

'Mae 'na un arall yn cysgu yn y car,' dywedais.

Aeth hi fyny at y ffenestr, 'Oww babi!'

'*Young fella with three already – that's an Irishman!*' chwarddodd Seamus wrth fy mrolio.

Gyda hyn, cawsom banad a *croissants* yn y tŷ, gan sefyll wrth y ffenestr ar ben y rhiw. Pwyntiwyd at y tirlun deiliog goreulas, a sylwi mai 'Tu hwnt i'r coed mae Gogledd Iwerddon.'

Daethant â bocs o deganau i'r plant chwarae efo nhw, ac eisteddodd Magi a Celyn ar y soffa i sgwrsio. Bryd hynny, aeth Seamus a finnau yn ei gar i Corr an Chrainn i mi gael gweld yr eglwys lle priododd fy hen dad-cu, Peadar, a fy hen fam-gu, Agnes, yn 1930.

* * *

Roedd fy hen fam-gu yn dri deg chwech blwydd oed pan briododd ei gŵr tri deg tair oed. Roedd Agnes yn ddynes ddeallus, ac er na chafodd lawer o addysg ffurfiol neu gymwysterau swyddogol disgrifir hi yn y teulu fel '*powerful writer*', sydd yn amlwg wrth ddarllen ei llythyrau.

Ar ôl pasio'i thridegau, disgwyliad y cyfnod oedd y byddai'n hen ferch hyd ddiwedd ei hoes, ond pan briododd ei brawd, gofynnodd Agnes am gael gadael cartref y teulu am nad oedd ei wraig newydd am rannu'r tŷ efo dynes arall. Wedi hynny, aethant ati i ddod o hyd i ŵr (cartref) iddi, gan ddod o hyd i ŵr sengl unig ar ffarm.

'Bryd hynny, roedd pobl yn priodi i ehangu eu tir. Byddet ti'n priodi am erw neu ddwy. Doedd cariad yn ddim byd i'w wneud efo fo. *Didn't come into it*,' chwarddodd Seamus.

Tra bod Agnes yn hoff o ysgrifennu, diléit Peadar

oedd siarad. Ei lysenw yn lleol oedd 'Buzzer', oherwydd tra byddai'r dynion eraill yn brysur yn gweithio yn y cae, gallent glywed sŵn *'buzz'* yn dod o'r ffarm lle'r oedd Peadar yn siarad â rhyw ymwelydd wrth y giât. Roedd e hefyd yn adnabyddus am ei ddaliadau gwleidyddol Gweriniaethol yn erbyn Cytundeb Eingl-Gwyddelig 1921 ac mae'n debyg y byddai'n lleisio ei farn yn llafar iawn yn gyhoeddus pan fyddai'n cael un neu ddau Guinness yn ormod. Bu straeon am y teulu yn rhybuddio pobl i beidio rhoi alcohol iddo rhag clywed y dadleuon Gweriniaethol yn cael eu traddodi eto a byddai'n achosi gwrthdaro a ffraeo rhwng y gwestai.

Er bod gan Peadar ffarm, ni châi ei ystyried yn ddyn â rhagolygon da. Cafodd ei fagu fel unig blentyn a dotiwyd arno gan ei ewythr a'i fodryb, a dywedir iddo gael ei ddifetha ganddynt. Roedd yn llawer gwell ganddo sgwrsio efo'i ffrindiau na mentro a chynyddu elw'r ffarm. Mi oedd yn fywoliaeth fain arnynt heb geir na chymorth cyfarpar modern nes roeddent yn hen (yn y saithdegau). Wrth fyfyrio ar ei bywyd tua diwedd ei hoes, yn 1975, ysgrifennodd Agnes fel a ganlyn:

> *'I lived through hard times and trouble and I am fit*
> *to go on while God pleases.'*

Nid yw'n rhoi'r argraff yn ei llythyrau iddi gael amser hawdd, o ran adnoddau nac amser hamdden. Er hynny, mae'n debyg fod y gŵr a'r wraig yn ddigon hapus gyda'i gilydd, ac ysgrifennodd Agnes yn gynnes amdano yng nghyfnod ei galar (1976):

Hello Doreen,

How are you all and I am sure you are not pleased with me for not writing sooner. Well thank God we are well what is left of us now. Poor Dad R.I.P is gone forever. He is in Heaven and praying for us all. I did not expect he would be dead before me. He has not been so well but he did not mention it. He came up and stood at the range and did not speak. I enquired of him was he not well and still he did not say anything. So I said Malachy would go for the Doctor. He gave no news and when the Doctor came he said he would have to go to Hospital. Malachy got him ready and I went out and met them in the car at Pat's gate. I shook hands with him and he smiled at me. I went in the following morning to see him. He was lying quite happy looking in bed. He talked none at all to me and when Mal went in that same night he was in good humour and asked about us all and talked a lot. The following morning the knock came to the door that Peadar died that morning at 5.30 R.I.P. I will write some other day. In the meantime pray for him. Lord have mercy on his soul. Mother

Hello Doreen & Family,

A line to say loneliness is around this house. Dad went off so quickly that all is lonely and sad. He felt not so well and Mal went for the doctor. He had to go to Hospital the next day and he only lived a few

days. He did not suffer very much. He died a very
happy death in Hospital. The priest by his bedside.
The priest told Mal – his father went to Heaven so
that is good. We pray for him and he will pray for us.
God Bless you all.

I will write again when I feel fit. I am not sick
but annoyed.

All is well until death comes. We must all pray
and be ready. I suppose it won't be so long till poor
old Agnes has to go too.

Excuse scribbling. I will write again when this
lonesome time passes over. The house will never be
the same.

God Rest His Soul

* * *

Cyrhaeddom Eglwys San Badrig, Corr an Chrainn. Roedd yn eglwys fawr a chrand mewn arddull Gothig. Pwyntiodd Seamus at glwt o laswellt o flaen yr eglwys a gwrych yn ei ganol.

'Hwnna oedd safle'r hen ysgol, lle cafodd Agnes ei haddysg, yn ogystal â llwyth o dy berthnasau,' meddai Seamus.

Aethom i mewn i'r eglwys ac eistedd ar fainc yn ein mygydau. Yn y man, cerddom at yr allor lle priodwyd fy hen fam-gu a thad-cu hanner cant a deugain o flynyddoedd yn ôl er mwyn i mi gael gweld y ffynnon fedyddio garreg.

'Cafodd Agnes ei bedyddio yn y ffynnon hon,' meddai, wrth roi ei ddwylo mawr caled ar y crair sanctaidd.

Tu allan, yn y fynwent, dangosodd leoliad beddau fy hynafiaid. Yn gyfleus iawn, roedd un bedd yn cynnwys gweddillion rhieni Agnes a'i thad-cu ar ochr ei thad. Rhodiom drwy'r fynwent yn edrych yn hamddenol ar y beddau, gyda Seamus yn adrodd straeon am yr ymadawedig wrth i ni fynd. Soniodd am y bobl roedd ef yn eu nabod o dan y pridd, am y dynion wnaeth farw o yfed gormod, eraill o hunanladdiad; am hen ddynion roedd e'n arfer cymdeithasu a chwffio efo nhw pan oedd yn ifanc. I gyd wedi hen farw.

'Duw, mae gen i lot o hen gyfeillion a gelynion yma. Mi allwn i dreulio trwy'r dydd yn crwydro mynwentydd gyda ti yn hel atgofion yn hapus braf!' cyhoeddodd Seamus yn llon wrth sefyll ar fedd perthynas.

Ro'n i wedi meddwl am fynwentydd fel llefydd distaw a llawn caddug erioed, ond rhywsut, roedd Seamus wedi dod â'r lle yn fyw i mi. Ymbwyllais a sylweddolais nad oeddwn yn hel achau nac yn olrhain camau fy hynafiaid er lles yr ymadawedig. Doedd y llythyrau, yr ymchwil tan hwyr y nos, holi Malachy yn ei ffermdy ac Anne yn ei chegin ddim ar gyfer fy hynafiaid – roedd hyn amdanaf i a fy angen fel dyn hil-gymysg a threftadaeth amrywiol i leoli fy hunan. Er mwyn atgyfnerthu fy hunaniaeth a meithrin teimladau o berthyn. I leoli fy hunan tu fewn i stori dynoliaeth.

'Rwyt ti'n ŵr bonheddig, Malachy. Mi wnaethost ti hen ddyn yn hapus heddiw ac mae croeso i ti ddod i aros gyda Celyn a'r plant pryd bynnag ti moyn,' meddai wrthyf, wrth i ni anelu am yr allanfa.

Roedd y bobl o dan y pridd yn farw ond nid yn anghofiedig tra oedd Seamus efo rhyw hanesyn ffraeth amdanynt. Ond yr hyn a achosodd i mi deimlo fymryn yn bruddglwyfus ar ddydd cymylog yn Corr an Chrainn oedd y syniad na fyddai fy nghyfaill siriol a direidus â'i hanesion lu gyda fi am byth. Ac efallai yn y dyfodol y byddwn i, drwy ewyllys Duw, yn sefyll uwchben ei fedd yn ceisio hel atgofion ac adrodd hanesion ffraeth i'r genhedlaeth nesaf am y cawr o ddyn hwn a'i chwerthin calonnog.

* * *

Y diwrnod wedyn, aeth Celyn a finnau â'r plant i Barc Coedwig Ros Mhór ym Muineachán, ac wrth imi wthio Iddon ar siglen yn y parc, gwrandewais â diddordeb ar dad yn sgwrsio gyda'i ferch yn yr Wyddeleg wrth ei gwthio hi ar y siglen drws nesaf.

Gwelais ddwy hen ddynes yn sbio draw atom gan wenu. O weld eu llygaid arnom, aeth Enlli draw atynt i fusnesu, a chododd un o'r menywod sgwrs gyda hi yn y Gymraeg. Es i draw ac esboniodd ei bod hi wedi dysgu Cymraeg tra oedd yn byw yng ngogledd Sir Benfro am ugain mlynedd, a'i bod bellach wedi dychwelyd i Iwerddon ar ôl ymddeol.

'Mae'n hyfryd clywed y Gymraeg ar ôl amser mor hir. Siom bod ni ddim yn gwneud gystal â'r Wyddeleg â chi yng Nghymru. Ond wedyn mae lot o bobl yn anfon eu plant nhw i ysgolion cyfrwng Gwyddeleg erbyn hyn, felly mae gobaith o hyd,' eglurodd i mi yn Gymraeg.

'Rhaid cadw'r ffydd, yn 'does,' atebais.

'O, bendant,' meddai'r ddynes yn llawen.

Fe wnaeth hynny fy atgoffa fod pobl yn symud o gwmpas – mai dyna stori'r ddynoliaeth hefyd. Dois o'r parc yn teimlo bod cynhesrwydd cynhenid rhwng y Cymry a'r Gwyddelod. Rydym yn Geltiaid wedi'r cyfan. Roedd Ynys Môn yn galw ac roedd hi bron yn amser i ddod â'r daith hapus hon i ben. Ond cyn i mi allu gwneud hynny, roedd gennyf un gorchwyl yn weddill i'w gyflawni.

Cerddais i fyny allt y fynwent yn araf gyda Mam yn pwyso'n ddagreuol arnaf, fel y diwrnod oer a rhewllyd hwnnw – dydd angladd Grandma ddegawd ynghynt. Rhoddais y blodau ar ei bedd a sefais yn ôl i ddarllen y garreg. Roedd delwedd o galon agored Iesu ar ben y garreg, yr union un y gweddïai Grandma oddi tani yn ein cartref yn Nhy-Rhiw. Yn y bedd, gorweddai Doreen, Agnes a Peadar. Dim ond bedd Grandma oedd hwn i mi tan nawr ond bellach gallwn uniaethu â'i rhieni, Agnes a Peadar, yn ogystal.

Rhoddais fy nwylo ar bridd y bedd a dywedais, 'Malachy sydd yma. Dwi'n ddinesydd Iwerddon nawr, Grandma. Dwi ddim wedi dy anghofio di – wna i byth dy anghofio di.'

* * *

Ro'n i wedi cwblhau cylch llawn a theimlwn yn ddedwydd.

Dwi'n sylweddoli pa mor ffodus oeddwn i allu dibynnu ar gymorth teulu cariadus yn gyson, ac yn arbennig o ddiolchgar am yr arweiniad, y dylanwad a'r rôl arwyddocaol a chwaraeodd Grandma ac Anti Anne yn fy magwraeth. Nid ydw i am ganolbwyntio ar fy ngholled ond gwerthfawrogaf fy mendithion oherwydd er bod marwolaeth wedi bod, dwi hefyd wedi profi genedigaeth. Roedd Anne yn credu bod bywyd yno i'w fwynhau a phan dwi'n chwarae'r gerddoriaeth, mi fydda i yn ei chwarae yn uchel er cof amdani hi! Maent yn fy nghalon.

Roedd ymadael â'r Undeb Ewropeaidd yn gatalydd i wynebu fy hunaniaeth. Dwi'n dal i ystyried fy hunan yn Gymro Ewropeaidd ac, oherwydd hynny, newidiodd clawr y delyn aur ddim byd. Dwi'n fodlon fy mod i'n ddinesydd Ewropeaidd ac yn falch o'm treftadaeth Wyddelig – a Barbadaidd.

Dydi 'teulu' ddim yn parchu ffiniau gwledydd. Mae hunaniaeth yn gwestiwn. Mae perthyn yn emosiwn. A chenedl yn stori rydym yn ei rhannu'n gyffredin. Wrth sefyll ar lan bedd fy mam-gu, dois i sylweddoli imi hawlio dinasyddiaeth Wyddelig nid jest er mwyn adennill fy hawliau Ewropeaidd, ond fel mynegiant o gariad at Grandma. Cais a'm sbardunodd i adfywio a dwysáu fy nghysylltiadau efo ein cymydog Celtaidd.

Gorffwysais fy nwylo unwaith yn rhagor ar garreg fedd dynes â chariad mawr, dynes a hiraethodd gymaint am yr hen fro hon. Tan y dydd hwn, roeddwn wedi ystyried ei hangladd yn derfyn ar fy mherthynas gyda hi ac Éire, ond nid bellach. Mae gennyf well ddealltwriaeth ohoni hi ac Iwerddon nawr nag erioed. Nid cynrychioli terfyn perthynas mo'r bedd hwn bellach, ond dechreuad perthynas newydd.

DIWEDD

Traeth Llanddwyn. Celyn, Annes, Enlli ac Iddon,
Mai 2022

LLYFRYDDIAETH A FFYNONELLAU

CYFFREDINOL

Douay-Rheims, The Holy Bible
(London: Loreto Publications, 2004)

Fintan O'Toole, *We Don't Know Ourselves:
A Personal History of Ireland Since 1958*
(Head of Zeus, 2021)

Lyn Ebenezer, *Gwersyll Fron-Goch 1916*
(Conwy: Gwasg Carreg Gwalch, 2006)

R. F. Foster, *Modern Ireland 1600–1972*
(London: Penguin Books, 1989)

Sean Connolly, *On Every Tide: The Making
and Remaking of the Irish World* (Little, Brown, 2022)

Y Beibl Cymraeg Newydd
(Aberystwyth: Cymdeithas Y Beibl, 1988)

DYFYNIAD

John McGahern, *Amongst Women*
(London: Faber and Faber, 2008), t. 137

BREXIT

Andrew Ross Sorkin, *Too Big to Fail:
Inside the Battle to Save Wall Street* (Penguin, 2010)

DINASYDDIAETH

Christopher Marlow, *Doctor Faustus and Other Plays*
(Great Britain: Oxford University Press, 2008),
dyfyniadau o dudalennau 141 a 154

Jeffrey Gantz, *Early Irish Myths and Sagas*
(England: Penguin Books, 1981)

Eoin Colfer, *Artemis Fowl*
(England: Penguin Books, 2001)

Oscar Wilde, *The Picture of Dorian Gray*
(London: Vintage, 2007), dyfyniad o dudalen 26

Ciaran Carson, *The Táin*
(Great Britain: Penguin Classics, 2008)

Ann Dooley and Harry Roe, *Tales of the Elders /
Acallam na Senórach*
(United States: Oxford University Press, 2008)

LLUNDAIN

Executive summary of the Final Report of the Commission
of Investigation into Mother and Baby Homes (Department
of Children, Equality, Disability, Integration and Youth, 2021)

Wiliam Owen Roberts, *Y Pla* (Tal y Bont, 2012),
dyfyniadau o dudalennau 51, 54 a 338

FFYNNON TAF

Marcus Aurelius, *Meditations*
(United States of America: Oxford University Press, 2011)
dyfyniad o dudalen 61, cyfieithiad gennyf i.

ANRHYDEDD

John McGahern, *Amongst Women*
(London: Faber and Faber, 2008)

HONG KONG

Jan Morris, *Hong Kong* (New York: Random House, 1988),
dyfyniadau o dudalennau 309 a 145

Jürgen Müller, *Pieter Bruegel: The Complete Paintings*
(Poland: Taschen, 2020)

Steven Tsang, *A Modern History of Hong Kong: 1841–1997*
(London: I.B. Tauris & C Ltd, 2004)

The Economist, August 10th – 16th 2019

The Economist, June 19th – 21st 2019

Kazuo Ishiguro, *The Buried Giant* (Faber & Faber, 2015)

ANADL

Jean-Jacques Rousseau, *Confessions*
(United States: Oxford University Press, 2000)

Samuel Beckett, *Waiting for Godot* (Naxos AudioBooks, 2006)

MUINEACHÁN

Aidan Doyle, *A History of the Irish Language
from the Norman Invasion to Independence*
(Oxford: Oxford University Press, 2015),
dyfyniad o dudalen 212

Jeffrey Gantz, *Early Irish Myths and Sagas*
(England: Penguin Books, 1981) –
The Intoxication of the Ulaid, tudalen 188

Y PLA

Data am gyfraddau a marwolaethau Cofid-19:
John Hopkins University & Medicine, Coronavirus
Resource Centre

MÁEL MÁEDÓC

Bernard of Clairvaux, *The Life and Death of Saint Malachy
the Irishman* (Michigan: Cistercian Publications, 1978),
dyfyniadau o dudalennau 22 a 110. Cyfieithiadau gennyf i.

D. Simon Evans, *The Welsh Life of St David*
(Caerdydd: University of Wales Press, 2016),
dyfyniad o dudalen 7

Frank McCourt, *Angela's Ashes* (New York: Scribner, 1996)

Hazel Walford Davies, *O. M. Cofiant Syr Owen Morgan Edwards*
(Ceredigion: Gomer, 2020)

Heini Gruffudd, *Enwau Cymraeg i Blant* (Y Lolfa, 2010)

Marie Therese Flanagan, *The Transformation of the Irish Church
in the Twelfth Century* (Woodbridge: Boydell Press, 2013)

Meic Stephens, *Welsh Names for your Children,
the Complete Guide 3rd Edition* (St. David's Press, 2007)

S. Baring-Gould & John Fisher, *The Lives of the British Saints:
The Saints of Wales and Cornwall and such Irish Saints
as have Dedications in Britain. Volume 1*
(London: Honourable Society o Cymmrodorion, 1907) –
gwybodaeth am Sant Maédóc / Aidan ar dudalennau 116–126

The Prophecies of St Malachy & St Columbkille
(Gerrards Cross: Colin Smythe, 1979) –
dyfyniad o dudalen 96. Cyfieithiad gennyf i.

Y DATGUDDIAD

Stefan Fischer, *Hieronymus Bosch: The Complete Works*
(Bosnia-Herzegovina: Taschen, 2021)